# 基督教文化研究丛书

主编 何光沪 高师宁

七编 第 **3** 册

## 清代禁教时期华籍天主教徒的传教活动
### （1721～1846）（上）

宾 静 著

花木兰文化事业有限公司

国家图书馆出版品预行编目资料

清代禁教时期华籍天主教徒的传教活动（1721～1846）（上）
／宾静 著 —— 初版 —— 新北市：花木兰文化事业有限公司，
2021〔民110〕
目 4+216 面；19×26 公分
（基督教文化研究丛书 七编 第3册）
ISBN 978-986-518-374-5（精装）
1. 天主教 2. 传教史 3. 中国
240.8                                        110000571

ISBN-978-986-518-374-5

9 789865 183745

# 基督教文化研究丛书
## 七编 第三册

ISBN：978-986-518-374-5

# 清代禁教时期华籍天主教徒的传教活动
## （1721～1846）（上）

作　　者 宾　静
主　　编 何光沪 高师宁
执行主编 张　欣
企　　划 北京师范大学基督教文艺研究中心
总 编 辑 杜洁祥
副总编辑 杨嘉乐
编　　辑 许郁翎、张雅淋　美术编辑 陈逸婷
出　　版 花木兰文化事业有限公司
发 行 人 高小娟
联络地址 台湾235 新北市中和区中安街七二号十三楼
　　　　　电话：02-2923-1455 ／ 传真：02-2923-1452
网　　址 http://www.huamulan.tw 信箱 service@huamulans.com
印　　刷 普罗文化出版广告事业
初　　版 2021 年 3 月
全书字数 373460 字

定　　价 七编 9 册（精装）台币 22,000 元

# 清代禁教时期华籍天主教徒的传教活动
## （1721～1846）（上）

宾静 著

## 作者简介

宾静，2007 年获暨南大学历史学博士学位，现为广东工业大学通识教育中心教师，主持并完成国家社会科学基金一般项目 1 项，在《世界宗教研究》、《江苏社会科学》等期刊发表论文多篇。

## 提　　要

　　清代中期，受"礼仪之争"等因素的影响，自康熙末年开始，至鸦片战争后，朝廷禁传天主教，天主教在中国的生存状况发生重大变化，公开传教成为非法，传教活动陷入困境。这段时期内，外籍传教士先是被逐，后是被杀，传教任务开始逐渐落到本地的天主教徒身上。在以皇帝为首的中央朝廷、地方政府不断地镇压下，华籍天主教神职人员及普通教徒承担了大部分的传教工作，利用各种方式在私底下坚持传播天主教。

　　本文主要对清代禁教时期华籍天主教徒的传教活动展开研究，尝试从华籍天主教徒在传教过程中所扮演的角色入手，分析探讨此段时期内华籍天主教徒的身份构成、分布地区，说明他们对这段时期内天主教在中国的传播所作的贡献。论述主要以华籍天主教徒在教内是否担任传教专职，即神职人员和普通教徒两大部分来分别对其开展的活动进行讨论，同时，鉴于经济、文化等方面与一般民众有所区别，将政治、经济地位、身份较高的奉教皇亲官员（如苏努家族）与普通教徒区分开来，分别进行探讨。通过说明华籍神职人员的培养、传教方式，以及奉教皇亲官员和一般教徒的传教方式、特点等，阐述此段时期内华人主体为天主教在中国的传播做出了较前期更大的作用，推进了天主教在中国的本地化进程，并分析在这一中西文化冲突中，华人在接受天主教教义时的特点，以及禁教给天主教在中国的传播所带来的影响等。

# "基督教文化研究丛书"总序

## 何光沪 高师宁

　　基督教产生两千年来，对西方文化以至世界文化产生了广泛深远的影响——包括政治、社会、家庭在内的人生所有方面，包括文学、史学、哲学在内的所有人文学科，包括人类学、社会学、经济学在内的所有社会科学，包括音乐、美术、建筑在内的所有艺术门类……最宽广意义上的"文化"的一切领域，概莫能外。

　　一般公认，从基督教成为国教或从加洛林文艺复兴开始，直到启蒙运动或工业革命为止，欧洲的文化是彻头彻尾、彻里彻外地基督教化的，所以它被称为"基督教文化"，正如中东、南亚和东亚的文化被分别称为"伊斯兰文化"、"印度教文化"和"儒教文化"一样——当然，这些说法细究之下也有问题，例如这些文化的兴衰期限、外来因素和内部多元性等等，或许需要重估。但是，现代学者更应注意到的是，欧洲之外所有人类的生活方式，即文化，都与基督教的传入和影响，发生了或多或少、或深或浅、或直接或间接，或片面或全面的关系或联系，甚至因它而或急或缓、或大或小、或表面或深刻地发生了转变或转型。

　　考虑到这些，现代学术的所谓"基督教文化"研究，就不会限于对"基督教化的"或"基督教性质的"文化的研究，而还要研究全世界各时期各种文化或文化形式与基督教的关系了。这当然是一个多姿多彩的、引人入胜的、万花筒似的研究领域。而且，它也必然需要多种多样的角度和多学科的方法。

　　在中国，远自唐初景教传入，便有了文辞古奥的"大秦景教流行中国碑颂并序"，以及值得研究的"敦煌景教文献"；元朝的"也里可温"问题，催生了民国初期陈垣等人的史学杰作；明末清初的耶稣会士与儒生的交往对话，带来了中西文化交流的丰硕成果；十九世纪初开始的新教传教和文化活动，更造成了中国社会、政治、文化、教育诸方面、全方位、至今不息的千古巨变……所有这些，为中国（和外国）学者进行上述意义的"基督教文化研究"提供了极其丰富、取之不竭的主题和材料。而这种研究，又必定会对中国在各方面的发展，提供重大的参考价值。

就中国大陆而言，这种研究自 1949 年基本中断，至 1980 年代开始复苏。也许因为积压愈久，爆发愈烈，封闭越久，兴致越高，所以到 1990 年代，以其学者在学术界所占比重之小，资源之匮乏、条件之艰难而言，这一研究的成长之快、成果之多、影响之大、领域之广，堪称奇迹。

然而，作为所谓条件艰难之一例，但却是关键的一例，即发表和出版不易的结果，大量的研究成果，经作者辛苦劳作完成之后，却被束之高阁，与读者不得相见。这是令作者抱恨终天、令读者扼腕叹息的事情，当然也是汉语学界以及中国和华语世界的巨大损失！再举一个意义不小的例子来说，由于出版限制而成果难见天日，一些博士研究生由于在答辩前无法满足学校要求出版的规定而毕业受阻，一些年轻教师由于同样原因而晋升无路，最后的结果是有关学术界因为这些新生力量的改行转业，后继乏人而蒙受损失！

因此，借着花木兰出版社甘为学术奉献的牺牲精神，我们现在推出这套采用多学科方法研究此一主题的"基督教文化研究丛书"，不但是要尽力把这个世界最大宗教对人类文化的巨大影响以及二者关联的方方面面呈现给读者，把中国学者在这些方面研究成果的参考价值贡献给读者，更是要尽力把世纪之交几十年中淹没无闻的学者著作，尤其是年轻世代的学者著作对汉语学术此一领域的贡献展现出来，让世人从这些被发掘出来的矿石之中，得以欣赏它们放射的多彩光辉！

2015 年 2 月 25 日
于香港道风山

# 绪　论

## 一、问题缘起

乾隆四十九年七月十二日（1784 年 9 月 4 日），湖北襄阳郧阳镇右营守备巡查水汛，至白家湾时，看见对河小船内有人吵闹，随即带领弁员渡河。上船视查，却发现船舱内有四个人高鼻深目，询问船工，称他们是西洋人，打算往陕西传教。正当捕役在船上盘问之时，通事三人乘间上坡逃逸。因言语不通，差役们尢法从这四名西洋人身上得到任何有价值的消息，只在船上木箱内抄出蔡伯多禄寄与李姓书信一封，内容如下：

> "罗玛当家现发四位铎德往陕传教，委晚在广东办人送至湘潭暂住，另酌人再办前往樊城，直走西安。但念走旱路比走水路更难，非得一二江湖练达之士难以承办，左右思维，惟台台府上晚爷最为合式，敢恳为天主分上，暂令抛离家务，信到日，即便束装就道，建立圣功，免致四铎悬望，不胜厚幸，所有领受隆情，容晚再来贵地日面谢，恭候阁府宠福金安，嵩此上李大爷李二爷二位文几。铎末蔡伯多禄字拜。"[1]

之后，在曾留他们住宿过的教徒刘绘川、刘十七家中查出天主教经卷和画像等等。湖广总督特成额立即将此事上奏朝廷，并迅速得到乾隆帝的注意。

---

[1] 乾隆四十九年八月初九日《湖广总督特成额奏报盘获西洋人及随带天主教经像现提审查办折》，乾隆四十九年八月十九日《署理湖广提督印务镇箪镇总兵永安抄录蔡伯多禄书信》，中国第一历史档案馆编：《清中前期西洋天主教在华活动档案史料》（以下简称《档案史料》）（第一册），中华书局，2003 年，第 344-345、357 页。

查出的这封信件让官府知道，原来臣民中竟有人不顾康熙末年就开始实施的对天主教的禁令，暗中接引外籍传教士深入内地传教。九月初，乾隆帝寄谕与案件有牵连的湖广总督、陕西巡抚，令其密查天主教，两个月后，令各省督抚查办天主教[2]，对关键人物蔡伯多禄等人的四处搜捕至此展开，继而引起遍及全国的搜查天主教徒的大教案。陕西、湖广、山东、直隶、山西等省陆续抓获外籍传教士数十名，教徒数百名[3]。然而，此寄信人蔡伯多禄，却始终未被抓获。

从乾隆四十九年八月（1784年9月）至乾隆五十年九月（1785年10月），朝廷与各地官府之间关于查拿蔡伯多禄等人的文件往来密集，乾隆帝三番四次的"寄谕湖广总督、闽浙总督、广东巡抚、福建巡抚等，严饬文武员弁，缉拿蔡伯多禄解京审办，勿使日久远逃"[4]，认为"蔡伯多禄为勾引传教最要人犯，自应上紧缉捕，乃迄今已阅四月，尚未拏获，此案西洋人书信既有蔡伯多禄送至湘潭之供，看来该犯并未回至广东，亦未潜回闽省，自必仍在湖广一带藏匿，此事竟著责成特成额等专办，该督务须饬属购线，严密访缉，以期速获，毋得视为具文，仍前疏玩也"[5]，并多次在地方官的奏折有关蔡伯多禄之处批示"此系要犯，今获否？"[6]

各省官员对此自然不敢怠慢，派出差役四处寻找。例如案发之地的湖南，巡抚陆耀"屡经选委员弁，设法购线，分段侦缉，责令各府州就近督率稽查，

---

2 乾隆四十九年九月初七日《寄谕湖广总督特额、陕西巡抚毕沅著密查天主教》《档案史料》（第一册），第377页；乾隆四十九年十一月十五日《寄谕直隶山东山西等各省督抚著照例办理查缉天主教人犯》，《档案史料》（第二册），第557页。

3 详情可参见张力、刘鉴唐：《中国教案史》，四川省社会科学院出版社，1987年，第186-192页，或是《档案史料》（第一册），第344-427页，（第二册），第428-797页等。

4 详情可参见乾隆四十九年九月十三日《寄谕湖广总督特成额及广东督抚等将案内人犯解京并严拿蔡谢二犯》；乾隆四十九年九月十四日《寄谕湖广总督特成额等严饬文武上紧缉拿教案人犯》；乾隆五十年四月二十一日《寄谕广东巡抚孙士毅著缉拿天主教案犯》；乾隆五十年五月初六日《寄谕湖南巡抚陆耀著严拿蔡伯多禄》等，《档案史料》（第一册、第二册），第393、394、752页。

5 乾隆四十九年十二月二十四日《寄谕湖广总督特成额严拿蔡伯多禄》，《档案史料》（第二册），第639页。

6 可参见乾隆四十九年九月三十日《湖南巡抚陆耀奏报续获天主教各犯便道解赴督臣审讯折》；乾隆四十九年十一月初七日《两广总督舒常奏报严饬各属查拿蔡伯多禄等逃犯片》等，《档案史料》（第二册），第441、539页。

又于境内与湖北、广东、广西交界之岳州、澧州、永州、郴州等处，专派勤干精细之丞卒分驻水陆可通处所，严密截拏，并于平日曾习天主教之家，访有素与该犯认识之民人陈显二、黄在田等，发交委员，作为眼目，带同跟缉"[7]；广东巡抚孙士毅"心疑该犯藏匿澳门一带，曾密饬倅满钦州知州夏文广、新会营柰将韦永福前赴香山县地方驻劄，选派干役易服进澳，凡洋人容留内地民人之各寺庙，无不一一遍查，并无该犯踪迹"，并与舒常"面许如能拏获蔡伯多禄，即将该二员保奏升用，亦皆踊跃奋勉，并亲身进澳，一面搜查，一面晓谕该洋人等"。[8]官员们既收买眼线，又派人严管交通要道，许以重赏，令认识蔡伯多禄的民人跟随差役一同搜捕，可谓费尽心思。1785 年，广东对缉获蔡伯多禄的悬赏由 3000 两升至 4000 两。[9]然而，在此天罗地网之中，一个普普通通的百姓，没有任何权势的天主教徒却就此失踪，这当然不能归咎于各级官吏的无所作为。

蔡伯多禄的确是个普通百姓，他一个名字是蔡鸣皋，一个名字是蔡如（若）祥，教名 Pierre，福建龙溪人氏，生于 1739 年，1761 年到达欧洲，在那不勒斯圣家书院进修，1767 年晋铎后返回中国。[10]

从乾隆四十九年（1784）该教案发生后各省官吏的奏折中，大致可以勾画出蔡伯多禄回国后的　些情况。乾隆四十年（1775），"蔡鸣皋挑广货担在湘潭地方发卖"，"隔一两年常来卖货"，同伴有个名叫谢禄茂的广东伙计。他们沿途认识了一些天主教徒，包括 1784 年教案中被捕的教徒刘绘川等，刘绘川在此案中帮他们雇船接送。[11]刘绘川称蔡伯多禄"住广东省城第五铺，约

---

7　乾隆五十年四月十一日《湖南巡抚陆耀复奏严拿蔡伯多禄折》，《档案史料》（第二册），第 731 页。

8　乾隆五十年五月十七日《广东巡抚孙士毅复奏在澳门一带洋行中密缉蔡伯多禄情形折》，《档案史料》（第二册），第 753-754 页。

9　Bernward H Willeke: *Imperial Government and Catholic Missions in China during the Years 1784-1785*. the Franciscan Institute St. Bonaventure, N.Y., 1948. p.134.

10　方豪：《同治前欧洲留学史略》，《方豪六十自定稿》（上册），（台北）台湾学生书局，1969 年，第 382 页；另见本文第三章表 3-3；以及[瑞典]龙思泰：《早期澳门史》，吴义雄等译，章文钦校注，东方出版社，1997 年，第 207 页；Mgr. Noel Gubbels, O. F. M., *Trois Siècles d'Apostolat, Histoire du Catholicisme au Hu-kwang depuis les origines 1587 jusqu'à 1870*, Imprimeur "Franciscan Press" Wu-chang, Hupeh, 1934. pp.394-395.

11　乾隆四十九年八月十四日《天主教民刘振宇供单》，《档案史料》（第一册），第 350 页。

年四十岁，身长面黑，有须"。[12]这个第五铺即白衿观的药铺，蔡伯多禄曾寄住其药铺行医。[13]可见，蔡神父回国后的职业主要是行医、买卖，这是两个能有效遮掩其教徒身份的职业，对在禁教时期四处活动而不遭人怀疑非常有利。

乾隆年间，蔡伯多禄的哥哥蔡九思至湖北巴东七家坪买田耕住，"四十六年，蔡九思回籍，伊弟蔡如详，教名伯多禄到巴东居住，代收租息"，两年后的五月，"蔡伯多禄说他哥子蔡九思在籍病故，随将田产卖了，说回福建去"。[14]也许他并没有时间回到福建，次年二月，"蔡伯多禄同湖北巴东县人张沙勿经过乐昌，说西安秦伯多禄并焦姓新修天主堂，要请西洋夷人传教"，请乐昌县人谢伯多禄（谢惠昌）一同伴送，给番银10两。"三月二十外，蔡伯多禄同湖广衡州人刘保禄，雇定龙姓倒划船一只，向哆罗请了四个西洋人，改换衣装，蔡伯多禄又雇了高要县人谢禄茂，连张沙勿、刘保禄、谢伯多禄一同伴送，由广西行走"，随后，蔡伯多禄写信，托武昌府开有源缎店的同教人李姓觅人转送西安，未至湖南湘潭，即上岸转回。[15]从此，他的行踪就在这些奏折中消失了。令人好奇的是，这个蔡伯多禄究竟有何神通，可以躲过官府地毯式的搜捕？

清朝中叶，雍正、乾隆、嘉庆、道光（中期）四朝，受"礼仪之争"等因素的影响，朝廷一改此前对天主教传教士优容的态度，转而严禁天主教，不许臣民信奉。除在宫廷服务的外，其余外籍传教士不时遭到驱逐，教案严厉时还可能被处死，得不到神职人员照顾的天主教徒，信仰随之淡化，在官府的刑讯中不乏改悔出教者。此百余年时间，成为天主教在华传教的低迷时期。然而，内地的教徒却未因历次教案而消失殆尽。可以肯定的是，外籍教士仍不顾生命危险，屡屡尝试潜入内地，为维持在华的天主教作出了相当努力[16]，但是，这些外籍教士毕竟人数有限，与中国人面貌相差太大，不可能公开的

---

12 同上，第 351 页。

13 乾隆四十九年八月二十一日《广东巡抚孙士毅奏为准咨严拿蔡伯多禄并派通事赴楚以便取供折》，《档案史料》（第一册），第 358-360 页。

14 乾隆五十年正月初六日《湖广总督特成额复奏严拿蔡伯多禄一犯折》，《档案史料》（第二册），第 659 页。

15 乾隆四十九年九月初九日《广东巡抚孙士毅奏呈被获谢伯多禄供单》，《档案史料》（第一册），第 384 页。

16 Kenneth Scott Latourette. *A History of Christian Missions in China*, New York, The Macmillan Company, 1929, p. 166.

四处传教，活动范围非常有限，如此，传教任务便开始逐渐向本地天主教徒身上转移，华籍天主教徒在这段时期内，扮演了维持教务工作的一个重要角色。例如上文所说的蔡伯多禄神父，他远赴欧洲求学，晋铎回国后，以行医、买卖为业四处活动，认识各地的天主教徒，接引外籍教士深入内地，为天主教的在华传播起到了一定的作用。对以蔡伯多禄为代表的这些广泛分布于各地的华籍天主教徒们为对象展开研究，探讨他们在不利局势下所进行的传教活动，有助于了解在本土文化背景下，以天主教为代表的西方文化与以中国平民大众为主体的民间传统习俗之间的沟通与融合。

## 二、研究回顾

自唐贞观九年（635 年）阿罗本到达长安传教开始，基督宗教[17]在中国的传播至今已有近一千四百年的历史了。在此过程中，无论是唐代的景教（聂斯脱利派）、元代的也里可温教（既指"聂斯脱利"派，也指"方济各会"派），还是明清之际的天主教、东正教及新教等各大宗派都曾在中国建立了教会，天主教、东正教和新教所建立的教会大都延续至今。其中，天主教和新教在中国现有的五大宗教的格局中，分别处于第四、第五的地位。

基督宗教在世界各地的传播，不仅仅只停留在宗教信仰的层面，从某种意义上来说，它是一种文化体系试图以最温和而又最深刻的方式，介入到另一种完全不同的文化体系中并改变其价值核心。这种努力遭到了中国传统文化体系的强烈反击，其程度虽然没有佛教史上"三武灭佛"严重，但基督宗教在中国的传布被有效阻击，影响直至今日。在中国历史上，至目前为止，通过宗教方式达成两种文化范式融合的例子于是仅止于佛教。研究基督宗教在中国的传布，可以从文化积淀的最深处，看到中西文化冲突比较集中的地

---

17　"基督教"一词在我国的使用往往有广义和狭义之分，广义的"基督教"即英文 Christianity 之意，包括 Catholicism（天主教）、Protestantism（新教）和 Orthodox Church（东正教）三大教派及其他一些小教派；狭义上则仅指其中的 Protestantism。由于 Catholicism 和 Protestantism 传入中国后被分别译为天主教和基督教或耶稣教，使 Protestantism 和 Christianity 在译名上发生混淆，均可译为"基督教"。在学术界，Protestantism 一直被称作新教，有学者也称其为基督新教。本文采用近年来学界慢慢接受的一种认识，即称 Christianity 为基督宗教，称 Catholicism 为天主教，称 Protestantism 为基督教，引文、注释中的"基督教"字样仍照原文引用，因清中前期我国传扬的主要是天主教，所指多是基督宗教，或是天主教。

方，并由此来分析西方价值观念在哪些方面为中国文明所拒斥或是有程度的被接受，进一步认识天主教在中国的本地化这一问题。

虽然基督宗教传入中国历史悠久，但直到明末耶稣会士入华，才对中国历史有较重要的意义，中国正式接触到所谓的"西学"，也大致以明末因基督宗教的传入而夹带的学术为其端倪。因而，对中西文化交流和冲突的研究，都会关注到明清之际基督宗教在中国的传播这一重要方面。明末清初，传入中国的基督宗教主要是天主教和东正教两个宗派。东正教随着17世纪末中俄雅克萨战役后的被俘士兵而进入中国，其影响多局限于东北地区，还多仅止于俄罗斯人中[18]。而随着16世纪末耶稣会士进入中国，天主教渐渐开始在中国的传播事业，直到18世纪末才告一段落，前后延续了两个世纪。虽然"计天主教在华命运，只有百年可称为极盛时代（1600-1700），后此不足道矣"[19]，但其影响仍比东正教大得多。比较明清之际的中西文化交流，当然绕不开天主教在中国的传播这一情况。

明末清初天主教在中国的传布，可以说是东西方之间的一次对话，对双方的社会文化均产生了一定影响，梁启超认为这是中国学术史上的"大公案"，值得"大书特书"。[20]国外学者方面，赖德烈著有《基督宗教在华传教史》、裴化行写成《天主教16世纪在华传教志》、穆启蒙撰成《中国天主教史》等专著[21]；中国学者中，陈垣先生自1917年发表学术论文《元也里可温教》起，陆续撰写了不少具有很高学术价值的基督宗教在华传播史的论文，在学

---

18 [意]马国贤：《清廷十三年——马国贤在华回忆录》，李天纲译，上海古籍出版社，2004年，第78页："院长告诉我，他的教派在北京的信徒，最多只有50人，都是俄罗斯战俘的后代。仍然有一个战俘活着，虽然年事已高。我问院长（北京东正教修道院院长）说他已经给大量的中国人做了洗礼的消息是否真实。对此，他回答说：他的洗礼仅限于俄罗斯战俘家庭。他没有指望能给中国人洗礼，因为他不懂他们的语言，他自己大量的教会事务已经需要他付出所有的精力。"

19 陈垣：《基督教入华史略》，《陈垣学术论文集》（第一集），中华书局，1980年，第90页。

20 梁启超：《中国近三百年学术史》，中国书店，1985年，第8页。

21 Latourette, Kenneth Scott, *A History of Christian Missions in China*, New York: The Macmillan Company, 1929；[法]裴化行：《天主教十六世纪在华传教志》，萧睿华译，商务印书馆，1936年；[法]穆启蒙编著：《天主教史》，侯景文译，（台北）光启出版社，1975年；[法]谢和耐：《中国与基督教：中西文化的首次冲撞》，耿昇译，上海古籍出版社，2003年增补本。

术界影响颇深[22]。方豪神父先后出版了《中国天主教史论丛》甲集、《方豪文录》、《方豪六十自定稿》等论文集，奠定了其在基督宗教在华传播史学界的地位[23]；此外，王治心先生亦著有《中国基督教史纲》，等等[24]。

　　20世纪以来，国内外学者对明清时期中国天主教史的研究取得了一系列成果，近年来，不少学者已经对其进行了回顾与评述。[25]大致说来，目前国内外对明清中国天主教史的研究有以下几个特点。

22　陈垣：《陈垣学术论文集》，中华书局，1980年。

23　方豪：《中国天主教史论丛》（甲集），商务印书馆，1947年；方豪：《方豪文录》，（北平）上智编译馆，1948年；方豪：《方豪六十自定稿》（二册），（台北）台湾学生书局，1969年；方豪：《方豪六十自定稿·补编》，（台北）台湾学生书局，1969年；方豪：《中西交通史》，岳麓书社，1987年。

24　王治心：《中国基督教史纲》，（台北）文海出版社，1970年；徐宗泽：《中国天主教传教史概论》，上海书店，1989年；吴雷川：《基督教与中国文化》，上海书店，1989年。

25　国外学者方面，可参见 Erik Zurcher, *From Jesuits Studies to Western Learning*, in W. Ming and J. Cayley(eds), *Europe Studies China: Papers from an International Conference on the History of European Sinology*, London: Han Shan Tang Books, 1995, pp.264-279,中文稿为[荷]许理和：《十七——十八世纪耶稣会研究》，辛岩译，《国际汉学》（第四辑），大象出版社，1999年，第429-447页；Nicolas Standaert, *New Trends in the Historiography of Christianity in China, Catholic Historical Review* 83,4(1997), pp. 573-613, 中文稿为[比]钟鸣旦：《基督教在华传播史研究的新趋势》，马琳译，《国际汉学》（第四辑），大象出版社，1999年，第477-520页；Nicolas Standaert, ed. *Handbook of Christianity in China*, Volume One: 635-1800, Brill, 2001;中国学者方面，可参见 Lin Jinshui（林金水），*Recent Developments in Chinese Research on the Jesuits Missionaries*, in Jerome Heyndrickx(ed) *Philippe Couplet S. J.(1623-1693), The Man Who Brought China to Europe* (Monumenta Serica Monograph Series, 32), Nettelat: Steyler Verlag, 1990, pp.211-223；王美秀：《西方的中国基督宗教研究》，《世界宗教研究》1995年第4期，第132-139页；黄一农：《明末清初天主教传华史研究的回顾和展望》，（台）《新史学》7卷1期，1996年3月，第137-169页，又见《国际汉学》第四辑，大象出版社，1999年，第448-476页；郭熹微：《中国基督教史研究》，《中国宗教研究年鉴》（1996），中国社会科学院，1996年，第284-302页；张先清：《回顾与前瞻：20世纪中国学者之明末清初天主教传华史研究》，陈村富主编：《宗教文化》（第三辑），东方出版社，1998年，第109-141页；郭熹微：《黄一农及其明清天主教传华史研究》《世界宗教研究》2000年第2期，第151-155页；钱国权：《天主教在华传播史的研究状况概述》，《甘肃社会科学》2005年第3期，第166-169页；范正义：《20世纪80年代以来基督教与民间信仰关系研究述评》，《福建师范大学学报》2005年第6期，第112-117页，等等。以上这些文章均对20世纪以来明清中国天主教史的研究作了详细的回顾及评述。

一、研究对象主要集中于传播天主教的主体，以讨论传教士的活动为主。明清时期天主教在中国的传播，大体上可分为传播和接受两个方面，即天主教徒对天主教的传播和中国人对天主教的接受两个方面。对于传教活动的主体，即对天主教徒传教活动的研究来说，相对较多，也就是对天主教如何适应中国，教徒如何传播天主教的研究较多（这种研究无疑仍需加强）。如此，研究成果多以"教会史"、"地区传教史"、"传教士历史"或"文化交流史"的面貌出现，例如《遣使会在华传教史》《四川传教史》《江南传教史》、《方济会来华史（1294-1955）》、《明清之际中西关系简史》，等等[26]。

同时，即便是对天主教传教活动主体的讨论，现有的研究也多从外籍传教士的角度展开，尤其关注利玛窦、汤若望、南怀仁、郎世宁、张诚、白晋等比较出名的在华耶稣会士，仅研究利玛窦神父的著作便有若干版本[27]，研究其他传教士的有魏特的《汤若望传》、邓恩的 *Generations of Giants: the Story of the Jesuits in China in the Last Decades of the Ming Dynasty*、魏若望的《传教

---

26 如 Le R. P. Broullion, *Missions de Chine, Mémoire sur L'etat actuel de la Mission du Kiang-Nan*, Paris,1855；[日]佐伯好郎：《支那基督教の研究》，春秋社松柏馆发行，1943 年；[德]德礼贤：《中国天主教传教史》，（台北）商务印书馆，1970 年；[法]P. Octave Ferreux C.M.《遣使会在华传教史》，吴宗文译，（台北）华明书局，1977 年；张维华：《明清之际中西关系简史》，齐鲁书社，1987 年；陈卫平：《第一页与胚胎——明清之际的中西文化比较》，上海人民出版社，1992 年；[法]安田朴、谢和耐：《明清间入华耶稣会士和中西文化交流》，耿昇译，巴蜀书社，1993 年；王宁、钱林森、马树德：《中国文化对欧洲的影响》，河北人民出版社，1999 年；林仁川、徐晓望著：《明末清初中西文化冲突》，华东师范大学出版社，1999 年；[荷]金普斯、麦克罗斯基：《方济会来华史（1294-1955）》，李志忠译，（香港）香港天主教方济会，2000 年；余三乐：《早期西方传教士与北京》，北京出版社，2001 年，等等。其中，Adrien Launay 撰写了一系列中国各省的传教史，例如：*Histoire de la Mission du Koang-si*, Paris, Téqui, 1903; *Histoire de la Mission du Koei-tcheou*, Paris, Téqui, 1908; *Histoire de la Mission du Kouang-tong*, Paris, Téqui,1917; *Histoire des Missions de Chine, Mission du Se-Tchoan*, Paris, 1920，等等。

27 例如罗光：《利玛窦传》，（台湾）辅仁大学出版社，1982 年；[美]乔纳森·斯彭斯：《利玛窦传》，王改华译，陕西人民出版社，1991 年；孙尚扬：《利玛窦与徐光启》，新华出版社，1993 年；林金水：《利玛窦与中国》，中国社会科学出版社，1996 年；[法]裴化行：《利玛窦神父传》，商务印书馆，1998 年中译本；[日]平川祐弘：《利玛窦传》，刘岸伟、徐一平译，光明日报出版社，1999 年；[美]史景迁：《利玛窦的记忆之宫——当东方遇到西方》，陈恒、梅义征译，上海远东出版社，2005 年，等等。

士·科学家·工程师·外交家：南怀仁（1623~1688）》、伯德莱的《清宫洋画家》、江文汉的《明清间在华的天主教耶稣会士》，等等[28]。对华籍天主教徒传教活动的研究明显不足，"对中国地方教会和基督徒的宗教生活和思想的研究更少"[29]。在此方面，虽有柏应理编撰的《一位中国奉教太太许母徐太夫人甘第大传略》等作品[30]，但与研究在华外国天主教徒作品的数量相比，则相对较少。

不难看出，相对于研究传播天主教的主体来说，对传播天主教的客体，也就是信教者的主体，接受教义的一方，即中国人如何接受天主教这方面的研究较为缺乏。以上列举的这些专著，研究对象多偏向于名人，偏向上层精英分子，对底层社会天主教徒的关注明显不足。这种研究能在多大程度上理解明清时期天主教在中国基层社会中的发展处境，仅仅关注那些传教士及知名士大夫信徒的传教、习教及文化活动，是不是一种完整的研究取向？[31]

何况，即便是以学术传教为主旨的耶稣会，其传播受众也并非就是以知识精英为主的一种上层宗教团体，如果细致考察，耶稣会传教区内的信徒主体仍然是那些生活于社会最底层的广大民众。[32]明清时期，构成中国境内信仰天主教主体的当然是中下层社会人士，从他们的活动中，更能直观地窥见中西两种异质文化的冲撞，更能了解这种冲撞对当时特定人群的影响，以及天主教在中国基层社会的发展程度等等。有鉴于此，法国沙百里博士指出："中

28　[德]魏特：《汤若望传》（2册），杨丙辰译，商务印书馆，1949年；[美] George H Dunne, *Generations of Giants: the Story of the Jesuits in China in the Last Decades of the Ming Dynasty*, University of Notre Dame Press,1962；[德]恩斯特·斯托英：《"通玄教师"汤若望》，达素彬、张小虎译，中国人民大学出版社，1989年；[美]魏若望编：《传教士·科学家·工程师·外交家：南怀仁（1623~1688）》，段琦译，杨周怀校，社会科学文献出版社，2001年；江文汉：《明清间在华的天主教耶稣会士》，知识出版社，1987年；王思治等主编：《清代人物传稿》（上编1-8卷），中华书局，1984-1995年；[法]伯德莱：《清宫洋画家》，耿昇译，山东画报出版社，2002年，等等。

29　王美秀：《西方的中国基督宗教研究》，《世界宗教研究》1995年第4期，第134页。

30　[比]柏应理：《一位中国奉教太太：许母徐太夫人甘第大传略》，徐允希译，（台中）光启出版社，1965年。

31　张先清：《官府、宗族与天主教——明清时期闽东福安的乡村教会发展》，博士论文，厦门大学，2003年，第6页。

32　Nicolas Standaert, ed. *Handbook of Christianity in china*, Volume One:635-1800, Brill, 2001,p.386.

国的基督教史学家们，面前有广阔的研究领域。他们今天应该更多地揭示，基督教义是怎样在中国不仅仅被最早归化的大文豪那样的知识分子，而且还被人数很多的贫苦农民大众信徒所接受、理解并生存下来。"[33]比利时学者钟鸣旦亦认为"基督宗教在中国的传播历史，也应当从中国人的角度加以探讨"。[34]

近年来，国外学者开始转换视角，对中国天主教的研究重心开始从主要关注于传教士的活动转向关注中国人及中国社会对天主教、西学的反应，"从传教学和欧洲中心论的范式转到汉学和中国中心论的范式"，"历史学家们描述的中国人和历史事件并不仅仅与西方基督教有关联，对其作出反应，而且与具有其内在的多样性和各种不同思潮交织的整个广阔、复杂的文化体系有联系"[35]，从接受教义者的角度来探讨问题，比如中国人如何有层次地接受天主教或是西学，他们对传教士的态度如何，中国教徒对西方文化的影响等等。1982 年，法国学者谢和耐推出了他的《中国与基督教》，讲述明末清初中国人对基督教这种宗教的反应，指出在"明清之际的中西首次文化撞击中，西方所关心的是向中国传播基督宗教及其文化，而中国最感兴趣的却是西方相对先进的科学技术，这种文化交流实为一种'直面撞击'，双方各怀心计，各有打算"，这段时期中西文化交流时的混乱和冲突不可避免。[36]这一观点在西方学者中引起争议。随后，以中国人为对象的研究成果陆续问世，例如比利时学者钟鸣旦的《杨廷筠：明末天主教儒者》、美国学者史景迁的《胡若望的困惑之旅——18 世纪中国天主教徒法国蒙难记》，等等[37]。

虽然中国学者一直较多地从中国天主教徒的角度出发展开研究，但侧重

---

33 [法]沙百里：《中国基督徒史》之《中译本序》，耿昇、郑德弟译，中国社会科学出版社，1998 年，第 2 页。

34 [比]钟鸣旦：《杨廷筠：明末天主教儒者》，香港圣神中心译，社会科学文献出版社，2002 年，第 3 页。

35 孙尚扬、[比]钟鸣旦：《1840 年前的中国基督教》，学苑出版社，2004 年，第 2、13 页。

36 [法]谢和耐：《中国与基督教——中西文化的首次冲撞》，耿昇译，上海古籍出版社，2003 年增补本，第 2-4 页。

37 [法]谢和耐：《中国与基督教——中西文化的首次冲撞》，耿昇译，上海古籍出版社，2003 年增补本；[比]钟鸣旦：《杨廷筠：明末天主教儒者》，香港圣神研究中心译，社会科学文献出版社，2002 年；[美]史景迁：《胡若望的困惑之旅——18 世纪中国天主教徒法国蒙难记》，吕玉新译，上海远东出版社，2006 年。

点多在于明末清初几位知名的入教士大夫，例如徐光启、王徵、吴历等[38]。近年来，则逐渐将研究重心转到一些普通的天主教徒身上，如许明龙出版了《黄嘉略与早期法国汉学》，黄一农撰写了《两头蛇：明末清初的第一代天主教徒》[39]等作品，前者考察了十八世纪初定居法国的中国普通教徒黄嘉略在法国传播中国文化的努力，后者选择了十七世纪的瞿汝夔、韩霖、严谟等奉教士人和永历朝中的两宫太后、皇后等皇亲内臣，探索明末清初"这一代天主教徒奉教的因缘、心态与历程，并析究他们如何运用其人际网络以扩张西学和西教的影响力，及其在面对天、儒矛盾时如何自处"。[40]

　　同时，一些学者也将社会学、人类学等其他学科的研究方法交叉运用，从历史人类学、社会网络等角度对基层教徒的活动展开研究。两本针对福建福安地区乡村教会进行研究的博士论文是这方面的突出代表[41]。可见，这种对传播受体一方的研究仍将继续深入下去。

　　二、就研究的时期而言，现有的研究大多集中于论述明末清初天主教的盛况，或是清末民初基督教的发展情形，相对而言，对于清代中期，也就是对天主教在禁教时期的情况记述不多。而且，即使是对这段时期内天主教传播情况的研究，也多以教案为主[42]，或是讨论相关的禁教政策[43]，对有关华籍

---

38　梁家勉编：《徐光启年谱》，上海古籍出版社，1981 年；王重民：《徐光启》，何兆武校订，上海人民出版社，1981 年；施宣圆：《徐光启》，江苏古籍出版社 1984 年；王欣之：《明代大科学家徐光启》，上海人民出版社，1985 年；李迪、郭世荣编著：《清代著名天文数学家梅文鼎》，上海科技文艺出版社，1988 年；宋伯胤编：《明泾阳王徵先生年谱》，陕西师范大学出版社，1990 年；章文钦：《吴渔山及其华化天学》，中华书局，2008 年。

39　许明龙：《黄嘉略与早期法国汉学》，中华书局，2004 年；黄一农：《两头蛇：明末清初的第一代天主教徒》，（台湾）国立清华大学出版社，2005 年。

40　黄一农：《两头蛇：明末清初的第一代天主教徒》，（台湾）国立清华大学出版社，2005 年，第 vii 页。

41　Eugenio Menegon: *Ancestors, Virgins, and Friars: The Localization of Christianity in Late Imperial Mindong (Fujian, China), 1632-1863*, University of California, Berkeley. 2002.未发表的博士论文；张先清：《官府、宗族与天主教——17-19 世纪福安乡村教会的历史叙事》，中华书局，2009 年。

42　例如张力、刘鉴唐：《中国教案史》，四川社会科学出版社，1987 年。

43　宝成关：《18 世纪清政府禁教政策的确立与实施》，《河北学刊》1997 年 3 月，第 89-95 页；于本源：《清王朝的宗教政策》，中国社会科学出版社，1999 年；郭卫东：《清朝禁教政策演变的若干问题》，《安徽史学》2000 年第 1 期，第 38-

天主教徒在天主教传播过程中所起的作用，尤其是清中叶天主教被禁绝这一时期中所发挥的作用记述得较少。

事实上，"礼仪之争"后，清朝雍正、乾隆时期，朝廷禁传天主教，全国发生教案数起，外籍传教士遭到驱逐，天主教在中国的生存环境发生巨大变化，但"西洋宣教事业，固深受打击，然并未因此一蹶不振，绝迹中朝。故在乾嘉之世，西士之行教中国者，仍大有人在，教会事业，亦潜在进行之中。中国对于天主教义，既视之为有伤教化，不愿接受，而朝廷对于禁教之令，又行之甚严。何以天主教在此时未绝迹于中国耶？"在此问题上，虽有外籍传教士"具有宗教热忱，以不避艰苦开教中国为光荣"，然而，"华人信徒，抱有此种信仰者，亦当不在少数。"[44]也就是说，天主教在中国的传播活动在这段时期内，从某种程度上来说，与华籍天主教徒的努力分不开。从这时起，天主教在中国，不仅仅只是信教的主体为华人，传教的主体也开始慢慢由外籍传教士向华籍天主教徒转变。

目前，涉及这一非常时期华籍天主教徒传教活动的著作主要有：费赖之的《在华耶稣会士列传及书目》和荣振华的《在华耶稣会士列传及书目补编》，方豪的《中国天主教史人物传》，收录了若干华人天主教士的资料，具有重要的参考价值[45]。沙百里著《中国基督徒史》，重点记述从唐以来基督教在中国的传播历史，对中国人的传教、信教活动有一定的叙述[46]。威勒克的《1784-1785年间的帝国政府与天主教》，记述了乾隆四十九年至五十年间，由在湖北逮捕的四名方济各会士而引发的遍及湖广、两广、陕西、山西等各省的搜捕天主教徒的案件，整合了有关此事的一些外文及中文资料[47]。萧若瑟的《天主教传行中国考》和张泽的《清代禁教期的天主教》，从天主教徒的角度来论述

44 页；高峰：《关于天主教在清初数次被禁的几点思考》，《湖南大学学报》2002 年第 3 期，第 195-198 页；吴伯娅：《康雍乾三帝与西学东渐》，宗教文化出版社，2002 年；叶高树：《清朝前期的文化政策》，（台北）稻乡出版社，2002 年；等等。

44 张维华：《明清之际中西关系简史》，齐鲁书社，1987 年，第 156 页。

45 [法]费赖之：《在华耶稣会士列传及书目》（2 册），冯承钧译，中华书局，1995 年，以及梅乘骐、梅乘骏的译本，《明清间在华耶稣会士列传（1552-1773）》，天主教上海教区光启社，1997 年；[法]荣振华：《在华耶稣会士列传及书目补编》（2 册），耿昇译，中华书局，1995 年；方豪：《中国天主教史人物传》（三册），中华书局，1988 年。

46 [法]沙百里：《中国基督徒史》，耿昇、郑德弟译，中国社会科学出版社，1998 年。

47 Bernward H. Willeke OFM, *Imperial Government and Catholic Missions in China during the Years 1784-1785*. The Franciscan Institute St. Bonaventure, New York, 1948.

清代康熙、雍正、乾隆、嘉庆、道光禁教时期，天主教所遭受的困难和打击，中外传教士以及教徒们对天主教的传播所做的努力，提供了一些有关华籍天主教徒传教活动的资料[48]。

相关的论文主要有：陈垣的《雍乾间奉天主教之宗室》、冯佐哲的《清宗室苏努举家信奉天主教》[49]，探讨了雍正、乾隆时期，皇亲苏努家族的入教及传教状况；Robert Entenman 的《18 世纪四川的中国籍天主教神职人员》、《十八世纪四川的基督徒贞女》，法国沙百里的 *The Chinese priest Andrew Li (1692-1775) apostle of Sichuan and the Support he received from French missionaries in Macao*，秦和平的《清代四川天主教拾遗》(1-4)，《清代中叶四川天主教的传播概况以及官绅士民对其认识之认识》等等[50]，讨论了清中期四川的天主教情况；章文钦的《澳门与明清时代的中国天主教徒》及《澳门与明清时代的中国天主教士》，[51]研究了澳门的华籍天主教徒；康志杰的《晚明至清中叶天主教善会述论》，《关于湖北磨盘山神权社会的考察》[52]，关注对湖北磨盘山等地

48 萧若瑟：《天主教传行中国考》，河北献县天主堂，1937 年排印本；张泽：《清代禁教期的天主教》（增订本），（台北）光启出版社，1999 年。

49 陈垣：《雍乾间奉天主教之宗室》，《陈垣学术论文集》（第一集），中华书局，1980 年，第 104-182 页；冯佐哲：《清宗室苏努举家信奉天主教》，《紫禁城》1990 年第 1 期，第 8-9 页。

50 Robert Entenman：《18 世纪四川的中国籍天主教神职人员》，顾卫民译，《当代宗教研究》1998 年第 2 期，第 39-45 页，原文载林治平主编：《基督教与中国本色化国际学术研讨会论文集》，（台北）宇宙光出版社，1990 年，第 171-254 页；Robert Entenman：《十八世纪四川的基督徒贞女》，顾卫民译，北京天主教与文化研究所编：《天主教研究论辑》（第 1 辑），宗教文化出版社，2004 年，第 159-174 页；[法]沙百里：*The Chinese priest Andrew Li (1692-1775) apostle of Sichuan and the Support he received from French missionaries in Macao*，耿昇、吴志良主编：《16-18 世纪中西关系与澳门》，商务印书馆，2005 年，第 184-207 页；秦和平：《清代四川天主教拾遗》(1-4)，《西南民族学院学报》1998 年第 2 期，第 83-90 页，1998 年第 5 期，第 115-119 页，1999 年第 3 期，第 51-54 页，1999 年增刊，第 225-233 页；秦和平：《清代中叶四川天主教的传播概况以及官绅士民对其认识之认识》，《宗教学研究》2000 年第 1 期，第 70-77 页。

51 章文钦：《澳门与明清时代的中国天主教徒》及《澳门与明清时代的中国天主教士》，《澳门历史文化》，中华书局，1999 年，第 33-66、67-98 页。

52 康志杰：《晚明至清中叶天主教善会述论》，卓新平、许志伟主编：《基督宗教研究》（第七辑），宗教文化出版社，2004 年，第 448-466 页；康志杰：《关于湖北磨盘山神权社会的考察》，《世界宗教研究》2004 年第 3 期，第 84-92 页。

教会团体的考察。此外，一些研究生的毕业论文也开始关注禁教这一时期[53]，可见，对禁教时期的天主教，以及本地天主教徒的研究将逐渐升温。

## 三、研究内容与史料

加大对华籍天主教徒在天主教传行中国的进程中相关活动的研究力度，将是今后明清时期中国天主教史研究的一个基本方向。就本文所论及的时期和问题而言，前人虽有涉猎，但仍缺乏全面深入的专门研究，与以往侧重于研究清代禁教时期所发生的历次教案不同，本文试图对此段时期内华籍天主教徒的传教活动加以研究，以使该课题的研究有所推进。

本文主要对清代禁教时期华籍天主教徒的传教活动展开研究工作，时间范围大致起于 1721 年，即以康熙皇帝 1721 年 1 月 17 日的批示——"览此告示，只可说得西洋人等小人，如何言得中国之大理？况西洋人等，无一人通汉书者，说言议论，令人可笑者多。今见来臣告示，竟是和尚道士，异端小教相同，彼此乱言者莫过如此。以后不必西洋人在中国行教，禁止可也，免得多事"[54]为起点；止于 1846 年，道光于此年 1 月 17 日颁发上谕，命令耆英在口岸公开张挂弛禁示谕，[55]在事实上放松了对天主教的禁令，天主教逐渐获得在中国合法传教的身份。具体研究内容如下：

首先，考察清中叶禁教开始后雍正、乾隆、嘉庆及道光前中期朝廷和地方政府对天主教的政策及态度，说明清政府对天主教的看法，由明末以来的宽容趋于严厉，进而禁止，在这种情况下，全国各地均严格执行这一禁令，教案持续不断，外籍传教士先是被逐，后是被杀，天主教在中国的生存环境发生了重大变化，由公开的奉旨传教转为秘密的非法传教，其传教事业在此环境下只能逐渐转为以华籍天主教徒为主体。

---

53 例如朱满珍同学的硕士论文：《康雍乾禁教时期广东的天主教》，华南师范大学，2003 年；王绣中同学的硕士论文：《福建地区"百年禁教"研究》福建师范大学，2005 年，等等。

54 《康熙与罗马使节关系文书　乾隆英使觐见记》，（台北）学生书局，1973 年，第70、96 页。

55 道光二十五年十二月二十日《寄谕两广总督耆英广东巡抚黄恩彤著查明原教堂情形并酌情办理天主教弛禁》，《档案史料》（第三册），第 1302 页；详细弛禁过程可参见郭卫东：《清朝禁教政策演变的若干问题》，《安徽史学》2000 年第 1 期，第 43 页。

其次，说明禁教时期华籍天主教徒的大概情况，包括禁教前人数的变化、地区分布，他们的社会层次以及在教内的层次，分析其入教原因，以及官方对他们的查办措施等。华籍教徒在此段时期内面临重重困难，生存环境日益恶化，但人数总量却在禁教前后没有太大变化，在外籍教士大量缺席的情况下，他们为维持本地教会的发展必定发挥了相当作用。

第三，本选题将主要以华籍天主教徒在教内是否担任传教专职，即神职人员和普通教徒两大部分来分别对其开展的活动进行讨论，这是本文的主体部分，内容涉及第三、四、五章。出于地位、身份的不同，这两者所拥有的资源不同，在开展传教活动的过程中也会有所区别。以蔡伯多禄为例在教内任职的华籍神职人员，传教是其职责所在，在这一部分，一方面将对培养华籍天主教徒成为神职人员这一过程进行考察，了解在禁教这一特殊时期，普通华籍天主教徒在何地、如何晋升为神职人员；一方面将对其主要的传教手段、方式及特点等进行探讨，对其传教活动有一定的认识。另外，普通教徒并没有传教专职，他们的传教活动很大程度上是种自觉的活动，所以，这一部分将通过其主要的传教手段、方式及特点（如华人社会的家族传教方式）等，分析其在禁教的严峻环境中为何能甘于冒着风险坚持信教并传教。同时，鉴于经济、文化等方面与一般民众有所区别，还将地位、身份较高的皇亲官员（如苏努家族）与普通民众的传教活动有所区分，分别进行探讨。

最后，文章从总体上对华籍天主教徒在禁教时期的传教活动进行评价，强调他们在这段时期内对天主教的传播所作的贡献，突出天主教在中国的传播过程中华人主体所起的作用，及其不可替代的地位，并以此分析在这一中西文化冲突事件中，天主教在华的传播方式所发生的变化，华人在接受天主教教义时的特点，以及禁教给天主教在中国的传播所带来的影响等。

史料方面，此段时期在华工作的天主教各修会，在欧洲均存有大量传教士的书信等文献资料，但大部分都以拉丁语、西班牙语、法语等写成，例如《李安德日记》《马青山日记》，巴黎外方传教会档案等[56]，得之不易，国外

---

56 例如：Launay, Adrien: *Journal d'André Ly, Prêtre chinois, Missionnaire et Notaire Apostolique 1746-1763*, Hong Kong Imprimerie de Nazareth, 1924. 再如巴黎外方传教会档案第 434 卷：*Journal of Joachim Enjobert de Martiliat*; Guiot, *La Mission du Su-tchuen au XVIIIme siècle: Vie et apostolate de Mgr. Pottier*, Paris, 1892. 等等。

学者也多据此撰写出一系列专著[57]。因此，本文主要着眼于教外典籍，以当时的中文档案史料、个人文集等为史料依据，比如《清实录》、《康熙朝汉文朱批奏折汇编》、《宫中档案雍正朝奏折》、《宫中档案乾隆朝奏折》、《嘉庆道光两朝上谕档》、《续修四库全书》[58]等。近年来，有关天主教东传文献的整理取得了重大进展，使本选题的研究具备了现实的条件。

首先，在对明清档案、天主教文献系统整理的基础上，中国内地及港澳台地区陆续整理出版了大批中文史料，如1999年出版的《明清时期澳门问题档案文献汇编》（六册），涉及到雍乾时期的一些教案问题，牵涉到华籍天主教徒，而2003年末中华书局出版的《清中前期西洋天主教在华活动档案史料》（四册），则更为研究雍正、乾隆、嘉庆、道光时期华籍天主教徒的传教情况提供了翔实的中文档案资料。[59]

其次，《清代西人见闻录》、《中国漫记》、《耶稣会士中国书简集——中国回忆录》（六册）、《中国来信（1716-1735）》、《十六和十七世纪伊比利亚文学视野里的中国景观》《清廷十三年——马国贤在华回忆录》等西文文献的翻译出版，为研究此段时期内华籍天主教徒的活动提供了十分宝贵的外文史料[60]。这些都

57 例如：Launay, Andrien, *Histoire de la Mission du Se-tchouan*, Paris, Téqui, 1920; D'Elia, Pasquale, S.J., *Catholic native Episcopacy in China, Being an Outline of the Formation and Groth of the Chinese Catholic Clergy. 1300-1926*, Shanghai, T'ou-sè-wè,1927; Gubbels, Mgr NOËL, *Trois Siècles d'Apostolat Histoire du Catholicisme au Hu-Kwang depuis les origines 1587 jusqu'à 1870*, Imprimeur "Franciscan Press", Wuchang, Hupeh, 1934;Goyau, George, *Jean-Martin Moye, Missionaire en Chine(1772-1783)*, Paris, Éditions Alsatia, 1937, 等等。

58 中国第一历史档案馆编：《康熙朝汉文朱批奏折汇编》，档案出版社，1984年；《清实录》，中华书局，1985年；国立故宫博物院编辑：《宫中档案雍正朝奏折》，（台北）国立故宫博物院印行，1978、1980年；国立故宫博物院图书文献处文献股编：《宫中档案乾隆朝奏折》，（台北）国立故宫博物院印行，1985年；中国第一历史档案馆编：《嘉庆道光两朝上谕档》，广西师范大学出版社，2000年；（清）顾廷龙等主编：《续修四库全书》，上海古籍出版社，2002年。

59 中国第一历史档案馆、澳门基金会、暨南大学古籍研究所合编：《明清时期澳门问题档案文献汇编》（六册），人民出版社，1999年；中国第一历史档案馆编：《清中前期西洋天主教在华活动档案史料》（四册），中华书局，2003年。

60 杜文凯编：《清代西人见闻录》，中国人民大学出版社，1985年；[罗马尼亚]尼古拉·斯帕塔鲁：《中国漫记》，蒋本良、柳凤运译，中国工人出版社，2000年；[法]杜赫德编：《耶稣会士中国书简集——中国回忆录》（六册），郑德弟等译，大象出版社，2001、2005年；[捷克]严嘉乐：《中国来信（1716-1735）》，丛林、李梅译，

为本文的撰写提供了便利的条件，亦构成本项研究的主体史料依据。

此外，《北京师范大学图书馆馆藏基督教文献汇编》（缩微胶卷）、《中国天主教史籍汇编》、《东传福音》等[61]，汇集了部分 20 世纪初有关中国天主教的相关作品；教内人士所撰写的《真福列传》、《赵奥斯定神父传》、《真福刘达陡神父传》、《湖北襄郧属教史记略 刘董二位致命真福合传》、《苏州致命纪略》等传记[62]，从教徒的角度宣扬清朝禁教时期的几次教案中被官府处以死刑者的事迹，涉及到当时华籍教徒的一些活动，对本文的撰写有一定的参考作用。

历史的行进有如一条河流，并非始终都是脉络分明地穿行于地表，对于地下暗河的潜生暗长，人们往往容易忽略。一部中国天主教史，事关两种文明的冲撞与融合，又发生在中国历史转折之时，自然受人瞩目。然而，有关禁教时期的研究，因其本身黯淡，史料相对欠缺，无法与天主教在华历史上所谓的"百年盛期"相提并论；何况，教徒此时多为平民百姓，相关事件零星分布于档案文献之中，遭到忽略在所难免。

然而，事物的本质和发人深省之处，往往能从黯淡时期发现。至今为止，基督宗教所代表的西方文化与中国文化的冲撞和交融，依然在进行之中，其间所发生的各种问题、各方关系，包括教会自治等问题，均可从历史中寻求借鉴。从世界范围来看，基督宗教是目前世界上最大的宗教，在西方文明的形成过程中起到了巨大作用。了解基督宗教在发达国家的重要地位，在全球经济发展的重要区域——环太平洋地区——迅速扩展的状况，对于理解当今

---

大象出版社，2002 年；澳门文化司署编：《十六和十七世纪伊比利亚文学视野里的中国景观》，大象出版社，2003 年；[意]马国贤：《清廷十三年——马国贤在华回忆录》，李天纲译，上海古籍出版社，2004 年。

61 北京师范大学图书馆制作：《北京师范大学图书馆馆藏基督教文献汇编》（缩微胶卷），北京师范大学图书馆，2003 年；辅仁大学天主教史料研究中心编：《中国天主教史籍汇编》，（台北）辅仁大学出版社，2003 年；中国宗教历史文献集成编纂委员会编纂：《东传福音》（8-10 册），黄山书社，2005 年。

62 例如从北京国家图书馆古籍部复印的《真福列传》，救世堂印，1905 年，以及 1905年于北京出版的《赵奥斯定神父传》、《真福克来传》、《董圣人致命歌诀》、《真福蓝若望行实致命纪略》、《真福刘达陡神父传》等，这些册子均未注明著者，仅有出版时间及地点，应为教内人士所作；此外，还有成和德：《湖北襄郧属教史记略 刘董二位致命真福合传》，上海土山湾印书馆 1921 年；徐允希：《苏州致命纪略》，上海土山湾慈母堂印行，1932 年，等等。

社会无疑十分重要。"任何人如果想要理解现代社会及其产生和发展的过程，都必须对基督教信仰有所了解。"[63]本文选择百年禁教这一非常时期，以华籍天主教徒的传教活动为对象展开讨论，探求天主教与中国本土文化相结合的程度，以期对理解时下错综复杂的宗教问题有所裨益。

---

63 [英]麦格拉思：《基督教概论》，马树林、孙毅译，北京大学出版社，2003年，第1页。

# 第一章　清中期天主教在华传教所面临的困境

明末，在耶稣会士的先导下，天主教再一次传入中国，开启了中国与欧洲两大文明的第一次较大规模的接触。自利玛窦开始，外籍传教士一直小心翼翼地在中国传播天主教，一些传教士逐渐受到朝廷的重用，并与上层社会交往频繁，为传教提供了一个比较宽松的环境及保障，天主教得以在中国比较顺利的开展工作，归化教徒。但是，康熙末年，朝廷开始禁传天主教，驱逐西方传教士，严禁国人信教、传教，并进而将这一禁令写入律法，这种状况一直持续到鸦片战争之后才有所改观。此段禁教时期，天主教在中国的生存环境发生了重大变化，内外忧患，困难重重。本章试从以皇帝为首的中央政府、地方官员对天主教的态度，教会内部的斗争几个方面入手，了解当时在华天主教所面临的困境，以期对此段时期内天主教在中国的传播任务不得不落到华籍天主教徒肩上这一必然转变有所认识。

## 第一节　中央政府对天主教的态度

清朝中期，中央政府对天主教的态度当然以最高统治者——皇帝——的意志为转移，毕竟，皇帝本人对天主教的认识决定了他对天主教的好恶，而这种好恶态度又是其制订相关对策的重要依据，并进而影响到整个朝廷对在华天主教采取何种措施，以及这些政策具体实施的程度等。而且，天主教所代表的西方文明与东方文明的冲突，也集中反映在中国文化的代表——皇帝身上。清朝中期康熙、乾隆、雍正、嘉庆、道光皇帝及朝廷对天主教的不同态度，对天主教在中国能否顺利、公开地传播具有相当的重要性。来自上层阶级的支持，或仅仅是默许，都能为天主教在华传播提供一个较为自由宽松的环境；而失去这种支持，甚至是自上而下的反对、禁止，公开传教只能成为非法，并受到来自各方的打压，与禁教之前相比，此时传教活动的开展不得不转入"地下"，愈发依赖于本地的天主教徒。

## 一、康熙帝对天主教态度的转变

### （一）康熙初年对天主教的宽容

明末清初，天主教在中国的传播还算比较顺利，虽然各级官吏对其有褒有贬，但以皇帝为首的中央朝廷对其传播并未加以过多干涉。康熙帝虽不信天主，但对天主教的教义和教会却表示了相当的尊重。这集中体现在他对西方科技的爱好及对外籍传教士的礼遇上。康熙帝恩宠在京的耶稣会士，官员们对他们也礼待有加，于是，必要时，他们可以借机帮助在各省传教的其他会派传教士，例如帮勒布朗神父（Le Blanc）从海关释放，退回银钱，把福建宗座代牧严当（M. Maigrot）拜托给福州知府，减少当地居民对他们的骚扰等。[1]关于康熙皇帝对天主教的好感，有则比较有意思的小插曲。康熙末年，在京的传教士相信，"该皇帝也发现自己濒临晏驾，于是便想起了许多传教士，想得特别多的是巴多明神父。此人曾向他讲过，为拯救灵魂而成为基督徒的必要性，于是便下决心接受洗礼。他令人传来了在宫中的传教士们，但已被确定为皇帝的其子胤禛作出的第一种权威举措，就是阻止他们进入金殿。"[2]

任何一种教义的传播总会夹杂着误解与怀疑，天主教在中国的传播自然也不例外，何况，这还是东西方两种差异甚大的文化之间的对撞。不过，康熙帝与传教士的频繁接触，使得他对天主教有一定认识，对传教士的目的亦很清楚。康熙二十六年（1687），官吏的奏折中将天主教归为邪教一类，对此，

---

1　《耶稣会传教士洪若翰神父致国王忏悔师、本会可敬的拉雪兹神父的信（1703年2月15日于舟山，浙江省境内的中国港口，距宁波有18法里），[法]杜赫德编：《耶稣会士中国书简集》（一），郑德弟、吕一民、沈坚译，大象出版社，2001年，第302-303页。

2　《沙如玉（Valentin Chalien）神父致韦塞尔（Verchère）神父的信（1741年10月10日于北京）》，[法]杜赫德编：《耶稣会士中国书简集》（四），耿昇译，大象出版社，2005年，第241页。

四月十四日，礼部奉旨："今地方官间有禁止条约，内将天主教，同于白莲教谋判字样，着删去，钦此。礼部随移咨山东、河南等处巡抚，如有将天主教同于白莲教谋判字样，着即钦遵删去。"[3]这道谕旨颁发后，在各地传播天主教的传教士不会像白莲教般被认为是叛逆，为天主教在中国的传播降低了一点政治风险。

康熙三十一年（1692），清廷又颁发了三道与天主教相关的谕旨。正月三十日，大学士伊桑阿等奉上谕："西洋人治理历法，用兵之际，修造兵器，效力勤劳，且天主教并无为恶乱行之处，其进香之人，仍应照常行走。前部议奏疏著掣回销，尔等与礼部满堂官满学士会议具奏，钦此。"[4]二月初二日，又奉上谕："前部议将各处天主堂照旧存留，止令西洋人供奉，已经准行。现在西洋人治理历法，前用兵之际，制造军器，效力勤劳，近随征俄罗斯，亦有劳绩，并无为恶乱行之处，将伊等之教目为邪教禁止，殊属无辜，尔内阁会同礼部议奏，钦此。"[5]二月初五日，礼部尚书顾八代等奉旨依议："查得西洋人仰慕圣化，由万里航海而来，现今治理历法，用兵之际，力造军器火炮，差往阿罗素，诚心效力，克成其事，劳绩甚多。各省居住西洋人，并无为恶乱行之处，又并非左道惑众，异端生事。喇嘛僧道等寺庙，尚容人烧香行走，西洋人并无违法之事，反行禁止，似属不宜。相应将各处天主堂俱照旧存留，凡进香供奉之人，仍许照常行走，不必禁止。俟命下之日，通行直隶各省，可也。"[6]这三份文件充分反应了康熙朝前期，以康熙为首的朝廷对天主教传教采取的宽容态度，成为鸦片战争前，天主教在清朝"奉传正教"的官方正式文件。

当然，这些在宫廷担任职位的传教士的工作并不容易。马国贤神父写道："这种职务并非闲职"，"在这位君主下，传教士的生活辛苦疲倦，我称它

---

3　（清）黄伯禄：《正教奉褒》，1894 年上海慈母堂重印，第 88 页。

4　（清）李刚己辑：《教务纪略》（卷首谕旨），上海书店，1986 年（据光绪乙巳年（1905 年）南洋官报局影印），第 1-2 页。

5　（清）李刚己辑：《教务纪略》（卷首谕旨），第 2 页。

6　（清）黄伯禄：《正教奉传》，1908 年上海慈母堂重印，第 5 页。另，（清）李刚己辑：《教务纪略》（卷首谕旨），第 2-3 页。"这道经康熙批准了的'议奏'在西方被誉为'1692 年宽容敕令'。在入华传教士的眼中，它标志着天主教在中国的'黄金时代'的到来。"见吴伯娅：《康雍朝三帝与西学东渐》，宗教文化出版社，2002 年，第 135 页。

为涂金的奴隶。这些在朝的传教士，只有一个目标：得到皇上的欢心，以保护在北京及外省的传教士"。[7]1687 年，张诚、白晋、洪若翰、李明、刘应等法国五位"国王的数学家"抵华后，为康熙帝讲授几何、哲学、人体解剖学等科学知识，奉旨参加中俄尼布楚条约谈判及签约工作，用奎宁治好康熙帝的疟疾，令康熙帝十分满意。为此，1693 年，康熙帝命白晋返欧招募更多的传教士来华服务。在此之前，外籍传教士来华皆是自发的行动，这一次，却是受到中方的主动招募，康熙帝对传教士的态度由此可见一斑。1698 年，白晋一行返华后，康熙帝立刻派宗人府官员及两名传教士以钦差身份赴广州迎接，并在南下巡视的途中接见了他们。刚到中国的外籍传教士便受到皇帝的接见，壮大了他们的声威，提高了天主教徒在各级官吏心目中的地位，为天主教的在华传播铺下了一段可以说得上是光明灿烂的前程。而且，"康熙帝看到全国教化大行，颇为高兴，特准罗神父与法安多神父离开朝廷前往较远省份继续传播福音，以应当地居民迫切需要传教士们去指引天国之路。"[8]其中一部分原因有可能是，康熙帝想把有一百多年历史的中国天主教会收为国有，让所有在华的传教士效忠于自己，与罗马脱离关系。[9]

### （二）康熙末年对天主教的趋于禁止

然而，好景不长，康熙帝统治后期，天主教在中国的传播逐渐开始困难起来，并最终被批示为"禁止"。康熙帝之所以会下禁教之令，很大程度上是因为"礼仪之争"[10]。教会内部爆发的"礼仪之争"，具体内容主要集中于

7　[法]P. Octave Ferreux C. M.，《遣使会在华传教史》，吴宗文译，（台北）华明书局，1977 年，第 99 页。

8　[法]费赖之：《明清间在华耶稣会士列传（1552-1773）》，梅乘骐、梅乘骏译，天主教上海教区光启社，1997 年，第 450 页。

9　李天纲：《中国礼仪之争——历史·文献和意义》，上海古籍出版社，1998 年，第 69 页。

10　有关"礼仪之争"的研究，可参见罗光：《教廷与中国使节史》，（台北）传记文学出版社，1983 年；陈垣编：《康熙与罗马使节关系文书》，（台）学生书局，1973 年；李天纲：《中国礼仪之争——历史·文献和意义》，上海古籍出版社1998 年；黄一农：《被忽略的声音：介绍中国天主教徒对"礼仪之争"态度的文献》，《清华学报》新 25 卷第 2 期，1995 年，第 137-160 页，亦见《两头蛇：明末清初的第一代天主教徒》（第十一章"中国礼仪之争"被忽略的声音），（台湾）国立清华大学出版社，2005 年；[美]苏尔·诺尔编：《中国礼仪之争西文文献一百篇（1645-1941）》，沈保义、顾卫民、朱静译，上海古籍出版社，2001 年；Louis Wei Tsing-sing: *Le Saint-*

对天主教崇奉之神的中文命名之问题、祭孔敬祖与天主教教义问题、中国固有的习惯和观念与天主教教礼行施之问题等。实际上，则反映了当时欧洲各国利用争夺保教权的机会来争权夺利、教会内部各修会之间、各学派之间的分歧。[11]由主要以葡萄牙支持的耶稣会为一方，以西班牙支持的方济各会、多明我会为一方所进行的争执，最后发展为罗马教廷与康熙皇帝之间的对抗。康熙帝对外国人"立于大门之前，论人屋内之事"[12]极为不满，这一态度严重影响到中国学者和各级官吏对天主教的姿态，对其的好感逐渐消失。为解决这场纷争，罗马教廷先后两次派使者来中国，传达其对传教士在中国传教方式的命令，结果却适得其反，最终使得康熙帝颁布禁教之令。

### 1. 多罗使节来华

1704 年，教宗克莱门十一世作出禁止中国礼仪的决定：中国教徒只许用"天主"来称呼万物之主，不许用"天"、"帝"等字眼；凡入天主教的官员、进士、举人、生员等不许入孔庙行祭孔、祀天之礼；凡入教之人不许在家中留祖先牌位，不得参加祭孔活动等。并派多罗为特使出使中国，解决"礼仪问题"。

多罗先隐瞒了来华的目的，与康熙在"礼仪"问题上意见分歧。康熙认为，要解决中国的礼仪问题，必须先懂得中国文化，否则怎能妄加干涉。他说："中国人不解西洋字义，故不便辨尔西洋事理尔，西洋人不解中国字义，如何妄论中国道理之是非？"[13]"尔欲议论中国道理，必须深通中国文理，

---

*Siege et la Chine de PieXI à nos Jours*, Paris, 1968; George Minamiki, S. J., *The Chinese Rites Controversy: From Its Beginning to Modern Times*, Loyala University Press, 1985; Cummins, J. S., *Palafox, China and the Chinese Rites Controversy*, in *Jesuit and Friar in the Spanish expansion to the East*, Variorum Reprints, 1986, pp. 89-122; Ricci Institute for Chinese-Western Cultural History, U. S. F., *100 Roman Documents concerning the Chinese Rites Controversy*, 1992; David E. Mungello ed: *The Chinese Rites Controversy, Its History and Meaning*, Institut Monumenta Serica, San Francisco, 1994.等等。

11 可参见刘健：《十七、八世纪中国礼仪问题对欧洲学人之影响》,《恒毅》11 卷 1 期，1961 年 8 月，第 14-15 页，指出教廷对中国礼仪问题不敢作出最后之决定，除了对中国情形不甚了解，各会派间各持己见外，还有会派之间的嫉妒、学派意见之分歧、国籍间利益矛盾等三个原因。

12 《康熙与罗马使节关系文书 乾隆英使觐见记》,（台）学生书局，1973 年，第 10 页："若近年来明年去的人，不可叫他许住，此等人譬如立于大门之前，论人屋内之事，众人何以服之，况且多事。"

13 《康熙与罗马使节关系文书 乾隆英使觐见记》，第 55 页。

读尽中国诗书，方可辨论。朕不识西洋之字，所以西洋之事，朕皆不论。"
[14]

康熙要求多罗暂不公布教皇敕令，但多罗还是在南京宣布了教皇禁令。对此，康熙大怒，下令逮捕多罗，将其押送至澳门监禁，并于 1707 年 4 月 19 日在苏州向西洋教士发布谕旨："谕众西洋人，自今以后，若不遵利玛窦的规矩，断不准在中国住，必逐回去"[15]，开始对在华传教士颁行领票制，凡遵守利玛窦规矩者，方可领票，继续传教，无领票者一律驱逐出境[16]。

此事引发了一系列不利于天主教在华传播的后果。人们开始在皇帝面前抨击天主教，这是此前无人敢做的事。皇太子是其中最活跃的人物之一。许多官员迫使其妻儿、奴仆抛弃天主教；同时，宫中有人想象，传教士之间的不和与纷争，只能起因于某些野心勃勃的计划，为此，皇太子下令在各省收集秘密情报。他甚至让一个仆人接受洗礼，以便通过他了解传教士与教徒们集会的秘密。[17] "领票制"也造成了中国教会的分裂，未领票的 13 人都被赶到广东。

### 2. 嘉乐使节来华

1715 年，罗马教廷重申禁令，要求远东的传教士必须服从，否则处以严刑。并派特使嘉乐来华传达此禁令。此时，康熙帝已深觉教廷使节和一些外籍传教士惹事生非，逐渐萌发禁教的念头。他在给嘉乐的谕旨中说到："尔教王所求二事，朕俱俯赐允准，但尔教王条约与中国道理，大相悖戾。尔天主教在中国行不得，务必禁止。教既不行，在中国传教之西洋人亦属无用，除会技艺之人留用，再年老有病不能回去之人，仍准存留，其余在中国传教之人，尔俱带回西洋去。"[18]

---

14 《康熙与罗马使节关系文书 乾隆英使觐见记》，第 61 页。

15 康熙四十六年三月十七日《康熙驻防跸苏州时致西洋人折》，《档案史料》（第一册），中华书局 2003 年，第 12 页。

16 方豪：《中国天主教史人物传》（中），中华书局，1988 年，第 324 页："凡不回去的西洋人等，写票用内务府印给发。票上写某国人，年若干，在某会，来中国若干年，永不复回西洋。已经来京朝觐陛见，为此给票，兼满汉字，将千字文编成号数，按次存记。将票书成款式进呈。"

17 《耶稣会中国副省会长安多神父寄往欧洲的备忘录》，[法]杜赫德编：《耶稣会士中国书简集》（六），郑德弟译，大象出版社，2005 年，第 138 页。

18 《康熙与罗马使节关系文书 乾隆英使觐见记》，第 43 页。

1721 年 1 月 17 日，看到嘉乐所带禁约的汉译稿后，康熙最终批示："览此告示，只可说得西洋人等小人，如何言得中国之大理？况西洋人等，无一人通汉书者，说言议论，令人可笑者多。今见来臣告示，竟是和尚道士，异端小教相同，彼此乱言者莫过如此。以后不必西洋人在中国行教，禁止可也，免得多事。"[19]

于是，至康熙末年，随着礼仪之争转变为教权与中国皇权之间的对抗，清政府对天主教传教的政策渐由宽容变为禁止。康熙帝的这一转变在其继位者身上毫无疑义地延续下去，此后百余年间，在华天主教失去了传教的有利条件，得不到来自官方的认可及保护，传教活动的开展日渐艰难。

## 二、雍正、乾隆帝的禁教政策

虽然康熙于 1717 年开始禁教，但其有生之年，中国的禁教较为有限，并未出现大规模的禁教或驱逐传教士的事件[20]。但雍正、乾隆时期，对传教士的政策完全转变，对天主教的禁令越发严厉起来。"康熙的接班人，乃子雍正和乃孙乾隆帝，对西教的政策，一个比一个严厉，直至将传教士变成宫廷弄臣而宣称西学均属异端邪说。假如说 17 世纪是基督教三度远征中国的战果最辉煌的岁月，那么 18 世纪给它留下的却是相反的记录。"[21]在皇帝的压制下，天主教的传教活动在清代中叶逐渐转入地下。

### （一）雍正帝的禁教政策

"雍正皇帝，威仪出众，勤于政治而于传教一事，则禁止甚严"[22]，在京的传教士说"刚刚登上皇帝宝座的雍正对基督教根本没有好感。相反，他对基督教在其父皇统治时期取得的种种进展深感不安。如果能够无损于其父皇的威名的话，他真想把基督教连根铲除。"[23]这充分说明雍正对天主

---

19 《康熙与罗马使节关系文书　乾隆英使觐见记》，第 70、96 页。

20 刘晓明编译：《清宫十三年——马国贤神甫回忆录》，《紫禁城》1990 年第 2 期，第 35 页。

21 朱维铮主编：《基督教与近代文化》，上海人民出版社，1994 年，第 8 页。

22 [法]樊国梁：《燕京开教略》（中篇），辅仁大学天主教史料研究中心编：《中国天主教史籍汇编》，（台北）辅仁大学出版社，2003 年，第 384 页。

23 《耶稣会传教士钱德明神父致科学院德里斯勒（de l'Isle）神父的信（1759 年 9 月 4 日于北京）》，[法]杜赫德编：《耶稣会士中国书简集》（五），吕一民、沈坚、郑德弟译，大象出版社，2005 年，第 70 页。

教的厌恶。当然，事发有因。其一，雍正对西学没有任何兴趣，身边围绕着的是喇嘛或萨满教徒，对父亲优待传教士早有不满。其二，康熙常指派耶稣会传教士为其皇子们的师友，在其末年的皇位争夺中，这些耶稣会士们自然或多或少有参与或知悉皇子们的图谋者[24]。如胤禛的支持者穆敬远，及与天主教关系密切的苏努家族等。雍正继位后，对其反对者的镇压牵涉到了禁教。

1724 年 1 月，雍正在召见巴多明、戴进贤等耶稣会士时，曾对他们作了近一刻钟的训话：

> "你们说你们的宗教不是伪教，朕相信这一点，要是朕认为它是伪教的话，谁能阻止得了朕摧毁你们的教堂，把你们赶出去呢？……如果朕派一队和尚喇嘛到你们国家传布他们的教义，你们该怎么说呢？你们将如何对待他们呢？
>
> 利玛窦万历元年来到中国。……那时候你们的人很少，简直不足挂齿，各省还没有你们的人，也没有你们的教堂。只是在朕的先父皇时期，各地才到处造起了教堂，你们的宗教才迅速传播开来。……你们哄得了朕的父皇，哄不了朕。
>
> 你们要让所有的中国人都皈依基督教，这是你们教会要求的，朕了解这一点，……有一段时间，父皇糊涂了，他只听了你们的话，其他人的话都听不进了。朕当时心里很明白，现在可以无所顾虑了。当成千上万只船远道而来，就可能出乱子。"[25]

---

24 （美）A·W·恒慕义主编：《清代名人传略选·胤禛》，林毓辉译，载杜文凯编：《清代西人见闻录》，中国人民大学出版社，1985 年，第 298 页："胤禛对在中国的耶稣会教士以及其他传教士的政策很大程度上受他继位问题的影响。他不喜欢传教士，是因为他们中的一些人曾站在他的对手一边。"

25 《耶稣会传教士冯秉正神父给耶稣会某神父的信（1724 年 10 月 16 日于北京）》，朱静编译：《洋教士看中国朝廷》，上海人民出版社，1995 年，第 105-106 页。另，[法]樊国梁：《燕京开教略》（中篇），辅仁大学天主教史料研究中心编：《中国天主教史籍汇编》，（台北）辅仁大学出版社，2003 年，第 384-385 页："汝等传授天主之教，朕令禁止，汝等视为异事。倘朕遣派僧人喇嘛，往汝国传讲佛法，汝其礼之乎？今汝等欲尽中国之民，而为天主教人，且系汝教急务，朕非不知。然使中国之人，尽奉汝教，则中国之民，不几尽为西国之民乎？汝等所化教民，只知有汝等，不知有皇上。偶遇变乱，教民惟汝言是听，朕将何以治之？汝等倘能安分自守，朕尚可以格外加恩。准汝等在京都广东二处居寓，如仍照前传教惑民，

这番话表明，雍正帝不仅对天主教无甚好感，还视其为国家的一种潜在威胁，担心教徒们受到传教士的支配，在西方入侵时"里应外合"，从而威胁到清朝的统治和国家的安全。历经顺治、康熙两朝的文治武功，清朝对全国的统治此时才暂时稳定下来，保护社会的稳定、防止外力的骚扰是统治者的重要职责。这是雍正帝对天主教的认识与康熙帝的显著不同之处。

而且，雍正帝并不如他的父亲康熙帝一般对天主教有一定了解，他曾表示："朕不懂你们的教法，也从未曾读过你们的经书。"[26]在京传教士对雍正帝的这一点比较清楚，巴多明神父曾说雍正帝"确确实实是仇恨基督教，但出于礼貌，他又谨慎地与我们打交道，在人前能善待我们，这是由于他害怕与其父皇之间的差异过分惹人注目"；[27]沙如玉神父也曾说雍正帝"于心灵深处就仇视基督教及其使徒们，他长期以来都会毫不踌躇地使传教士们感到了其恶意的影响。"[28]

在以上这些因素的支配下，雍正元年十二月十六日（1724年1月11日），雍正帝降下谕旨："远夷住居各省，已历年所，今令其迁移，可给限半年，委官照看；毋使地方扰累，沿途劳苦"。雍正御制圣谕中之"黜异端以崇正学"条曰："如西洋教宗天主，亦属不经，因其人通晓历数，故国家用之，尔等不可不知。"[29]除留京效力的之外，其余外籍传教士均给以期限，赶出各省。虽然他也不希望给人以过分仇视天主教的印象，对要逐至澳门的外籍传教士表示了一定的体恤[30]，但雍正帝对禁教的态度十分明确，不仅禁传，而且禁奉。

---

则京都广东，亦不准容留。至各省教士，尤不准迟延逗留。汝等即尽出中国，而中国之富庶，何能稍减于前耶？"

26　《耶稣会传教士冯秉正神父致同耶稣会某神父的信（1755年10月18日于北京）》[法]杜赫德编：《耶稣会士中国书简集》（四），耿昇译，大象出版社，2005年，第102页。

27　《耶稣会传教上巴多明神父致同·耶稣会中尊敬的某神父的信（1754年10月29日于北京》，[法]杜赫德编：《耶稣会士中国书简集》（四），第120页。

28　《沙如玉（Valentin Chalien）神父致韦塞尔（Verchère）神父的信（1741年10月10日于北京）》，[法]杜赫德编：《耶稣会士中国书简集》（四），第243页。

29　方豪：《中西交通史》，岳麓书社，1987年，第1026页。

30　详见雍正元年十二月十四日《管理礼部事务嘉郡王允裪题请饬禁愚民误入天主教本》，《档案史料》（第一册），第57页；雍正二年十月二十九日《两广总督孔毓珣奏陈西洋人居住情形折》，国立故宫博物院编辑：《宫中档雍正朝奏折》（第三辑），（台）国立故宫博物院印行，1978年，第393页。

1724 年 7 月 21 日，雍正在接见耶稣会士苏霖、费隐、戴进贤、雷孝思、巴多明、宋君荣、郎世宁等人时，讲了一番很长的话，从国家利益角度明确表达了其禁教的意念：

> "……朕不需要传教士，倘若朕派和尚到尔等欧洲各国去，尔等的国王也是不会允许的嘛。汉明帝任用印度僧人，唐太宗任用西藏喇嘛，这两位君主因此受到了中国人的憎恶。先皇让尔等在各省建立教堂，亦有损圣誉。对此，朕作为一个满洲人，曾竭力反对。朕岂能容许这些有损于先皇声誉的教堂存在？朕岂能帮助尔等引入那种谴责中国教义之教义？岂能象他人一样让此种教义得以推广？……尔等人众不过二十，却要攻击其它一切教义。"[31]

雍正七年（1729 年），大学士马尔赛等遵旨寄信给各省督抚，密谕查禁天主教："……今已历数载，各地方中不应复有留住之西洋人矣。近闻外省府县中竟尚有潜藏居住者，本地无赖之人，相与往来，私从其教，恐久之渐染益深，甚有关于风俗。此系奉旨禁约之事，而有司漫不经心，督抚亦不查问。朕若明降谕旨，则失察之官甚众，于督抚皆有干系，尔等可密寄信与督抚知之，钦此。"[32]可以看出，雍正帝以具体的行动实现了其查禁天主教的意愿。

雍正十一年二月三日（1733 年 3 月 18 日），雍正帝诏令欧洲人中那些能很好地听懂汉语和最熟悉帝国习俗的人入宫，所讲的一切主要是围绕有关基督宗教禁止信仰者祭祀已故先祖问题而展开，除了讲述把他们彻底从中国驱逐出去的问题外，再不触及任何其他事。雍正帝说道：

> "你们从不祭祀已故的父母和先祖，你们从不去为他们上坟，这是一种很大的不孝；你们对你们父母，并不比对位于你们脚下的瓦砾更加尊重。乌尔陈可以作证，他属于皇家宗室（若瑟亲王，耶稣—基督的精修圣人）。他主要并不是受汝教教法的归化，主要是对其先祖有失敬之处，而人们又从未能软化其顽固的态度，这是令人无法忍受的。所以朕被迫禁止尔等的教法，在朕的整个帝国中禁止它。继这次禁止之后，难道还会有某人敢于接受它的归化吗？由于

---

31 [法]宋君荣：《有关雍正与天主教的几封信》（《第四十二号信件：（雍正）皇帝召见外国传教士的讲话》），杜文凯编：《清代西人见闻录》，第 144-146 页。

32 雍正七年九月十九日《署山东巡抚布政使费金吾奏报查禁天主教士传教事折》，《宫中档雍正朝奏折》（第十四辑），第 470 页。

尔等在此无事可干了，所以也无荣耀了。这就是为什么要勒令尔等撤走。"[33]

此时，雍正帝可能对天主教有了一点认识，从礼仪习俗这个角度来反对天主教。自满族入主中原的近百年时间里，满族文化不可避免地受到了汉族文化的影响、融合，以雍正帝为代表的满族统治阶层势必意识到了这一点，加强了对本民族文化传统的保护，自然不愿意再受到其他外来文化的冲击，以礼俗问题为由驱逐西方传教士。

当时，全国外籍传教士共 50 余名，主教 5 名，除近 20 人留北京外，有 30 余名被押往广州再送至澳门。全国教徒 30 万人，有人背教，也有人坚持信教；教堂 300 多所[34]，均被没收，改为谷仓、关帝庙、天后庙、公廨或者书院[35]。此番景象，令刚刚来华的传教士宋君荣印象深刻："教堂被毁，基督徒被驱散，流亡的传教士在中国第一港广州闭门不出，因为他们不得进入帝国内地，宗教本身也即将被禁止，这便是我在进入帝国之际呈现在我眼前的凄惨景象"[36]。传教士冯秉正也说："我们的圣教在中国已被完全禁止，所有传教士——除在北京的以外——都被逐出帝国，教堂或被拆除或被派作渎神的用场；敕令已经颁布，基督徒必须放弃信仰，其他人不得信基督教，违者将被严惩。近二百年花了我们无数心血建立起来的传教会竟落得如此可悲的下场。"[37]

雍正帝的严厉禁教，进一步恶化了天主教在中国传教的条件及环境，几代传教士的努力几乎是毁于一旦，天主教的在华传播逐渐陷入低谷。

---

33 《耶稣会传教士冯秉正神父致同耶稣会某神父的信》（1755 年 10 月 18 日于北京），[法]杜赫德编：《耶稣会士中国书简集》（四），第 100-101 页。

34 [瑞典]龙思泰：《早期澳门史》，吴义雄等译，章文钦校注，东方出版社，1997 年，第 206 页。

35 [法]樊国梁：《燕京开教略》（中篇），第 384 页："至各省大小圣堂，一时俱拆毁尽净。其圣堂之房屋院落，或改为仓廒，或改为书院，一所不留。京畿顺大府属之文安县，古北口、宣化府等处，均有圣堂，至是尽改为官所。京都之北堂，亦改为病院矣。其各堂之圣像圣龛，尽遭焚毁。从来中国圣教之厄，未有烈于是时者也。"

36 《耶稣会传教士宋君荣神父致图卢兹大主教德纳蒙先生的信（1722 年 11 月 4 日于广东省）》，[法]杜赫德编：《耶稣会士中国书简集》（二），郑德弟译，大象出版社，2001 年，第 281 页。

37 《耶稣会传教士冯秉正神父致本会某神父的信（1724 年 10 月 16 日于北京）》，[法]杜赫德编：《耶稣会士中国书简集》（二），第 314 页。

## （二）乾隆帝的禁教政策

乾隆帝对天主教，尤其是外籍传教士本来并没有很大的恶感。登基之后，他发布了一系列赦令，包括恢复受流放的天主教徒苏努后代的宗室待遇，准他们回到北京[38]。于是，传教士们指望新皇帝会开始一个新的宗教宽容时期。但是，登极伊始，乾隆帝表态道："皇考之事，即朕今日应办之事。"[39]可见，在对待传教问题上，乾隆帝的基本态度是沿袭康熙、雍正帝的政策，即禁教。"皇上虽开赦典，而各省之奉教者，则未得均沾其惠，禁止如初。"同时，"特颁上谕一道，意谓国家任用西洋人治历，以其勤劳可嘉，故从宽容留。满汉人民，概不准信奉其教"。谕颁之后，"北京与各省之教民，一并严拿，囚禁监中者甚多"[40]

京城发生天主教徒刘二给垂死孤儿洗礼、被人诬为迷拐人口的事件后，乾隆二年（1737）"皇上复颁上谕，严禁天主之教。"在外籍传教士郎世宁的苦苦哀恳之下，乾隆又颁谕旨说："然此案于天主教人，及传教士，毫无干涉。""此谕既出，遂将禁止天主教之谕旨，置而不问。由是传[教]之士，多有微服而入中国者，其暂居澳门之传教士，改装而至者，不下四十余人。"[41]

这几道谕旨反映出乾隆帝对禁教政策的反复，形成乾隆朝禁教时紧时松的现象，亦使得天主教士于禁教有所放松时敢于冒险进入内地，继续传教。当然，对天主教在中国的传播，乾隆帝有他自己的想法。

### 1. 禁教有利于巩固统治

首先，与雍正帝一样，他认为天主教与中国礼俗不同，会对中国传统造成危害："西学所长在于测算，其短则在于崇奉天主以炫惑人心。所谓自天地之大以至蠕动之细，无一非天主所手造，悠谬姑不深辨。即欲人舍其父母而以天主为至亲，后其君长而以传天主之教者执国命。悖乱纲常，莫斯为甚。

---

38 [法]樊国梁：《燕京开教略》（中篇），第 388 页："苏努王之子孙，亦蒙赦归宗祧，复其黄带子之制，至今犹系宗室。"苏努家族将在后文谈及，其子孙后代因信教而被降为红带子，或贬为平民。

39 《高宗纯皇帝实录》（一），"雍正十三年八月庚寅"，中华书局，1985 年，第 145页。

40 [法]樊国梁：《燕京开教略》（中篇），第 388 页；另[法]伯德莱著：《清宫洋画家》，耿昇译，山东画报出版社，2002 年，第 98-102 页，乾隆帝"绝对反对在其同胞中传播基督教。"

41 [法]樊国梁：《燕京开教略》（中篇），第 388-389 页。

岂可行于中国者哉？"[42]

其次，担心与国内的反对势力联合起来，威胁满族政权的统治。乾隆四十九年间发生了牵连全国的教案，乾隆帝认为，"西洋人即欲传教，亦当在广东附近之广西、福建、湖南、江西等省分，何必远赴西安？此皆关案内紧要情节，必须彻底根究。"[43]因而怀疑天主教与回民起义有关："近闻西洋人与回人本属一教。今年甘省逆回滋事，而西洋人前往陕西传教者，又适逢其会。且陕甘两省，民回杂处，恐不无勾结煽惑情事。"[44]乾隆五十年该案审讯结束，虽然查明外籍传教士和中国天主教徒与回民起义毫无关系，但外籍传教士竟然无视清政府的禁令，私底下秘密进入各省传教，有些甚至藏匿于山西、山东长达一、二十年，无疑加深了乾隆帝对天主教的怀疑。

再次，乾隆帝很清楚天主教在日本的状况。他对蒋友仁神父说："日本人不是不喜欢你们，而是不喜欢你们的宗教。"[45]邻国的禁教肯定事出有因，这一举措自然使乾隆帝对天主教增添了几分警惕，担心中国人一旦改信天主教，将可能完全倾心于西方，届时自己的政令难于推行和贯彻，那么，全国各地的骚乱必然接踵而至，清朝的统治便难以持续了。为此，乾隆帝除要求广东督抚严密防范澳门派人潜入内地传教外，还责成闽省官员在与吕宋（西班牙）之间通商贸易时，注意防范西班牙派人潜入福建传教，担心宁波成为一个新的澳门。乾隆十三年三月下谕旨："闽省为海疆要地，嗣后一切外番来往之处，俱应加意查察，毋得任意透漏。"[46]五月，再次下达谕旨："嗣后

---

42　（清）永瑢等撰：《四库全书总目》（卷一百三十四），中华书局，1983 年，第 1136 页。

43　《高宗纯皇帝实录》（第 1216 卷），"乾隆四十九年十月丙申"，中华书局，1986 年，第 317 页。

44　乾隆四十九年十二月二十五日《安徽巡抚书麟奏遵旨查挐西洋教犯折》，国立北平故宫博物院文献馆编，《文献丛编》（第十五辑），国立北平故宫博物院出版物发行所，1937 年，第 1 页。另见《高宗纯皇帝实录》（第 1221 卷），"乾隆四十九年十二月戊戌"，中华书局，1986 年，第 375 页。

45　《蒋友仁神父的第二封信》，[法]杜赫德编：《耶稣会士中国书简集》（六），郑德弟译，大象出版社，2005 年，第 42 页。另，冯作民编译：《清康乾两帝与天主教传教史》，（台中）光启出版社，1966 年，第 177 页："我想这未必是日本人不信任传教士，很可能是因为他们根本不信任天主教吧？！（乾隆帝说至此时面露微笑。）"

46　《高宗纯皇帝实录》（第 310 卷），"乾隆十三年三月乙酉"，中华书局，1986 年，第 70 页。

务将沿海各口，私往吕宋之人及内地所有吕宋吧黎往来踪迹，严密访查，通行禁止；并往来番舶，亦宜严饬属员，实力稽查，留心防范，毋致仍前疏忽。"[47]

在这种情况下，乾隆"御极以来，督抚捏奏，禁圣教之谕旨，急于星火，从未停止"。如乾隆十一年（1746），福建地方政府处死了在当地传教的白多禄（Petrus Sanz）主教[48]；乾隆十三年（1748），在江南苏州府的外籍传教士黄安多（Antoius J Henriaues）、谈方济（Tuistan de Attimis）亦因触犯禁教规定而被处死，并牵连了许多教徒。乾隆四十九年（1784）的蔡伯多禄教案，更是引发遍布各地的抓获中外籍教士、教徒的高潮，并判以重刑。此次教案亦让乾隆帝震惊的发现，自己的国民中竟有人远赴外国学习，成为神父，与接受外国官职无异，相当于是背叛。

### 2. 利用在京传教士为其服务

然而，与雍正帝不同的是，乾隆帝在认为天主教的传播危害其统治的同时，尚能看到"西学之长"可为其所用，因而对待传教士的策略颇为巧妙。当时"皇上于西士，虽严禁其传教，而优待之礼，犹未衰也"。[49]1746-1748年教案发生时，乾隆帝说："在北京的那些传教士对帝国是有用的，为我们所作的贡献很大；至在在外省的那些传教士，对我们来说，毫无用处。"[50]为此，他只愿留用在北京的传教士，其他则弃之不顾。

不过，传教士钱德明对此则有自己的看法："自传教士在此立足以来，没有任何一位皇帝比当今在位的皇帝（指乾隆帝）更多地利用传教士们服务，没有任何一位皇帝比当今在位的皇帝更为虐待他们，也没有任何一位皇帝比当今在位的皇帝更多地压制他们所信仰的神圣的宗教。"[51]方守义神

---

47 《高宗纯皇帝实录》（第315卷），"乾隆十三年五月壬寅"，中华书局，1986年，第169页。

48 [法]樊国梁：《燕京开教略》（中篇），第392-393页。

49 [法]樊国梁：《燕京开教略》（中篇），第394页。另，参见同书（下篇），第400页。

50 [法]费赖之：《明清间在华耶稣会士列传（1552-1773）》，第931页。

51 《钱德明（Amiot）神父致本会德·拉·图尔（de la Tour）神父的信（1754年10月17日于北京）》，[法]杜赫德编：《耶稣会士中国书简集》（五），第51页。另见冯作民编译：《清康乾两帝与天主教传教史》，（台中）光启出版社，1966年，第210页；冯佐哲：《康熙、乾隆二帝与传教士关系比评》，载该氏《清代政治与中外关系》，中国社会科学出版社，1998年，第249页。

父也很清楚这一点，"这里的人之所以珍视欧洲人，惟一原因就是因为他们需要天文学以及准确可靠学识丰富的翻译。当今皇上喜欢绘画，但他继承者中的某一位对此或许会不屑一顾。欧洲寄来的钟表和机器比人们需要的更多。"[52]

在宫廷工作的传教士们要"随皇帝的兴趣，从事所派遣的一切工作"，"这些修士从事这种工作，无异宫廷中的'囚虏'，工作紧张而吃力，与传教并无直接关系；他们所以肯接受的原因，乃是因为在他们心中认为是保障传教士在中国居留的一种方法，至少在北京的教会能享自由，外省也可获得些优容"。[53]所以，钱德明神父说，"虽然基督教在整个中华帝国一般受到禁止，但人们还让我们在首都，即在皇帝本人的眼皮底下自由地行使我们的宗教职责。我们的教堂向所有愿意光顾的人开放。"[54]

值得注意的是，乾隆帝这种出于自身喜好，让在京传教士为之服务的态度并未给天主教带来多少确定的支持和保护，在各地活动的外籍传教士仍不时受到生命威胁。

### 3. 禁教政策的时紧时松

随着各地查禁天主教事件的相继发生，乾隆朝对外籍传教士的惩罚也由原来的遣送回广而变为严惩。乾隆十一年（1746年），福建巡抚周学健奏称对外籍传教士"严定科条，治其诬世惑民之大罪，渐行驱逐，绝其固结人心之本根，使山陬海澨晓然知天主一教为圣世所必诛，士民不敢复犯，岛夷不敢潜藏，方可廓清奸宄"。[55]后又"请勅下部臣，将西洋人违禁潜住外省行教者，议定治罪之严例"[56]。对此，乾隆帝认为："天主教原系西洋本国之教，与近

---

52 《在北京传教士方守义（Dollières）先生致其兄弟隆维（Longwi）附近莱克西（Lexie）本堂神父的信（1780年10月15日）》，[法]杜赫德编：《耶稣会士中国书简集》（六），郑德弟译，大象出版社，2005年，第200页。

53 [法]穆启蒙编著：《天主教史》（卷三），侯景文译，（台北）光启出版社，1975年，第267-268页。

54 《耶稣会传教士钱德明神父致科学院德里斯勒（de l'Isle）神父的信（1759年9月4日于北京）》，[法]杜赫德编：《耶稣会士中国书简集》（五），第71页。

55 乾隆十一年五月二十八日《福建巡抚周学健奏报严禁天主教折》，《档案史料》（第一册），第89页。

56 乾隆十一年八月初二日《福建按察使雅尔哈善奏请勅谕滨海各省严禁西洋教折》，《档案史料》（第一册），第105页。

日奸民造为燃灯大乘等教者，尚属有间，且系愚民自入其教，而绳之以国法，似于抚绥远人之义亦有未协，应令该抚将现获夷人概行送至澳门，定限勒令搭船回国。其从教男妇，亦择其情罪重大不可化诲者按律究拟。若系无知被诱、情有可原之人，量予责释，不致滋扰。"[57]

这件事反映出乾隆帝在禁教上"时紧时松"，[58]从某种程度上可以说是权衡轻重，比较灵活的处理教案。"面对各地所发现的西方传教士的案件，乾隆帝从中西关系大局出发，并未同意一些地方大员激化事端的做法，而是对西方传教士以及澳门都采取了较为和缓的政策。"[59]

但是，鉴于祖训禁教，以及地方官员的上奏禁教，乾隆初年"只是禁止旗人信教"，后来，则开始逮捕并处死传教士。政策上的时松时紧，为传教士的活动留下了一定的活动余地。乾隆年间，天主教士在北京仍然和士大夫们保持着一定的交往，例如在北京的常州学者赵翼，其《檐曝杂记》中便记录了他和南堂刘松龄及高慎思的学术交往。[60]

面对乾隆帝对禁教的忽松忽紧，外籍传教士亦有自己的看法，他们认为，"皇帝清楚地知道，惟有宗教动机才使我们前往那里。如果人们万一前来关闭我们的教堂，禁止传教士们自由地布教和行使其使命，那么我们就将很快离开中国，这是皇帝所不愿意看到的。我们那些分散在各省的神父躲匿得并不好，以至于使人要找他们，绝不会找不到。但官吏们对此视而不见，因为他们清楚地知道我们在北京处于什么样的地位。"[61]

---

57 乾隆十一年九月十二日《福建巡抚周健奏陈严惩行教西洋人折》，《档案史料》（第一册），第 115-116 页。

58 "教案可以缓和下来，在该帝国中，火点燃得很快，但熄灭得也比人们在欧洲所想像得那样容易得多。"此言大致形象的说明乾隆时期教案的此起彼伏，见《尚若翰神父就中华帝国 1746 年爆发的全面教案而自澳门致圣-夏欣特夫人的记述》，[法]杜赫德编：《耶稣会士中国书简集》（四），第 354 页。

59 陈尚胜：《1747 年广州一口通商政策的形成与澳门问题》，耿昇、吴志良主编：《16-18 世纪中西关系与澳门》，商务印书馆，2005 年，第 132 页。

60 李天纲：《中国礼仪之争——历史·文献和意义》，第 100 页。

61 《耶稣会士和中国宫廷画师王致诚修士致达索（d'Assant）先生的信（1743 年 11 月 1 日于北京）》，[法]杜赫德编：《耶稣会士中国书简集》（四），第 301 页。

## 三、嘉庆、道光帝的禁教政策

### （一）嘉庆帝的禁教政策

经过"康雍乾盛世"，清朝的国内矛盾日益严峻起来，嘉庆帝面对乾隆末年危机四伏的局面，打出"咸与维新"的旗号，整饬内政，整肃纲纪。但是，对内政的整饬并没有扭转清朝政局的颓势，农民起义如火如荼，英国在沿海不断骚扰。嘉庆帝在内忧外患中，对天主教可以说得上是深恶痛绝，整个嘉庆朝与天主教相关的档案，几乎都被历年各地的教案所充斥，且刑罚甚严。因而，教内人士所撰写的天主教在中国的传播史中，较多地把嘉庆帝描写成是一个暴戾的君主，"如果乾隆在他 60 年时间里残忍地对待天主教徒，他的儿子嘉庆证实自己更加暴力"，[62]甚至称其因为极端仇教，得罪天主，遭到报应，死于非命[63]。嘉庆帝对天主教的禁止如终如一，从未松懈。他所颁发的若干谕旨充分表明，嘉庆帝对天主教既无好感，也无深刻理解，他认为天主教不仅扰乱民心、胡言乱语，还居心叵测。

#### 1. 嘉庆十年制订取缔天主教章程

嘉庆初期，政府的视线被东南沿海蔡牵、川楚陕白莲教、广东天地会等起义所牵制，耗费大量国力。为稳定民心，嘉庆五年（1800）在贵州逮捕若干天主教徒后，因担心官吏搜捕天主教徒引发其他骚乱，尤其是在少数民族地区，嘉庆帝曾下谕旨："常明将藉称天主教敛钱惑众之首从胡世禄等各犯拏获，祗须就案完结，其听从传教入伙之徒，未必即止于案内数人，但黔省系苗疆地方，若过事追究，则胥役人等以搜捕为名从中勒索，转恐别滋事端，著传谕琅玕，即将已获各犯按律办理，毋得过事搜求，致有牵连为要。"[64]对天主教徒的刑罚稍有宽松。

时过境迁，几年后，清廷对天主教的态度逐渐严厉起来。嘉庆十年（1805）发生德天赐神父教案，内地民人私自帮德天赐传递信件，其中甚至夹有地图。

---

62 Rer. Dr. Otto Maas O.F.M., "Franciscans in the Middle Kingdom, A Survey of Franciscan Missions in China from the Middle Ages to the Present Time", in *Collectanea Commissionis Synodalis*, Volumen II, Digest of the Synodal Commission, Majus, 1938. p.459.

63 教会人士在嘉庆帝暴毙一事上，多信其遭雷击而亡，见张泽：《清代禁教期的天主教》（增订本），第 143 页。

64 嘉庆五年六月二十八日《贵州巡抚琅玕奏为钦遵谕旨转饬将已获传习天主教人犯就案完结折》，《档案史料》（第二册），第 816-817 页。

此时正值历时九载的川楚陕边境地区白莲教叛乱被镇压之后，嘉庆帝对此事甚为关注，惟恐内地民人与久在山东徘徊的英国等外国势力勾结造反。四月三十日（5月28日），嘉庆帝颁发谕旨：

> "西洋人信奉天主教，在该国习俗相沿，原所不禁，即京师设立西洋堂，亦祗因推算天文参用西法。凡该国情愿来京学艺者，均得在堂栖止。原不准与内地民人往来滋事，乃德天赐胆敢私行传播。讯明习教各犯，不惟愚民妇女被其煽惑，兼有旗人亦复信奉，并用汉字编造西洋经卷至三十一种之多。若不严行惩办，何以辟异说而杜歧趋。且该国原系书写西洋字，内地民人无从传习，今查出所造经卷俱系刊刻汉字，其居心实不可问，此在内地愚民已不应传习，而旗人尤不应出，此关系人心风俗者甚巨。"[65]

第二天，五月初一（5月29日），嘉庆帝令官员禄康、长麟、英和等议订取缔天主教章程。五月十五（6月12日），章程草案拟就奏呈，内容包括：

> "一、管理西洋堂事务大臣各派司员二员，经理一切，并各添派章京四员，常川到堂轮流稽查。
>
> 一、步军统领衙门酌派步军校一员、步甲五名、营官一员、营兵五名，每日轮流在该四堂门前严密稽查，并令该衙门于该四堂前后门外，相地添盖堆拨房二三间，俾官员等得有栖止，倘派出之官兵并不实力稽查，别经发觉，官则严参，兵则重治。
>
> 一、事欲端其本必先正其名，西洋人来京当差，不能不援馆以供栖止，乃西洋人即自书匾额为'勅建天主堂'，转似建设此堂之初，即寓供奉天主之意，遂致愚人妄谓天主不干例禁，即此以开煽惑之端，应请将天主堂字样咨行工部，赶紧磨去，以正前讹，其四堂匾额碑志，如有类此妄诞者，概行撤毁。
>
> 一、除西洋人自奉其教，按日念经，例不禁外，旗民人等，概不许拉赴西洋堂，西洋人亦不许与旗民交结往来，此内有现在钦天监行走者，止准其因公出门，先期报明本管堂官，临期派营官一员同来同去，其无职之西洋人，止准其四堂往来，亦派兵役随行，如有乘间拉赴旗民人家往来者，着该管地面官即行拏解，步军统领衙

---

65 嘉庆十年四月三十日《内阁奉上谕著军机大臣照刑部审拟德天赐一案分别办理》，《档案史料》（第二册），第839页。

门究办，随往之兵役不行禁止、呈报，及该地面官失于觉察者，一经查出，定行参处惩责，仍派番役人等，不时严密稽查。

一、西洋四堂，各于附近置有女堂，或六七间、八九间不等，现在各妇女均已畏罪躲避，其所住房屋，应请暂时官为封锁，由管堂大臣询问西洋人，或愿典卖，或愿租赁，俱由官为办理，其价值仍给西洋人收领。

一、查海淀地方，有西洋各堂下属共四所，现在并无西洋人居住，亦无传教念经房间，祇有看房一二人，应交步军统领衙门，转饬该地面营官派拨官兵，常川稽查，毋许旗民人等扰自出入，如有西洋人因公到彼住宿者，该官兵询问明白，即报知该营随时稽核。

一、西洋人如有寄回本国家信，俱令回明本管堂官，行文俄罗斯馆，传认识西洋字之人认明译出后，经本管堂官看明，再行用印，由兵部寄往两广总督。如有该国人等寄京之信，亦令两广总督拆封看明，连译出之文，一并寄京交本管堂官查验后，再交西洋人收领，均不得私觅寄送。一经查出，即将私觅寄送之人从重治罪。内由管堂大臣，外由两广总督，将不准军民私代西洋人寄送书信之处，明白出示晓谕，不致误蹈法网，并请嗣后令两广总督严禁该国人等寄往各直省信物，以杜勾结。

一、该四堂西洋人各有服役之人，应即查明现在人数，造册存记，不许增添，如有事故去者，令其报明，方准另雇，庶易查核。

一、近来旗民入教者不少，盖因从前该四堂念经、传教并未严禁，以致愚人受其煽惑，日引日多，若不严行禁止，恐不肖之徒仍阳奉阴违，势所不免，嗣后该四堂门外及京城内外，俱应张贴告示，并注明如系职官，革职治罪，满洲人员，加倍治罪，如系军民人等，充发烟瘴，有曾经入教，现已改悔，确有可据者，免其究办，其经该管官查出送交刑部者，果能当堂痛加改悔，照本罪量予减等，并剀切晓谕，西洋教之荒诞无稽如此，严切申明庶旗民人等，触目惊心，知所儆畏，倘有差役人等假藉查办天主教为名，讹诈扰累，致滋事端，一经查出，从重治罪。

一、向来各西洋堂，每遇秋冬之际，该西洋人每以挑取药材为名，收买羊草，查各项药材京城无不备聚，恐该西洋人指称寻取药材，实欲购求异物暗配邪药，迷惑愚人，应请嗣后禁止该四堂收买羊草，以杜弊端。"[66]

此十项内容可以称得上是面面俱到，将外籍教士的活动牢牢局限于一定范围内，传教几乎成了不可能的任务。首先，加派官吏严加管理外籍教士，堵住了所有在京外籍教士想外出传教的任何借口，规定转寄信件的程序，密切掌握了教士与民众来往的行踪，外籍教士无论去哪、做什么、和谁联系都要上报，并有吏役陪同，在这种严密监控下，与民人的日常交往都困难，更是断绝了他们与华籍教徒联系的渠道。其次，严禁满汉民人信教，详细制定了对入教者的处罚措施，使日后处罚教案中的被捕教徒时有例可循。同时，对不认真办事，循私枉法的官吏治以重罪，杜绝了官吏对教士、教民网开一面事件的发生。此前的禁教还只是以谕旨的形式出现，这一次的议订章程，使清廷之后的严禁天主教开始有法可依。天主教在中国的发展陷入低谷。

为了解天主教义，从理论上指导禁教，嘉庆帝阅读了部分查获出的天主教书籍，并于 20 天后，也就是 6 月 17 日颁发谕旨，驳斥了天主教的种种荒唐怪诞之处：

"……朕几余披阅，如《教要序论》内称其天主是万邦之大君，《圣年广益》内称所信降生之耶稣系普天下各人物之大君，又称中国呼异端为左道，未必非默默中为承行主之而有是言。又称凡在天地大主之下，自君王以至士庶，人人弃邪归正，圣教大行，未有不久安长治者。又称我教之主，真正是天地人物之主。又称凭他有道之邦，多系世俗肉身之道。又称圣人欲乘此机会传教中华。又《婚配训言》内称外教者如同魔鬼奴才，等语。支离狂妄，怪诞不经，不一而足。而其中尤为悖谬者，则称听父母所命相反于天之命为大不孝。有圣女巴尔拔拉，不肯听从逆命，被顽父亲手杀之，天主义怒至公，即以暴雷击死之，为人父母亲友阻人事主者，当以此为鉴，等语。蔑伦绝理，直同狂吠。又称当时有一个贝子，终日行非理之事，福晋极力劝之，不从。一日有一群魔鬼拉贝子下地狱，天主以

66 嘉庆十年五月十五日《大学士禄康等奏为酌拟西洋堂事务章程折》，《档案史料》（第二册），第 852-855 页。

福晋有德行，默启他，使知伊夫火海永远苦难。可见不听善劝，决不免天主永罚，等语。尤为肆口乱道。贝子、福晋之称，西洋人何从知悉。自系从前与旗人来往谈论，知此称号，妄行编载。事属已往，今亦不加深究。至其所称贝子被魔鬼拉入地狱之语，皆系凭空捏撰，毫无影响。似此造作无稽充其伎俩，尚有何言不可出诸口，何事不可笔之书。若不及早严行禁止，任令传播，设其编造之语悖谬更有重于此者，势不得不大加惩办。……"[67]

此段言语至少传达了以下信息：一，如果天主是万邦之君，那作为"天朝上国"、享受四邻朝贡的清朝君主的地位在哪呢？何况，信天主教者能获长治久安，"圣人欲乘此机会传教中华"，很明显这是在挑战皇权，有对本国皇帝的不信任，甚至夺权的意思。清朝皇权至上，"天子"即奉天命统治天下，神权与政权高度集中，怎么可能容许自己的臣民去信奉一个超越君主之上的天主？二，天主教教导人民不听父母之命，与中国传统的"孝道"大为相悖。弃绝父母祖宗，这在中国的任何一个阶层都是难以容忍的。而且，不孝父母，又怎会对君主忠诚？三，将西洋文字译成汉文传播，给民众灌入新思想，其实就是扰乱他们的心智，进而倾心于外国势力，不利于统治者对被统治者的精神控制，尤其危害满族人的传统观念，玷污满族作为统治阶级的高贵血统。等等。事实上，此番言论也正是当时中国上层社会反对天主教的心声，集中反映了以皇帝为首的士大夫阶层在面对日益严重的西方文化挑战、西方势力入侵时，双方在价值观念、传统习俗、思维方式、贸易手段等各个方面所产生的冲突与矛盾。

同年十一月十二日（1806年1月1日），嘉庆皇帝为进一步表明查禁天主教的重要，援引乾隆四十九年十一月，乾隆帝停止选派西洋人进京当差的谕旨，证明"西洋人等来至内地，授徒传教，为害风俗，早在圣明鉴察之中"，于是，不仅要求广东省加强稽查，"于澳门地方，严查西洋人等，除贸易而外，如有私行逗留，讲经传教等事，即随时饬禁，勿任潜赴他省，致滋煽诱。其有内地民人暗为接引者，即当访拿惩办，庶知儆惧"，还应在各地"晓谕民人等，以西洋邪教，例禁綦严，不可受其愚惑，致蹈法网。俾无知愚民，各知迁善远罪，则西洋人等，自无所肆其簧鼓，即旧设有天主堂之处，亦不禁

67 嘉庆十年五月二十日《内阁奉上谕著严禁旗人传习天主教并将各堂所贮书籍检出缴销》，《档案史料》（第二册），第859-860页。

而自绝。此尤潜移默化之方。该督抚等惟当善为经理，实力稽查，绝其根株，正其趋向，亦整饬风俗之要务也。"[68]

### 2. 嘉庆十六年设传教治罪专条

嘉庆十六年（1811）华籍神父张铎德教案发生后，由于其供称在南堂汤士选神父处考取"四品"、"七品"，[69]被嘉庆帝认为境内的天主教会中竟有仿效官职设有品级之事，认为这是外国势力入侵、本国臣民归顺外国的表现，异常震怒。恰逢此时，陕西道监察御史甘家斌上奏，建议严定西洋人传教治罪专条。五月二十九日（1811 年 7 月 19 日），刑部回复：

> "嗣后西洋人有私自刊刻经卷，倡立诵会，蛊惑多人，及旗民
> 人等向西洋人转为传习，并私设名号，煽惑及众，确有实据，为首
> 者竟当定为绞决。其传教煽惑而人数不多亦无名号者，着定为绞候。
> 其仅止听从入教不知悛改者，着发往黑龙江，给索伦达呼尔为奴，
> 旗人销去旗档。"[70]

同时，在钦天监工作的外籍教士严禁与旗民往来，其他人等均遣回广东，随该国船只回国。清廷在天主教屡禁不绝的情况下，只得用釜底抽薪的方式，即肃清境内的西洋人，杜绝内地传教事件的发生。

同年七月十六日（1811 年 9 月 3 日），为保证各级官吏对此事不会阳奉阴违，而是着力勤办，使禁教政策得以认真贯彻实施，清政府对在此问题上的失职官吏首次订立了详细的处罚措施：

> "……嗣后除于一年限内，凡被诱入教之人改悔出教，自行投
> 首，经刑部免罪者，失察之地方官免其议处，或系地方官自行查挐

---

68 嘉庆十年十一月十二日《寄谕两广总督吴熊光广东巡抚孙玉庭著严禁传习西洋教并停止选派西洋人进京当差》，《档案史料》（第二册），第 886-887 页。另见《仁宗睿皇帝实录》（第 152 卷），"嘉庆十年十一月辛酉"，中华书局，1986 年，第 1098-1099 页。

69 嘉庆十六年二月十三日《陕西巡抚董教增奏呈传习天主教张铎德等人供单》，《档案史料》（第二册），第 901 页。此处的"四品"、"七品"指天主教的神品，亦称"圣品"、"圣秩"，共分为七级：司门员（一品）、诵经员（二品）、驱魔员（三品）、襄礼员（四品）、副助祭（五品）、助祭（六品）、司祭（七品）。前四品为低级神品（亦称小品），后三品为高级神品（亦称大品）。

70 嘉庆十六年五月二十九日《内阁奉上谕嗣后各地西洋人传教著照西洋人传教治罪专条办理》，《档案史料》（第二册），第 922-923 页。

究办，毋论年限内外，均予免议外，如地方有西洋人传教、刊刻经卷、倡立讲会，并内地民人转为传习西洋教、诵经、立会者，不行查拏之州县官降二级调用，该管各上司降一级留任，督抚罚俸九个月，如州县官能拏获过半，兼获首犯者，免其议处，如西洋人在地方潜住并无传教情事，及内地民人习西洋教，并未转为传习、诵经、立会者，不行查拏之州县官降一级调用，该管各上司罚俸一年，督抚罚俸六个月。如西洋人仅止过境，并未逗留，失察之州县官降一级留任，该管各上司罚俸六个月，督抚免议，如地方有西洋人传教，及内地民人转传西洋教，地方官讳匿不报者，照讳盗例革职，该管上司均照讳盗例分别议处，

……嗣后地方如有西洋人潜住传教、并民人传习西洋教者，失察之地方专汛官降二级调用，兼辖官降二级留任，统辖官降一级留任，提镇罚俸九个月，知情讳匿不报者，专汛官照讳盗例革职，该管上司照讳盗例分别议处，若能拏获过半，兼获首犯，免其议处，如在地方潜住并未传教者，专汛官降一级调用，兼辖官降一级留任，统辖官罚俸一年，提镇罚俸六个月，如西洋人仅止过境，并未逗留，失察之专汛官降一级留任，兼辖官罚俸一年，统辖官罚俸六个月，提镇免议。

……失察旗人习教之该管各官自应一律严议，请嗣后如有旗人习西洋教者，将失察之该管官照地方官之例降二级调用，兼辖官降二级留任，统辖大臣照地方统辖官之例降一级留任，如该管官自行查拏者，免议。"[71]

同日的谕旨批示在充分肯定以上处罚措施的基础上，加重了对满族失察官吏的处罚："失察旗人潜习西洋教之该管官降二级调用，著改为降三级调用，兼辖官原议降二级留任，改为降三级留任，统辖大臣原议降一级留任，著改为降二级留任。"[72]

---

[71] 嘉庆十六年七月二六日《吏部尚书瑚图礼奏为遵旨核议严定传习西洋教罪名处分条例折》，《档案史料》(第二册)，第928-929页。

[72] 嘉庆十六年七月十六日《奉旨著照吏部兵部会奏办理核议失察西洋人传教之地方文武官员》，《档案史料》(第二册)，第931页。

嘉庆十六年，清政府对天主教传教治定罪名，对失察官员详定惩罚，这两项措施加大了天主教在华传教情势的恶化，各级官吏对辖区内的天主教保持了相当的警觉，加紧查拿天主教徒，全国各地究出不少潜入内地的传教士、信奉天主教的臣民，新一轮延至嘉庆末年的教案开始。

### 3. 连绵不绝的教案

嘉庆十六年始，全国各级官吏不余遗力地投入到查办天主教徒的事件中，希图以一种有效的净化过程来重建领土的平静，以至于各地的教案层出不穷，"甚至席卷到遥远的西藏"[73]。1812 年 1 月，西洋人马客带通事汉人赵金秀，到藏朝佛。驻藏办事大臣阳春"恐其素习天主邪教，假借朝佛之名，希图暗中传教"，将马客驱逐出境，将赵金秀定为汉奸进行审讯。[74]同年，户科给事中何学林上奏，称贵州有天主教及拐贩两种匪徒，需严加查禁。[75]1813 年 6 月，"湖北京山县民刘义等九名，呈明伊等自祖父相沿习天主教，今因编查保甲，传诵示谕，俱投案自首，具结改悔……均著施恩免罪"。[76]1814 年 3 月，天主教徒与其他暴动者及抢劫者等归为同类，如广西富川、贺县、昭平等县，与湖南、广东交界之姑婆山等处结拜天地会抢劫、讹诈的匪徒，三合会匪徒等，令两广总督蒋攸铦、广东巡抚董教增等"将此等拜会习教匪徒设法严查究办"。[77]

为进一步查禁天主教，嘉庆十九年五月初四日（1814 年 6 月 21 日）发布谕旨：

---

73 J. J. M. de Groot, *Sectarianism and Religious Persecution in China*, （台北）成文出版社，1970 年重印，第 401-403 页。

74 嘉庆十七年正月二十七日《驻藏办事大臣阳春等奏报遵旨办理噶哩噶达人马客来藏朝佛情形折》，《档案史料》（第三册），第 974 页。

75 嘉庆十七年十二月二十日《户科给事中何学林奏请查禁天主教折》，《档案史料》（第三册），第 975 页。

76 《仁宗睿皇帝实录》（第 269 卷），"嘉庆十八年五月辛巳"，中华书局，1986 年，第 645 页。另见 J. J. M. de Groot, *Sectarianism and Religious Persecution in China*,（台北）成文出版社 1970 年重印，第 404-405 页。

77 嘉庆十九年二月十二日《寄谕两广总督蒋攸铦广东巡抚董教增著严办拜会教之徒并晓谕乡绅自行约束》，《档案史料》（第三册），第 998 页；《仁宗睿皇帝实录》（第 284 卷），"嘉庆十九年二月乙巳"，第 889 页；J. J. M. de Groot, *Sectarianism and Religious Persecution in China*,第 471 页。

"天主教绝灭伦理，乃异端为害之尤者，此在西洋人自习其教，原可置之不问，若传习内地民人，不止大干例禁，为国之隐忧，贻害最大，比白莲教为尤甚，岂可不思深虑远乎。著蒋攸銛等广为刊示，晓谕该处沿海商民，并来粤交易之西洋人等，一体知悉，如中国民人，有私习天主教者，地方官立即访拏，从重治罪，其西洋人诱惑内地商民者，一经究出，拏获一体治罪，断不宽贷。"[78]

从此，在皇帝看来，天主教对国家的危害已在曾有过叛乱的白莲教之上，而此时，离白莲教的一个分支天理教的起义被镇压，不到半年。嘉庆中期的十余年里，天主教被列为国家的敌人，严厉的刑罚措施，迫使华籍天主教徒中的背教者不断增加，天主教在中国的传播进一步陷入困境。

### （二）道光帝前期的禁教

1821 年，道光皇帝在内外危机中接替帝位。面对内部吏治腐败、武备张弛、国库空虚、民众反清斗争频频，外部西方列强势力东侵、鸦片荼毒国民的局势，道光帝颇想有一番作为，事必躬亲，勤俭节约，企图中兴。只是事与愿违，"守其常而不知其变"，内政外交均无起色。在对待天主教这一问题上，道光帝自然是沿袭先帝的遗制：禁教。不过，可能道光帝需要解决的问题太多，天灾人祸不断，不像嘉庆帝般多次下谕旨严禁天主教，出现了事实上对天主教的有所宽容。因此，教内人士称道光皇帝"天资敏搜，度量宽宏，秉纲以来，诸政务令和协，不忍加怒教民"。[79]当然，这种状况与康熙帝前期对天主教的容忍显然是不同的。康熙帝乐于接触西学，对天主教有所了解，认为传教士们有为其可用之处，又并无违法之事，于朝廷无害，是可以利用的宗教之一，容许天主教在中国存在。康熙帝之后的继位者们并不热衷于了解西学，对天主教的认识有限，道光帝也不例外。只是道光朝前期，教案不如禁教甚严的嘉庆朝那样数量多、规模大，相对而言，对天主教的镇压显得有所趋缓。

道光前期，教案不如乾隆、嘉庆年间那样遍及全国，一般均局限于某个地区。1821 年，四川华籍神父刘瑞廷（刘达陛）被教民告发，在渠县被捕处

---

[78] 嘉庆十九年五月初四日《寄谕两广总督蒋攸銛著晓谕沿海商民及来粤西洋人严禁传习天主教》，《档案史料》（第三册），第 1004 页。另见《仁宗睿皇帝实录》（第 290 卷），"嘉庆十九年五月甲午"，第 966 页。

[79] [法]樊国梁：《燕京开教略》（下篇），第 405 页。

死，此次案件便没有扩大到其他省份。由于各地查拿天主教徒的形势趋缓，道光十六年三月初十日（1836年4月25日），道光帝不得不发布谕旨，令各省查拿天主教徒："著直省各督抚等，严饬所属地方官，实力奉行保甲之法，认真编查，分别良莠，其衙门胥役，派令按乡轮查者，务当严加约束，倘敢籍端吓索，滥及无辜，立即重治其罪"。[80]

道光前期对天主教的容忍，也可从对涉案教徒的处理减轻这个方面反映出来。此段时期处理教案时，有一个明显的特色，那就是对被逮捕到案才悔改的天主教徒也免议其罪，而同样的罪过在嘉庆年间，一般被判以杖一百，徒三年。鉴于刑罚有所减轻，道光十九年十二月初四日（1840年1月8日），刑科给事中巫宜禊奏称："外省办理天主教之案，往往因当堂跨越十字架，便谓真心改悔，予以乍新，免其治罪，……是以屡有破案，终未净绝根株。查律载西洋人有在内地传习天主教被诱入教之人，如能赴官首明出教者，概免治罪，若被获到官始行悔悟者，于遣罪上减一等，杖一百，徒三年等语，应请嗣后被获到官习教之犯，均应按律惩办，毋稍宽纵，以售其奸诈之私，亦除恶于初萌之一道也。"[81]经大学士管理刑部事务王鼎等商议呈报后，道光二十年二月二十三日（1840年3月26日），发布谕旨：

> "嗣后传习天主教人犯，于赴官首明出教、及被获到官情愿出教，俱著遵照嘉庆年间谕旨，将该犯等家内起出素所供奉之十字木架，令其跨越，果系欣然试跨，方准免其罪释放，如免罪之后复犯习教，除犯该死罪外，余俱于应得本罪上加一等治罪，已至遣罪无可复加者，即在犯事地方用枷枷号三个月，满日再行发遣，该部即纂入则例，永远遵行。钦此。"[82]

虽然此道谕旨重申了对天主教徒的刑罚，加重了对背教后继而复习天主教者的处罚，但效果显然大打折扣。同年夏天，第一次鸦片战争爆发，严禁天主教之令随后在一系列不平等条约中逐渐废除。

---

80 道光十六年三月初十日《内阁奉上谕著各省严查传习天主教》，《档案史料》（第六册），第1213页。

81 道光十九年十二月初四日《刑科给事中巫宜禊奏请嗣后被获到官传习天主教各犯均应按律惩办片》，《档案史料》（第三册），第1250页。

82 道光二十年二月二十三日《奉旨嗣后传习天主教人犯于赴官首明出教及被获情愿出教俱著遵照嘉庆年间则例办理》，《档案史料》（第三册），第1255页。

## 四、禁教令的解除

### （一）《南京条约》中五口通商为外籍教士提供了避难所

清政府对天主教禁令的解除不是一蹴而就的，而是在中外双方力量的拉扯中一步一步放松直至弛禁。道光二十二年（1842），中英签订《南京条约》，其中一项内容是开放广州、厦门、福州、宁波、上海五埠为通商口岸，与欧洲通商。尽管没有涉及到天主教，但至少为中外传教士提供了五个避难所，使他们在教案发生时能平安居住，禁教缓和时能伺机进入内地传教。

### （二）《黄埔条约》后对天主教的容忍谕旨

1844 年，中法签订《黄埔条约》后，法国使节剌萼尼与耆英拉踞战式的会商，终于得到清廷对天主教发出的一道容忍诏书。道光二十四年（1844）九月，剌萼尼坚决要求弛禁天主教，在广东巡抚黄恩彤的斡旋下[83]，两广总督耆英上奏说天主教与白莲、八卦等邪教不同，"可否仰邀皇上逾格天恩，将中外民人凡有学习天主教并不滋事为非者，概予免罪，如有诱污妇女，诓取病人目睛及另犯别项罪名，仍照例办理，如此量为变通，庶夷情得以驯伏，免生枝节，而于定例亦不致漫无限制。至咈囒哂及各外国习教之人，止准其在通商五口地方建堂礼拜，不得擅入内地传教煽惑，倘有违背条约，越界妄行，地方官一经挐获，即解送各国领事官管束惩办，但不得遽加刑戮"。[84]同时，耆英称剌萼尼"仅照咪美旧式定一通商章程，则彼贸易无多，又来免徒劳往返，因而当求天主教弛禁之一途，以为回覆国主，夸耀邻杰之计"，故"权其轻重，似应姑允所请，以示羁縻"，但"禁止夷人擅入内地传教"。[85]对此，道光皇帝仍未松口弛禁天主教，只表示"天主教系该国所崇奉，中国并不斥为邪教，实因我国习教之人藉教为恶，是以惩治其罪，并非禁该国之人崇奉也，似此婉转开导，该夷定可帖然"。[86]把中外习教之人划清界限，将

---

83 至于广东巡抚黄恩彤在此次谈判中的角色与作用，可参考郭卫东：《清朝禁教政策演变的若干问题》，《安徽史学》2000 年第 1 期，第 39-41 页。

84 道光二十四年九月十一日《两广总督耆英奏报法使请求开放传教一事拟姑允惟不准入城片》，《档案史料》（第三册），第 1291-1292 页。

85 道光二十四年九月十一日《两广总督耆英奏请将学习天主教之人稍宽禁令缘由折》，《档案史料》（第三册），第 1293 页。

86 道光二十四年九月二十六日《奉旨著耆英开导夷人中国禁教并非禁止夷人信教》，《档案史料》（第三册），第 1294 页。

禁教缘因归结于本国信教民众身上，借此不许外国人随意进入内地，威胁其统治。但不久，十月初四日（11 月 11 日），道光帝寄谕耆英道：

> "该夷使于天主教弛禁一切，渎请不休，著该督再行婉转开导，以天主教来自西洋，在中国并未指为邪教，亦未尝严申禁令。从前因为藉教为恶之人，是以明定刑章，惩治其罪，与该国之天主教毫无干涉。即内地近来并无习教犯案之人，可见此教实未禁止。既未申禁，更无所为弛禁。该夷使久住澳门，自必有所闻见。似此明白晓谕，虽杜其所请，即所以遂其所求，该督必能仰体朕心，妥为驾驭，正不必家喻户晓也。"[87]

此道谕旨声称"既未申禁，更无所为弛禁"，将清政府自康熙末年开始施行的禁教政策视为乌有。既然清朝从未有过禁教，那么，法使剌萼尼的弛禁要求便没有缘由。但无论如何，道光帝虽"杜其所请"，却在事实上"遂其所求"，只是要求"不必家喻户晓也"。于是，"未申禁"一说给了开放天主教一个理由，传教成为合法，弛禁势在必行。

十一月初五日（1844 年 12 月 14 日），道光帝批准耆英等提出的在禁教问题上"稍示变通，以消疑贰"，以谕令的形式"准将习教为善之人免罪之处，于滋事为非者，仍治以应得罪名，于外国习教者，仍禁其擅入内地"，而不写入条约。[88]至此，禁教已名存实亡。

耆英遵旨将上述文件抄送各地，通知对教士教民免于治罪，为此，山东官员崇恩上奏说"天主教弛禁恐滋流弊，暂缓通行颁示"，朝廷肯定其"所奏甚是"，"不必宣扬于外，致刁徒得以影射煽惑，别滋流弊。将此谕各密谕知之"。[89]可见清政府在此事上是既不打算向民众公布，也不准备真正实行。

---

87 道光二十四年十月初二日《寄谕两广总督耆英法国夷使请求驰禁天主教著明白晓谕妥为驾驭》，中国第一历史档案馆、澳门基金会、暨南大学古籍研究所合编：《明清时期澳门问题档案文献汇编（二）》，人民出版社，1999 年，第 550 页。

88 道光二十四年十一月初五日《寄谕两广总督耆英所奏天主教弛禁一事自属可行著转行各督抚一律查照办理》，《档案史料》（第三册），第 1297 页。

89 中国第一历史档案馆编：《鸦片战争档案史料》（第七册），天津古籍出版社，1992 年，第 554、569 页。

然而，道光二十五年（1845），刺萼尼见五口通商之处均未张挂上述晓谕，各地方官也多云未接到，因而照会中国。[90]道光帝于是特发谕旨给两广、两江、闽浙总督等，在五口通商地方张挂此类晓谕。[91]同时，不赞成官吏提出的委员纷纷查察，以别习教之真伪的建议，恐"稍有不善，致令该夷藉词滋事，又费周章"。[92]但此公告只张挂于五口通商城市，有外国人踪迹之处，内地官员并不知晓，或知道亦不公布。

### （三）道光二十六年谕旨退还已拆改天主堂

道光二十六年二月二十五日（1846 年 3 月 22 日），道光帝发布了另一道谕旨，进一步对禁教表示退让：

> "前据耆英等奏，学习天主教为善之人，请免治罪，其设立供奉处所，会同礼拜，供十字架图像，诵经讲说，毋庸查禁……所有康熙年间各省旧建之天主堂，除改为庙宇民居，毋庸查办外，其原旧房屋各勘明确实，准其给还该处奉教之人。至各省地方官接奉谕旨后，如将实在习学天主教而并不为匪者，滥行查挐，即予以应得处分。其有籍教为恶，及招集远方之人，勾结煽诱，或别教匪徒假托天主教之名藉端滋事，一切作奸犯科应得罪名，俱照定例办理。"[93]

随后，各地开始退回禁教之初所拆改的天主堂，形成弛禁事实。上海南门外的圣墓堂得以索回，老天主堂因改作关帝庙，教士住宅改作学宫，不能归还，所以，上海道台把董家渡洋泾浜，以及九亩地三方地皮作为补偿。于是，传教士在董家渡建造了大堂，1853 年举行开堂弥撒，"与礼中西来宾，

---

90　道光二十五年十二月二十日《抄录法兰西使臣喇萼呢为中国传习天主教为善者概免治罪一事请明降谕旨通行各省致中国照会》，《档案史料》（第三册），第 1300-1301 页。

91　道光二十五年十二月二十日《寄谕两广总督耆英广东巡抚黄恩彤著查明原教堂情形并酌情办理天主教弛禁》，道光二十五年十二月二十一日《寄谕两江总督璧昌等晓谕将学习天主教为善之员免其治罪》，《档案史料》（第三册），第 1302 页。

92　道光二十五年十二月二十一日《寄谕闽浙总督刘韵珂所奏请遴委文武官员分段稽察断不可行著照本日另谕办理查稽天主教》，《档案史料》（第三册），第 1303 页。

93　（清）李刚己辑：《教务纪略》（卷首谕旨），第 3 页。

及教友约一万人。行礼时，黄浦江中法国炮舰鸣炮致敬，无锡快船，也满挂了十字旗。"同时，耶稣会士也于沪西的徐家汇，在古里村刘家的帮助下，建造他们的大堂和会院。[94]

由于清廷对天主教禁令有所放松，此后逮捕到的西洋传教者，不会再如以前那般判以死刑，而是送往广东，外籍传教士的人身安全得到了一定的保护，便借此纷纷潜入内地传教，如牧若瑟神父往山东、山西，修士铎德魏等三人在江苏海门厅中兴镇等处城隍庙讲书宣教，逢人便送传教书籍。[95]尽管清廷在鸦片战争后，对各国愈发警戒，道光帝也对传教士的传教用意深表怀疑，一再嘱咐官吏们不许让外籍传教士潜入内地，审讯时弄清楚他们的传教缘由[96]，但已对此状况无力控制，亦无法阻止天主教在中国开展传教事业。由此，天主教在中国的传播开始进了一个新时期。

## 五、清廷对天主教态度演变的原因

对传教士来说，首要任务是完成传教，以西洋科技文化侍奉中国皇帝排在第二位，对中国皇帝而言，第一是吸收或享受西洋科技文化，第二才是准许天主教传教，因而，大部分时间处于喜欢与厌恶这种矛盾状态之中。不过，虽然康熙帝喜欢西学，乾隆帝喜欢西方艺术，但喜欢归喜欢，国家利益，维护清朝的统治才是最重要的。康熙帝的继位者们，从雍正至慈禧太后，他们对天主教的认识虽不尽相同，但有一点是共同的，那就是，他们都认为天主教的传播是危害清朝统治和国家安全的一大因素，从而把禁教之事提到巩固统治基础的高度。因为天主教传教士"是外国人，宣传一种非

---

94 丁宗杰：《上海天主教教务发展史》，《传教夜谈》，天主教教务协进委员会，1949年，第12期，第1395-1396页。但据道光三十年六月初三日《两江总督陆建瀛等奏报上海洋泾浜地方天主教堂一所被雷击毁片》所记，1850年时，上海洋泾浜地方外国人所建的天主堂一所，"每逢礼拜之日，各国夷人俱齐集听经"，五月十四日被雷击毁。见《档案史料》（第三册），第1341页。

95 道光二十七年十月十八日《两江总督李星沅奏为先后接据禀报称有咈嘓唎修士等赴海门等处传教现在办理情形片》，《档案史料》（第三册），第1332页。

96 可参见道光二十六年闰五月二十一日《寄谕两广总督琦善广东巡抚黄恩彤盘获赴藏传教咈嘓唎夷人俟解到广州后著耆英等详细研鞠酌情办理》，《档案史料》（第三册），第1318-1319页；道光二十六年九月初三日《两广总督耆英广东巡抚黄恩彤奉承报遵旨讯明赴藏传教之咈嘓唎人仅为传教并无别情折》，《档案史料》（第三册），第1325页等处例子。

中国的宗教"，皇帝们多次认为他们是间谍，为自己的国家谋利益，想占领中国。[97]

## （一）神权与皇权之争

首先，臣民信奉天主教，将天主与皇帝置于同一地位，甚至高于皇帝，这是皇权所不能容忍的。"对基督教的指责之一，就是煽动平民僭越皇帝的一种特权，也就是祭天的权力。"[98]中国从来就不是一神教国家，民众和皇帝都没有西方那样坚定的宗教信仰，从上至下共同信奉的权威就是天人合一的皇帝以及不可挑战的君主皇权，不会有像西方那样神权凌驾于皇权之上的事情发生。对政权与神权高度结合的清朝皇帝来说，绝对不会允许他人与其分享权力。一旦这种权威受到挑战和威胁，统治者会立即利用手中政权的力量来回应，消除隐患。"礼仪之争"中传教士的表现，突出了教皇至高无上的地位，康熙帝发现，他的一部分臣民竟会听从国外的命令。教皇使节和中国皇帝之间的冲突，不过是经常重复着的罗马神圣权威与一个主权国家皇权之间斗争的一个例子。以天主教为代表的西方文明对中华文明根底的冲击，直接导致两者的激烈冲撞。宗教与政治相伴丛生，未能剥离，当政者对政权稳定的考虑，并非杞人忧天。纯洁的宗教目的固然存在，但传教士为他国势力扩张张目的事实也不少见。因此，禁教对天主教的信众而言，固然是类似"三武灭佛"的灾难，但就当政者而言，或有其不可不为之处。

## （二）与传统习俗相悖

清朝是少数民族立国，满汉矛盾及冲突与满族政权始终相伴，对汉族的隐忧时时存在，担心被汉化，现在又多了一个文化对手——天主教，维护满族传统习俗的责任越来越重。雍正时期，"皇帝的舅舅"和"他的父亲及祖父一样一直和传教士有着密切来往，甚至让传教士在他家里住了好几年"，仍好心提醒巴多明神父："你们搅翻了帝国的习俗，你们搅乱了一些家庭的平静，你们让父子不和。"[99]更严重的是皇室宗亲的信教，这不仅有违于中国

---

97 [法]P. Octave Ferreux C. M.,《遣使会在华传教史》，吴宗文译，（台北）华明书局，1977 年，第 110 页。

98 谢和耐:《中国与基督教：中西文化的首次撞击》增补本，耿昇译，上海古籍出版社，2003 年，第 90 页。

99 《耶稣会传教士巴多明神父致本会某神父的信（1724 年 8 月 20 日于北京）》，[法]杜赫德编:《耶稣会士中国书简集》（三），朱静译，大象出版社，2001 年，第 26 页。

历来的习俗，更是与祖宗纲纪相悖，进而可能威胁到满族的统治。雍正帝在处理皇室宗亲苏努的儿子乌尔陈入教案件时说："伊既系满洲之民，则应与朕同俗。今伊图谋不轨，弃我之法俗，从欧人之教律。岂有二天为伊共戴乎？四海之内，唯天与共，一国之中，宁有二主耶！""乌尔陈乃满洲之民，又系宗室，竟弃我祖宗之礼仪，从欧人之戒律，仅此一端，即已践踏国法，冒犯天威。此其应改过者也。"[100]

### （三）警惕中外势力的联合

清朝中期，地方叛乱不时发生，南洋的华人也日渐增多，这些不稳定因素均让统治者更加担心汉人同西洋人相勾结，借以推翻朝廷，达到"反清复明"的目的，这一心结也是清中期几朝皇帝禁教的一个重要因素。乾隆十三年（1748），福州将军兼管闽海关事务的新柱奏称，吕宋来闽贸易的夷商探问福安县的天主教案，欲将已正法的白多禄神父骨殖讨回，对此，乾隆帝谕旨曰："案内白多禄被诛一节，乃系内地情事，吕宋远隔外洋，何以得知其实，看此情形，显有内地民人为之传递信息，可传谕喀尔吉善等，闽省为海疆要地，嗣后一切外番来往之处，俱应加意查察，毋得任其透漏。钦此。"[101]乾隆四十九年的教案发现华籍神父，对此，乾隆帝认为，"内地民人有称神父者，即与受其官职无异"[102]，肯定是对统治的严重威胁，因此，"审明后应发往伊犁，给厄鲁特为奴，曾受其番银者，原籍家产并应查抄入官"[103]，以严刑防范中外势力的联合。

同时，随着西方殖民势力的不断崛起，荷兰人占领了爪哇，西班牙统治了吕宋，英国人吞并了印度，周边国际环境的变化，清中期的几朝皇帝当然有所觉察，知道西方势力利用天主教在邻国开展殖民政策，开始意识到这种

---

100 [法]宋君荣：《有关雍正与天主教的几封信》（《第四十三号信件：对信奉天主教亲王的迫害》），杜文凯编：《清代西人见闻录》，第 158-159 页。另，《耶稣会传教士巴多明神父致本会杜赫德神父的信（1727 年 9 月 26 日于北京）》，[法]杜赫德编：《耶稣会士中国书简集》（三），朱静译，大象出版社，2001 年，第 100-101 页。

101 乾隆十三年四月二十七日《闽浙总督喀尔吉善福建巡抚潘思榘奏报查禁西洋人行教折》，《档案史料》（第一册），第 157-158 页。

102 徐珂编撰：《清稗类钞》（第四册），中华书局，1984 年，第 1958 页。

103 乾隆五十年二月二十一日《山西巡抚农起奏将天主教案内余犯审拟咨部折》，《文献丛编》（第十六辑），国立北平故宫博物院出版物发行所，1937 年再版，第 20 页。

变化暗藏着对自己统治的威胁。"中国朝野对于天主教的善良也承认，但是他们反对传教士公开传教，尤其不许传教士在各省滞留，这完全都是基于政治上的理由，因为他们恐惧传教士以宗教为掩护所进行的政治阴谋。乾隆帝以及他的臣子，对于欧洲人征服印度的经过大体都了解，因而他们时时都在防范不要在中国发生同样的事情。"[104]嘉庆年间德天赐案件发现教区[105]划分的地图后，更加深了他们对欧洲传教士的怀疑，认为这些外籍传教士就是欧洲人的侵略工具，目的显然是想强占中国，因为他们已经开始争夺属地和管辖区了。何况，当时的英国战船经常在中国沿海一带出没，皇帝有充足的理由怀疑德天赐神父想把这张地图送给英国人，为英国人在山东登陆提供方便。

航海技术的发展，交通路线的新开辟，东西方之间的交通往来愈发频繁，来自遥远西方的使节不断前来要求通商，这让好容易才将国家大势安定下来的清朝统治者感到不安，在应付国内反抗力量之时，不得不警惕来自国外的潜在威胁力量，尤其担心内外势力结合起来。如此，来自西方的天主教，自然被视作外国力量的代表，对清朝统治者来说，务必在其成长至难以控制之前，清除这股不安全因素。

## 第二节　地方官吏对天主教的态度

各级官员对传教士的态度自然随着皇帝的态度转变而转变。康熙帝恩宠传教士时，广州居民向广东巡抚要求推翻外籍传教士所建的教堂，或是把它们建得低一点，巡抚的回答是："瞧，连皇帝也允许在他的皇宫里竖起一座很高的教堂。去干涉此事将会是多么冒失。"[106]

康熙末年，虽然朝廷开始禁教，但在康熙时期，各级官吏并未对此禁令认真执行，外籍传教士仍潜藏内地私行传教。在康熙宣布禁教之后，外籍传

---

104 冯作民编译：《清康乾两帝与天主教传教史》，第 209-210 页。

105 教区一词源于希腊文 Dioikēsis，意为'区域'。最初用来指罗马帝国行政区划，后来基督宗教借用来指由主教负责的区域。由于主教品位的划分又产生了教区的大小。如在天主教会中，主教负责一个教区，大主教（都主教）负责一个教省，宗主教负责一个特定地区，教皇则负责整个教会。

106 《耶稣会传教士洪若翰神父致国王忏悔师、本会可敬的拉雪兹神父的信（1704 年 1 月 15 日于伦敦）》，[法]杜赫德编：《耶稣会士中国书简集》（一），郑德弟、吕一民、沈坚译，大象出版社，2001 年，第 310 页。

教士还在北京公然出版了好几种教理书籍[107]。事实上，从某种程度来说，朝廷的命令主要由地方上的官员来执行，"法律的施行与否则在地方上的官吏；如果贿赂充足，他们便闭上眼睛，佯为不知，有的便否认地方上有教友，有的把拘留的教士放开，以节省解送北京的经费。反之，有时长期平静之后，忽然在某些省分又兴起了剧烈的教难。"[108]皇帝的命令并非全都会一一严格执行，禁教令也不例外："有过喘息的阶段，即有些地带暂予以容忍。这都系于地方官的好恶与权力。有时官员并非不晓得在他们治下有教友和传教士的存在，但晓得神父还被朝廷优待，于是便闭上眼睛不加深究；或者为避免被控告疏忽铲除教会的罪名，或者为了避免遣发传教士至京师的麻烦及花费；或者甚至怀有媚神的意念，以遂其腐化之欲，便奏明皇上在他们所辖的境内已没有教徒。"[109]因此，清中期各地的禁教是否卓有成效，与各地官员对天主教的好恶，是否认真执行禁教政策等因素有关。

## 一、政治压力

"礼仪之争"中，罗马教廷规定中国的天主教徒不能敬孔祀祖，这"无异于要教徒自绝于家庭和社会，对于文人学士来说，更是关闭了仕进的大门。"[110]天主教徒"既不能祀孔，就不及入学，于是宦途继绝；上海徐文定公子孙的一支，因之叛教；许多热心功名的教友，也纷纷出教。"[111]如此这

---

107 参见徐宗泽：《明清间耶稣会士译著提要》，上海书店出版社，2006年，第346-347页：1718年，沙守信：《真理自证》；1719年，冯秉正：《圣体仁爱经规条》；1721年后，马若瑟：《圣母净配圣若瑟传》；1722年，冯秉正：《朋来集说》；1722年后，利国安：《炼灵通功经》；1726年，巴多明：《德行谱》；1727年，巴多明：《济美篇》；1730年，殷弘绪：《训慰神编》《莫居凶恶劝》；林安多《崇修精蕴》；1731年，殷弘绪：《逆耳忠言》；1733年，冯秉正：《盛世刍荛》；1736年，戴进贤：《睿鉴录》；1738年，冯秉正：《圣年广益》；陆安德：《真福直指》；1740年，冯秉正：《圣经广益》；1743年，殷弘绪：《主经体味》；1753年，孙璋：《性理真诠》；1758年，沈东行：《易简祷艺》，等等。

108 [法]穆启蒙编著：《天主教史》（卷三），第265-266页。

109 [法]穆启蒙：《中国教友与使徒工作》，侯景文译，（台北）光启出版社，1978年，第125页。

110 徐如雷：《简述鸦片战争前天主教来华各修会的矛盾》，《宗教》1989年第2期，第67页。

111 丁宗杰：《上海天主教教务发展史》，《传教鳞爪》，天主教教务协进委员会，1949年，第11期，第1233页。

般，中国上层社会对天主教的热情降低，天主教在中国的传播失去了一个可以对其进行支持及保护的有利环境，不仅满族官员，许多汉族官员也开始严厉反对天主教。

雍正元年二月初十日（1723 年 3 月 16 日），礼科掌印给事中法敏奏称："入天主教者宜当严禁。……兹西洋人设天主教，编书蛊惑京城及外省愚民，凡入其教者，给以衣物盘费，借放银两，故近年来，无知男妇为有所得而入其教者甚众。或有富殷显赫之人亦入教论讲，蛊惑人心。凡入此教，即将父母兄弟妻小抛诸于外，唯尊奉天主。更有甚者，刻印天主教标志发给入教者张贴门上，诚属大逆不道。窃思，非亲非故，无缘无故拿银给人，笼络人心，必有企图，若不严禁，定将蔓延。"[112]同年，浙闽总督满保奏："西洋人在各省起天主堂行教，人心渐被煽惑。请将各省西洋人除送京效力外，余俱安插澳门，天主堂改为公所，误入其教者，严行禁饬。从之。"[113]此外，内阁侍读学士双喜也奏请禁止京城人众信奉天主教[114]，等等。

对于天主教，满族官员首先坚决反对旗民入教。雍正禁教之后不久，正黄旗都统兵部尚书卢询上奏禁止旗民信奉天主教[115]。镶蓝汉军旗都统布达什奏陈严禁旗民入奉天主教以正其心，"凡妄入异教者，旗人则交该管旗臣，

---

112 雍正元年二月初十日《礼科掌印给事中法敏奏陈天主教蛊惑人心理当严禁等款折》，中国第一历史档案馆等编：《明清时期澳门问题档案文献汇编》（以下简称《档案文献汇编》）（一），人民出版社，1999 年，第 133-134 页。

113 （清）蒋良骐：《东华录》，中华书局 1980 年点校本，第 414-415 页。另，雍正元年七月二十九日《闽浙总督满保奏闻西洋人在福安县传教惑众送往澳门安插外省严禁西洋人居留传教折》，《档案文献汇编》（一），第 135 页："查得，西洋人在各省大府县俱建天主堂居住，此等西洋人留居京城尚可编修黄历（朱笔涂抹：治病及制造器皿。朱改：用于杂事），今其恣意于各省大府县建天主堂或豪宅居住，于地方百姓（朱笔涂抹：并无益处，万一）力行其教，蛊惑人心，经年日久（朱改：于圣人治政之首及），地方毫无益处，（朱笔涂抹：招致事端，小难逆料）。伏乞皇上洞鉴，将西洋人许其照旧在京居住外，其余各外省不许私留居住，或尽送京师，或遣回广东澳门。将各省所设天主堂，尽行改换别用，不得再建。……（朱批：尔此奏甚是，极为可嘉。著照此办理，如此缮本具奏。）"从雍正对此奏章的改动及批示可以看出其对天主教的基本态度。

114 雍正元年九月十二日《内阁侍读学士双喜奏请禁止京城人众信奉天主教等情折》，《档案文献汇编》（一），第 135-136 页。

115 《兵部尚书卢询奏陈禁绝民间诐邪习俗折》（无年月），《宫中档案雍正朝奏折》（第二十七辑），国立故宫博物院印行，1980 年，第 773-774 页。

民则交五城官员严查缉拏，予以惩处。如此则旗民皆习正德，而不入异教，益思报恩也。"[116]

然而，汉族官员似乎更为排斥天主教。他们在"西学"面前，努力维护"汉学"尊严的同时，还要警惕朝廷内传教士会与其争宠的可能。早在康熙三十一年（1692 年），浙江巡抚张鹏翮就参奏天主教在杭州"左道惑人，异端生事"，要求取缔[117]。康熙五十六年（1717 年）四月，兵部议覆广东总兵陈昂疏言："此辈居心叵测，目下广州城设立教堂，内外布满，加以同类洋船丛集，安知不交通生事，乞饬早为禁绝。"[118]于是，在康熙施行领票制的同时，各地的汉官已经忙于驱逐传教士了。康熙四十六年（1707 年）二月，浙闽总督梁鼐开始驱逐传教士，其他各地督抚也相继跟随[119]。满汉官员对天主教的反对理由大致如下。

## （一）仪式怪诞，恐为巫术

由于缺乏了解与沟通，清朝中期的各级官吏大部分对天主教无深刻认识，不清楚其教义教旨，认为其展现出来的一些仪式甚为怪诞，于理不合，恐为巫术。一旦这些仪式举行，民众便被迷惑入教。例如洗礼、领圣体、告解等，屡屡被官员在要求禁教的奏折中提及。乾隆十一年（1746），福建官员周学健上奏称："西洋天主教则先以固结人心为主，其所讲授刊刻之邪说，大旨总欲使人一心惟知事奉天主，不顾父母，不避水火，自然可登天堂，一有番悔便入地狱，凡男妇入教之始，先于密室内令尽告其从前所作过恶暧昧之事，谓之解罪，解罪既毕，每人给与钱、大面饼一枚，纳诸口中，复与葡萄酒一杯，各令咽下，以面饼为圣体，以酒为圣血，自此一番领受之后，无论男妇，坚心信奉，从此母妇妻妾阖家供奉而绝无嫌忌，自幼至老，终身伏侍而不知悔倦，其所给之面饼与酒，皆伊等密室自制，咸谓夷人于饼酒之中，暗下迷药，是以一经领受，终身不知改悔。"[120]

---

116 雍正元年十一月初八日《镶蓝汉军旗副都统布达什奏陈严禁旗民入奉天主教以正其心折》，《档案文献汇编》（一），第 137 页。

117 转引自李天纲：《中国礼仪之争——历史·文献和意义》，第 73 页。

118 （清）蒋良骐：《东华录》，中华书局，1980 年点校本，第 374 页。另，（清）王之春撰：《清朝柔远记》，赵春晨点校，中华书局，1989 年，第 53 页："广东碣石镇总兵官陈昂请禁开堂传教"。

119 李天纲：《中国礼仪之争——历史·文献和意义》，第 74 页。

120 乾隆十一年五月二十八日《福建巡抚周学健奏报严禁天主教折》，《档案史料》（第一册），第 87 页。

1737 年在京城发生的刘二为婴儿付洗的教案中，刑部尚书尹继善在奏折中称刘二"使用了一种巫术水，在这方面违犯了法律"，"因为淋在婴儿们头上的水与巫术有关，并与巫术完全相似"。[121]1746 年的教案，官员们指责传教士不知廉耻和使用巫术，声称"传教士们屠杀儿童，并从其头颅中汲取了能使女性同意最无耻性欲的过滤物"，控诉杨若望神父不敬父母、挖去死人的眼珠、溺死幼童以将其头颅作巫术用。[122]1754 年逮捕了一位中国神父，地方官审问的内容包括：是否是基督教的首领？已迷惑了多少人？岛上基督徒的数目是多少，以及他们名叫什么？他随身携带的所有这些来自欧洲的装饰物和书籍是干什么用的？人们在他的日用品中发现的一瓶油，是否是他用来变魔术的？等等。[123]1811 年，陕西道监察御史甘家斌奏称听闻"该教能以符咒蛊惑诱污妇女，诳取病人目精"。[124]

嘉庆十六年（1811）年张铎德教案中，陕西巡抚董教增对搜查到的经卷详加披阅，在奏折中详细列出了这些仪式及教义的怪诞之处：

> "内十诫、七锡等款，除劝人省身改过，与礼律相表里，其煽惑愚民邪说约有数端。一曰领圣体，所谓领圣体者，先以饼酒供耶苏，即将所供饼酒分食，与会之人食后，司铎于十字架前念诵天主、圣母等，使饼酒即化为耶苏血肉，可以助人灵慧，增人气力。一曰告解，所谓告解者，谓祖父未经入教及入教而奉教不诚皆为罪人，须密向司铎前跪，自呈诉，司铎即为祈求圣母，祈求天主可以赦宥。其赦宥并领礼系司铎大权，如职官各有所司，倘无司铎，他人皆不能主持世事。又谓人有三父母，一为生我之父母，一为治我之父母，惟天主为大父母，得罪于生我、治我之父母，其罪小，得罪天主，其罪大焉。耶苏被钉去十字架，备受苦毒，凡入教之人皆当想念耶苏受苦情形，遇有苦辱欢喜承受，受苦愈多，功力愈大，受苦、受

121 《中华帝国 1738 年的宗教形势》，[法]杜赫德编：《耶稣会士中国书简集》（四），第 182 页。

122 《尚若翰神父就中华帝国 1746 年爆发的全面教案而自澳门致圣-夏欣特夫人的记述》，[法]杜赫德编：《耶稣会士中国书简集》（四），第 330、339 页。

123 《一封发自澳门的信（1754 年 9 月 14 日于澳门）》，[法]杜赫德编：《耶稣会士中国书简集》（五），第 20 页。

124 嘉庆十六年四月十九日《陕西道监察御史甘家斌奏为西洋天主教蔓延无已请旨敕部严定治罪专条及失察处分折》，《档案史料》（第二册），第 911-912 页。

　　罪即升天堂之价值。此愚民好新喜异，既经习教，维受刑责而不肯
　　背教"。[125]

　　在官员的眼里，普通的饼酒怎么可能化为耶稣血肉，增加人的气力？岂非怪力乱神？入教者为何要跪在神父面前呈诉，而这应该只有父母官才有权让民众这样做；天主的权力大过治理百姓的父母官，甚至可能大过皇帝，这简直是胡言乱语；以受苦辱为荣，更是荒谬非常。天主教的这些表现完全与常理不合，更无视皇帝及各级官吏的权力。

## （二）女性教徒，违背习俗

　　天主教徒中有不少是女性，在"男女授受不亲"、男尊女卑思想仍占主流的清代，深受传统意识形态影响的各级官吏尤其厌恶天主教中男女混杂在一起，不避嫌的听讲、做圣事。传教士亦曾注意到这一点，努力改善条件，设法将男女天主教徒分开做圣事。但是，举行圣事的多为神职人员，而他们也多为男性，与女天主教徒的接触不可避免。雍正十年（1732），两广总督鄂弥达、广东巡抚杨永斌奏称："这种邪恶日益加剧。在节日期间，基督徒之间互相煽动，如同中邪一般地奔向这些教堂，女子们也在那里与男子混杂在一起，男人们为追逐利益而心不跳脸不红地跪在这些西洋人的面前，女子们也秘密地与他们往来。这一切都是世人不能不痛心疾首的和在忍耐中遭受折磨的事。"[126]于是，令人将这些西洋人押解至澳门，将这些教堂充公用于公益事业。1747年，苏州教案中，官吏们一再讯问黄安多神父等和妇人们有无不正行为。[127]1752年，卜文气神父在他寄回欧洲的信中无奈的说，官吏对天主教的"这些追查大都是有关我们为女子们洗礼、作告解神工和临终涂圣油圣事之方式的。"[128]

　　另外，部分女天主教徒发誓守贞不结婚，在某些官员看来，这一举动不是与神职人员有苟且之事，便是"不孝"，违反了"不孝有三，无后为大"的传统，就是伤风败俗。这种有伤风化的行为，于中国习俗不容，极易破坏

---

125 嘉庆十六年二月十三日《陕西巡抚董教增奏报拿获天主教张铎德等犯审拟情形折》，《档案史料》（第二册），第897-898页。

126 《耶稣会士卜文气（Porquet）神父致同一耶稣会戈维里神父的信》（1752年12月11日于澳门），[法]杜赫德编：《耶稣会士中国书简集》（四），第83页。

127 徐允希：《苏州致命纪略》，上海土山湾慈母堂印行，1932年，第38页。

128 《耶稣会士卜文气（Porquet）神父致同一耶稣会戈维里神父的信》（1752年12月11日于澳门），[法]杜赫德编：《耶稣会士中国书简集》（四），第86页。

民风，动摇朝廷的统治基础。1723 年，福建的官员们以为："更令人不安的是，有些信教的青年女子被称为修女而不得结婚。布道时（教堂里）男女混杂，福安辖地上教堂竟有十五六座之多。此种外国宗教蛊惑百姓，败坏我淳厚民风，后果严重，因此以禁止为宜，不得放任自流。""他们对我们受其教诲的圣贤毫不尊重，这样，中国人就变成了欧洲人。禁欲的修女终生不嫁，丧妻之鳏夫宁肯无后也不续弦。这岂不是一种蛊惑百姓、离散家庭、败坏淳厚民风的宗教吗？事态严重，不容耽搁。""此等行为败坏五常和先贤学说，毁我历代君王益世之教诲，扰乱百姓，使之陷入怀疑和无尽的困惑之中。所有教派中数它害人最深。"[129]

乾隆十一年（1746 年），福州将军、兼管闽海关事务臣新柱奏称：福安县等地"凡奉天主教之家，必命一女不嫁，名曰守童身，为西洋人役使，称为圣女，颇伤风化。"[130]此年处理教案时，无论是审讯外籍神父还是华籍女教民，问的都是些诸如为何保持童贞，是否与西洋人寻欢作乐等一些羞于出口的问题。[131]1858 年，贵州官员审讯贞女林昭时，听说她守贞，便指责天主教是一种想消灭种族的邪教。[132]

## （三）与匪相混，视为邪教

清朝中叶，各地的反清斗争不断爆发，其组织形式多以宗教的面貌出现，对政府的统治造成一定程度的威胁。这些名目繁多的教派让清朝统治者不甚烦恼，禁止、镇压他们的同时，有时也会把天主教纳入其中，将其列为邪教，与白莲教等民间宗教混同。早在康熙二十六年（1687 年），朝廷及各省官吏禁

---

129 《耶稣会传教士冯秉正神父致本会某神父的信（1724 年 10 月 16 日于北京）》，[法]杜赫德编：《耶稣会士中国书简集》（二），第 315、319、321 页。

130 乾隆十一年五月二十四日《福建将军新柱奏报查拿福安县西洋人行教折》，《档案史料》（第一册），第 83 页。

131 《尚若翰神父就中华帝国 1746 年爆发的全面教案而自澳门致圣-夏欣特夫人的记述》，[法]杜赫德编：《耶稣会士中国书简集》（四），第 327 页。另见冯作民编译：《清康乾两帝与天主教传教史》，第 125、127 页，乾隆十一年（1746），福建官员一再审问特勒兹等修女，"是否为了满足传教士之肉欲而假称守童贞"，官员樊某写成一份"传教士蹂躏修女贞操，并使用魔术"的侦察报告书，认定从传教士衣服里搜出的"药"是他们残杀幼儿取其头骨所制成的"性药"，做为蹂躏修女贞操时的"兴奋剂"，并称欧洲的秘药对避孕很有效。

132 [法]穆启蒙：《中国教友与使徒工作》，侯景文译，（台中）光启出版社，1978 年，第 182 页。

止"僧道邪教"时，天主教就曾受过株连，礼部的官员将天主教视为白莲教谋叛。当时，康熙虽然赞同礼部禁教的立场，但还是认为："将天主教同于白莲教谋叛字样，此言太过，着去。"[133]

雍正年间，邪教势力猖炽，天主教道明会士等多深入乡村传教，国人入教者亦多。地方官对天主教误解极深，将其列入异端邪教，遂因查禁邪教而波及天主教[134]。随着传教士们把越来越多的精力放到民间组织的天主教堂区上，视其为邪教的情况也越来越多。乾隆四十三年（1769年），福建兴化府发布告示："凡误从无极教、并罗教、天主、白莲、无违（为）、回回等教者俱著即速自行出首，将所传经典，作速缴官，以凭汇集销毁，本人亦免治罪。倘尚不悛改……为首者绞，为从者各杖一百，流三千里。"[135]同一年，四川省县丞审讯艾若望神父等人时，认为天主教与白莲教肯定是一丘之貉，发现神父的祭服后，比任何时候都更相信艾神父是白莲教中人，祭披被当成"皇袍"，祭台前部成了"御座"的饰物，烤圣餐面饼的铁器成了造币工具，书籍被视为巫书，竭力想把他们当邪教信徒治罪，强迫安德烈·杨承认犯有曾使天火降临索多姆城的那种可耻的行为；知县也多次重复问他们如何教化女子。[136]1772年，四川总督桂林（Koei-Lin）在与该地区的苗子作战时，担心基督徒中有叛乱分子，追查后，认为此后应把基督徒等同于帝国中的其他邪教派别，在全国各地拘捕基督徒。[137]嘉庆十六年十二月十四日（1812年1月27日），时为工科给事中的甘家斌奏称，"臣风闻该处复有无为老祖等教，潜相煽惑，其显悖正道，与天主教大略相同，恐致任意蔓延"。[138]显然把天主教与与白莲教、罗教、无为老祖等邪教组织混为一类。

---

133 顾卫民：《清初顺康雍三朝对天主教政策由宽容到严禁的转变》，《文化杂志》中文版第44期，2002年秋季刊，第57页。

134 庄吉发：《清世宗禁教考》，《大陆杂志》1981年第六十二卷第六期，第35页。

135 方豪：《中西交通史》（下），第1027页。另见[法]P. Octave Ferreux C. M.，《遣使会在华传教史》，第120页，"白莲教作乱，反抗满清朝廷，于是订立了严刑，对待秘密社团；几乎到处官吏，都将天主教与白莲教看成一丘之貉。"

136 《艾若望先生对其在中国四川省遭受的迫害的叙述》，[法]杜赫德编：《耶稣会士中国书简集》（六），第149-152页。

137 《北京传教士晁俊秀（Bourgeois）神父的信（1773年9月18日于北京）》，[法]杜赫德编：《耶稣会士中国书简集》（六），第6-7页。

138 嘉庆十六年十二月十四日《工科给事中甘家斌奏请严禁传习无为老祖等教如有不遵即照天主教之例惩治折》，《档案史料》（第三册），第971页。

此外，天主教士、教徒亦会与匪徒相提并论，被当作是他们的同谋。1756
年在湖广，所有欧洲人都被当作三四年前在湖广一带造反的著名的马朝柱
（Ma-tchao-tchu）的同谋，人们在追捕马朝柱的同时也在追捕欧洲人。[139]许
多无辜的人因为有一点点可疑的迹象，就被逮捕、囚禁和审讯。只要有人在
当地显得让人感到陌生，或者其举止、方式、语言等有点与众不同，就会遭
到怀疑。嘉类思神父便由于外表奇特，曾被当做马朝柱的同伙之一让人抓了
二到三次。[140]嘉庆年间，官员们在奏折中已经常把天主教与大乘、牛八等教
混在一起提及，或与拐匪一起提及，称两种匪徒。1819 年，在湖北下木盘山，
天主教许黄正被邻居李星辉告报，称其为白莲教，官员也"不辨天主教、白
莲教，竟以教匪论，判定充发粤境。"[141]

既然被当成邪教、匪徒，当然是社会的不稳定因素，需要及时清除，这
无疑使朝廷更加坚定地把禁教作为巩固政权的措施来加以推行。

### （四）内施禁教，以防外侵

禁教时期，西方国家势力强大起来，借助先进的航海技术，四处寻找殖
民地。各级官员对此均保持了一定的警觉，尤其警惕历来与外国有密切联系
的天主教，预防中外勾结之事发生。17 世纪末，西班牙人发现菲律宾群岛后，
与多明我会传教士一起教化土人，迁移到此的福建居民陆续归依天主教，传
教士也随之进入福建传教。北京政府得知多明我会的传教成绩之后，"用一
种疑惑的眼光来注视着这个传教修会"，不久，相关传言加深了政府对此修
会的警惕，"道明多会传教士已入天主教的中国之真实姓名造成名册，然后
再把这名册送到欧洲，一旦有事可以就利用此等教民"。[142]1756 年，马尼拉
总督驱逐了不信天主教的中国人，这些人一到厦门便向中国官员报告说，西
班牙人来到这里就是为了让传教士进入中国，此乃西班牙人今年的计划，还
说西班牙人所带的银子超过其购买货物所需的数额，这些多余的银子将用于

---

139 《耶稣会传教士河弥德神父致布拉索神父的信（1756 年 1 月 6 日）》，[法]杜赫德
　　编：《耶稣会士中国书简集》（五），第 61 页。

140 《耶稣会传教士嘉类思神父致法兰西世卿诺瓦荣伯爵兼主教的信（1759 年 9 月
　　12 日于中国）》，[法]杜赫德编：《耶稣会士中国书简集》（五），吕一民、沈坚、郑
　　德弟译，大象出版社 2005 年，第 84 页。

141 成和德：《湖北襄郧属教史记略 刘董二位致命真福合传》，上海土山湾印书馆，
　　1921 年，第 18 页。

142 冯作民编译：《清康乾两帝与天主教传教史》，第 124 页。

在中国人当中分发，并收买中国人。即使后来证实此事实为乌有，但中国官员在听到此消息后，立即强制管理西班牙船只所带来的银子，防患于未然。[143]外籍教士对这种情形并非一无所知。1769年，汪达洪神父在写回欧洲的信中说："皇帝和大臣们承认我们的宗教是好的，如果说他们反对公开传教而且不允许传教士入内地，那只是因为政治原因，他们担心我们借口传教而别有所图。他们大致知道欧洲人对印度的征服，担心在中国发生类似的事。"[144]

### （五）迎合皇帝、借机升官

有些官员在执行禁教时，处罚措施、行为举止等明显是为了迎合上意，从上级长官至皇帝本人。如在处理皇亲苏努家族中的信教成员时，因雍正帝已将其家族流放，对他们的反感溢于言表，于是，"负责审议右卫将军奏折的王、大臣们都给皇帝同样的答复：以不肯放弃天主教教义之罪判处苏若望与库方济各死刑。对其他事项，他们也附和将军的意见"。有的官员甚至称这些满人的信教是"倒行逆施"，应该将其"碎尸万段"。[145]这显然是在揣测雍正对此事件的态度后所做的附合之举。此外，浙闽总督满保素知雍正厌恶天主教，及时上奏说："请将各省西洋人，除送京效力外，余俱安插澳门。"[146]乾隆五十年（1785）福康安遵旨查明天主教"似可信其不与回人一教"后，紧跟乾隆帝查禁天主教的步伐，"仍留心密访加意防范，务将天主教杜绝根株，不致复有遗留或与回教勾通，煽惑潜启衅端"[147]。

嘉庆十年（1805）北京德天赐教案发生后，御史韩鼎、蔡维钰立即上奏称："西洋天主教流传川省已久，勾引习教之人日聚日多，省会郡县亦恬不为怪。凡习教之家，俱有经卷，男女朝夕念诵，实由在都中西洋堂习教民人常出外省

143 《耶稣会传教士河弥德神父致布拉索神父的信（1756年1月6日）》，[法]杜赫德编：《耶稣会士中国书简集》（五），第62页。

144 《耶稣会传教士汪达洪（de Ventavon）神父致布拉索神父的信（1769年9月15日于海淀）》，[法]杜赫德编：《耶稣会士中国书简集》（五），第213页。

145 [法]宋君荣著：《有关雍正与天主教的几封信》（《第四十三号信件：对信奉天主教亲王的迫害》），杜文凯编，《清代西人见闻录》，第149、153-154、156-157页。

146 （清）王之春：《国朝柔远记》（卷三），广雅书局，光绪十七年（1891年），第15页。

147 乾隆五十年正月十二日《福康安奏审讯教案人犯分别解京折》，《文献丛编》（第十五辑）第8页。

传道，亦有教师名目，遇着贫寒人，随便佽助银两，诱其入教，并令其转诱，无论贫富人等，一入此教，便情同骨肉，并闻各省类此者，亦复不少，请旨勅禁"。[148]直隶总督颜检亦立即上奏，表示将在辖区严加访查天主教徒。[149]

揣摩到皇帝的心思，对皇帝的任何旨令马上有所反应，并积极施行，只要有结果便立刻上奏说明情况，一项显而易见的好处便是晋升官职。何况，在保甲制度严密，吏役网络密布全国的清代，在自己的辖区抓获几个天主教徒，实在不是一件困难的事。嘉庆十年（1805），德天赐教案后，陕西巡抚秦承恩上奏曰："该员以典史微员留心缉捕，得以破除积弊，尚属勤能，可否遇有主簿抄丞缺出，酌量升补，以示鼓励"，对此，嘉庆帝朱批"邓潮著以主簿升用，吏部知道"。[150]嘉庆二十年（1815），四川"新津县知县王衡因稽查保甲于邻境，访获传教首犯，洵属能事，著送部引见"。[151]道光四年（1824），直隶宛平县查出天主教徒，"候补知县阎锦麟，改装易服，不辞辛劳，瘁密将此案教犯访查"，"尚属能事"，工部尚书陆以庄遂上奏，可否"准以知县，尽先补用"。[152]

## 二、舆论压制

如前所述，各级官员中有不少人认为，中国人如果信奉天主教，不利于清朝的统治，因而公开声称与天主教为敌，并对禁教命令坚决贯彻执行。他们本身厌恶天主教，或者是认为天主教与祖宗的法制不符，其教乱民，或者是出于个人原因，揭告天主教。于是，此段时期内，来自各级官员的请禁之声接连不断，有的甚至亲自撰写辟邪教说，作为严禁天主教的理论指导。其中的一个典型是嘉庆二十年（1816），湖北学政朱士彦自制的《辟西洋天主教说》，集中体现了朝廷上下反对天主教的若干理由：

"……天主教惑世诬民，不许施行，现在禁民习教尤严，犯者

148 嘉庆十年五月初二日《寄谕署理四川总督成都将军德楞泰著严禁该省传习天主教》，《档案史料》（第二册），第841-842页。

149 嘉庆十年五月初十日《直隶总督颜检奏为遵旨实力查禁私传洋教折》，《档案史料》（第二册），第850-852页。

150 嘉庆十年十二月初二日《陕西巡抚秦承恩为将盘获天主教犯陈若望之典史邓潮酌量升补片》，《档案史料》（第二册），第890页。

151 嘉庆二十年九月十九日《内阁奉上谕将西洋人徐鉴牧传教案内各犯分别定拟》，《档案史料》（第三册），第1058页。

152 道光四年十月十四日《工部尚书顺天府事陆以庄等奏请将拿获传习天主教犯之出力候补知县阎锦麟等尽先补用片》，《档案史料》（第三册），第1188页。

罪在不赦。在尔等愚民自以为天主教劝人为善，与邪教不同，不知西洋人诱人入教，设心最为险恶。其意总在叫人一切不认得，心心念念止有一个西洋人。又说止要灵魂升天堂，肉身无关紧要，正是叫人甘心情愿替他出力，死而无悔。所编造的经卷都是从来没有的事，不过借佛书的话，编来哄你们的，亦有仿照邪教的事。至于西洋人每年给尔等银两是何居心，西洋人到尔家内与官长无异是何道理？从前西洋人在噶尔巴行教，后来要夺噶尔巴；在吕宋行教，又要夺吕宋；在日本国行教，被日本国人识破，于海口岸上铜铸天主跪像，上岸者不踹踏天主像，罪即不赦。此皆从前西洋人做的坏事。尔等皆朝廷良民，稍有知识，何故被其愚弄，自取罪戾，兹不惜苦口，为尔等一一剖示。

一、天主教所谓劝人为善，如孝敬父母、十诫之类，……但天主教既教人孝父母，何以叫人不祀祖先？入教之时，将祖宗、父母神牌送与毁弃，孝敬者固如此乎？且人止有一父母，何以领洗、坚振等事，必有代父、代母？你们想你们的父母，他要教别人代做，稍有人心，当与为讐，而尔等执迷不悟，何也？至于诫邪淫，然从教中妇女，亦有为西洋人诱奸者，又是何说？诫偷盗，不取不义之财，试问西洋人何以造作无用之器物贩卖，又引人吃鸦片烟，又行使假银洋钱，是他劝人做的好事，他却件件不肯做。

一、天主教说有信望爱三德，叫人钦崇天主，专向天主，若事他神，并算命占卦，择日风水等说，便是犯这三件。尔等试看时宪书是西洋人同制造的，时宪书上明说某日宜嫁娶、宜出行等类，非择日乎？奏书博士、太岁、大将军之类，非神道乎？非说风水乎？可见他并不依教人的话。

一、天主教说佛教轮回之说不是其言，尚为有理，但他何以又用佛书天堂、地狱之说，他见佛法行中国日久，愚夫愚妇无不敬信，欲修来生，所以先将轮回之说辟倒，因人愿升天堂，怕入地狱，所以仍用此说以哄人，而天堂、地狱总随天主的意思，所以诱人信他。佛书前生来生已无凭据，至天主教的天堂、地狱要待天地穷尽之后，人人灵魂与肉身复活，方上天堂、入地狱。编造谎话，又要万万年没人识破，岂非荒唐之极。

　　一、天主教说天主造天地、神人、万物，自古经书上说，有天地然后有万物，有万物然后有男女，人上戴天，下履地，天主亦人耳，若天地是他造的，则未造天地之前，他所戴的是甚的，所履的是甚的，不辨而自明矣。

　　一、天主教谓天地初造二人，一男一女，男名亚当，女名厄娃，为天下人之元祖，造地堂居二人。其中天主欲试其心，设禁一木之果，戒勿食，二人信魔鬼引诱，食果，天主当驱二人出地堂，所以世上诸种灾难，皆由人祖得罪天主所致。开辟生人之始，不必与之辩论，但据说天主既造二人，何以必欲试其心是天主之心，先不诚可食之物而戒以勿食，岂非说谎？天主既爱人、生人又生出种种灾难，是天主先不爱人，十诫的不杀人、害人不说诳语，天主当日已先犯了，何以立教教人。

　　一、天主教圣事七样，圣洗、坚振、告解、圣礼、终傅、神品、婚配，尔等试思，以水洗头行盐傅油持烛，衣白衣，此等邪教做会，令人饮药水望油灯何异？至圣体用小麦面饼、葡萄酒做成天主像，令人咽下，其中显藏有迷药，与邪教之令人食药物何异？"[153]

## 三、经济敲诈

　　长达一百多年的禁教，不可能每时每刻都把查拿天主教徒作为首要任务，尤其是乾隆年间，禁教时松时紧，官吏们在缓和的时候逮捕天主教徒，有可能只是为了敲诈。1740 年，湖广地区逮捕了 6 名天主教徒，但却并未被押解到官吏面前，众所周知，"这件事是由衙门中的某些下级官吏们策划的，他们希望从这些新信徒身上敲诈一笔款项"。[154]1747 年的教案后，四川的教徒花费了大量金钱，或者为他们自己，或者给那些看守他们的士兵们。尽管被释放，也必须在支付了食物的开销后才被允许离开。[155]

153 嘉庆二十年十二月二十日《辟西洋天主教说》，《档案史料》（第三册），第 1075-
　　1078 页。

154《耶稣会传教士赵圣修神父（Louis des Rolests）致布里松神父的信（1741 年于
　　湖广省柏泉山）》，[法]杜赫德编：《耶稣会士中国书简集》（四），第 283 页。

155 [法]沙百里：*The Chinese priest Andrew Li (1692-1775) apostle of Sichuan and the
　　Support he received from French missionaries in Macao*，耿昇、吴志良主编：《16-
　　18 世纪中西关系与澳门》，商务印书馆，2005 年，第 191-192 页。

乾隆四十五年（1780）冬月，外籍神父李多林出外"巡阅教友"，"途过税关被获，一切行李，概被拘留，将行囊打开，见有祭物，圣爵，念珠，纳丁文日课，圣经，与及中国文之道理书等，总而言之，是皆有可疑之件。然而此刻之险，幸善平之，亦只用银二两得救"。[156]嘉庆年间，湖北河水泛滥，障堤冲决，官吏"以此为题，乘机索诈附近居户，诬指罪恶，科以罚金，有教友某，以信仰公教故，被迫倍罚"。[157]

## 四、异教攻击

三度入华的天主教，自其进入中国开始，便伴随着中国已有教派——诸如回教、佛教等——对它的攻击，甚至是法律讼诉。雍正十年（1732）广东教案的起因，传教士对此有两种猜测，除了猜测是皇帝本人对天主教的厌恶导致了这一事件外，还有一部分将此归咎于回教徒与天主教徒之间的差别，例如过去曾属回教教派的基督徒在安葬问题上所出现的分歧。"死者的儿子过去也是基督徒，他根据习惯而邀请基督徒们参加普通祈祷和将尸体入殓的仪式。突然前来的回教徒们驱逐了基督徒，将死者的儿子告官，控告他选择了一种在中国遭禁的教法。"支持这种猜测的有一名由巴黎神学院传教士在暹罗培养的中国神父，他曾从其藏身地广州写道，"那里全城都有谣言传说，人们知道操纵这场阴谋的回教徒的名字，甚至知道他为此而开销的金钱数目。"[158]

1769年左右，湖广发生的教案，起因是一名和尚因无法向天主教徒家庭推销他的江湖骗术，转而提起诉讼。[159]道光三年（1823），直隶宛平县的僧人本聪在后桑峪村社庙居住，有香火地十五亩，由村民杨兴富家承种输租。后来，本聪移至前桑峪村住持，向杨兴富收租时，天主教徒张文成等以本聪不在本村为由，不让杨兴富将租给他，于是，本聪以霸占香火为由，将习教之人张文成等告发，引发搜捕天主教徒事件。[160]

---

156 《真福列传》，北京，1905年版，第7页。

157 成和德：《湖北襄郧属教史记略 刘董二位致命真福合传》，第37页。

158 《耶稣会士卜文气（Porquet）神父致同一耶稣会戈维里神父的信》（1752年12月11日于澳门），[法]杜赫德编：《耶稣会士中国书简集》（四），第87页。

159 《传教士河弥德（La Mathe）神父致布拉索（Brassaud）神父的信（1769年7月17日于中国）》，[法]杜赫德编：《耶稣会士中国书简集》（五），吕一民、沈坚、郑德弟译，大象出版社，2005年，第139页。

160 道光四年十月十四日《工部尚书顺天府事陆以庄等奏报拿获传习天主教人犯杨继武等审明定拟折》，《档案史料》（第三册），第1183-1184页。

不过，并非所有的官吏都厌恶天主教，有些官员或者本身秘密信教，或者对天主教存有好感，或者是抱着"多一事不如少一事"的态度，在尽可能的范围内，对天主教表示了一定的宽容，虽然很多时候只是宽待外籍传教士。例如，"雍正二年，总督、巡抚、满汉总兵们，在他们收到皇帝的一道非常明确的钦命之后，便非常仔细地研究欧洲传教士们是否会招致对他们行为的参奏。这些高官要员们向皇帝陛下所作的答复是一致的：他们向所有人保证，自从传教士在广州市建起天主教堂之后，他们便再未做任何对民众即使略有一点轻微伤害的坏事。"[161]

乾隆元年（1736），"当时的宰相马齐对传教士有好感，尤其和法国耶稣会士巴多明（Dominique Parrenin）有三十六年的深交"，曾表示可以托人把传教士想废除禁令的奏章上达天子[162]。乾隆二年（1737）的刘二教案时，海望受理了传教士的"上皇帝书"，居间调停。[163]1738 年 10 月间，直隶总督李卫晋京为皇帝祝寿时，让人转告徐懋德神父，尽量嘱咐其省的基督徒们坚持一种有节制的温和行为，他不会对他们作任何参奏；已有不同的十七名官吏向他呈奏了辟基督教的要求，他把这一切都压下来了。[164]1746 年的福建教案波及到其他地区时，江南受到的影响比较小，"因为江南基督徒的人数如此之多，以至于在所有衙门中都有基督徒，他们自己就取缔了所有的追捕令；或者是他们在这些命令被执行之前，便发出警报，以使其他基督徒们通过金钱贿赂而撤销这一切"。[165]1759 年在湖广逮捕华籍神父蓝方济时，官员只把他当普通天主教徒来对待，未被严加处理，同时，这名官员认为："如果基督教是一种邪教的话，皇上就不会允许四座教堂在北京，即在皇上的眼皮底下存在了，也不会把这么多的荣誉赏赐给钦天监监正了，那几位钦天监监正就是基督教徒。"[166]1777 年后，艾若望神父往倮倮人居住区的传教，得到了

---

161 《耶稣会传教士冯秉正神父致同耶稣会某神父的信》（1755 年 10 月 18 日于北京），[法]杜赫德编：《耶稣会士中国书简集》（四），第 95 页。

162 冯作民编译：《清康乾两帝与天主教传教史》，第 113 页。

163 冯作民编译：《清康乾两帝与天主教传教史》，第 118-121 页。

164 《中华帝国 1738 年的宗教形势》，[法]杜赫德编：《耶稣会士中国书简集》（四），第 190 页。

165 《尚若翰神父就中华帝国 1746 年爆发的全面教案而自澳门致圣-夏欣特夫人的记述》，[法]杜赫德编：《耶稣会士中国书简集》（四），第 346 页。

166 《耶稣会传教士嘉类思神父致法兰西世卿诺瓦荣伯爵兼主教的信（1759 年 9 月

一个叫 Sou-te-jen 的信奉天主教的大官的保护。[167]1779 年，四川传教士派往广州的信使返回时，有一名欧洲传教士跟随，但被海关认了出来，为不把他们押解到官府，双方进行了磋商，交出一定的财物后，放行。[168]嘉庆十九年（1814），四川邛州衙门逮捕了华籍神父赵奥斯定（朱荣），"州官见他是个老人，待他还不错，命把索子开了，留他用饭，又雇了乘轿子，把他送到成都去了"。[169]

然而，对华籍天主教徒的态度却迥然有所差别，即使是在与外籍教士一起被捕时。如福建抓捕到两个多明我会的传教士后，总督对他们"还算有点人情味"，对"帮助传教士们进入福建或者把传教士藏在家中的中国基督徒却非常严厉"[170]。乾隆五十年（1785），四川逮捕冯若望神父及数名天主教徒后，"地方官待之极为致敬尽礼，惟教友等，以其日受各等酷刑"。[171]而外籍神父李多林自首后，"官则待之以礼，送至城都，……一路上，无数百姓蜂拥到我跟前，即彼官员等，亦来拜谒，并不阻我宣传圣道，予亦不辞劳苦，不惮唇舌，一次宣讲，竟至一个钟之久"。[172]同年，此次教案中逮捕的传教士，外籍的陆续释放，而华籍神父及教民，"摈弃了中国宗教而信洋教，这是不能赦免的"，仍旧被充军。[173]这样，华籍天主教徒在此段时期内相对于

---

12 日于中国）》，[法]杜赫德编：《耶稣会士中国书简集》（五），第 85 页；另见[法]费赖之：《明清间在华耶稣会士列传（1552-1773）》，第 1089 页。

167 《艾若望先生对其在中国四川省遭受的迫害的叙述》，[法]杜赫德编：《耶稣会士中国书简集》（六），第 166-167 页。另见《赵奥斯定神父传》，北京，1905 年版，第 10 页，1781 年赵奥斯定（朱荣）祝圣为神父后，与一位西洋神父名格来姚者一起到云南传教，"直到了腾越州边界。那里的人，老实的多，风俗也好，到底胆子小，不敢奉教。恰好那里守边的官，是奉教的，名字叫苏德仁，他相帮二位神父办好些事。"此事时间与艾若望神父传教云南的时间相近，奉教官员的姓名氏读音亦相近，疑与上文所指为同一传教事件，即朱荣为陪同艾若望神父往云南传教的中国教士之一，艾若望神父亦为西洋神父格来姚。

168 《外方传教会神学院传教士迪弗莱纳（Dufresne）先生致某先生的信（1779 年 10 月 12 日于中国四川）》，[法]杜赫德编：《耶稣会士中国书简集》（六），第 184 页。

169 《赵奥斯定神父传》，第 18 页。

170 《耶稣会传教士巴多明神父致本会杜赫德神父的信（1734 年 10 月 15 日于北京）》，[法]杜赫德编：《耶稣会士中国书简集》（三），第 147 页。

171 《真福列传》，第 13 页。

172 《真福列传》，第 14 页。

173 [法]P. Octave Ferreux C. M.，《遣使会在华传教史》，第 121-122 页。

外籍传教士来说，虽然因是中国人，传教比他们要容易隐蔽得多，但所冒的风险更大，被捕后受的刑罚更为严厉。

上述种种因素的影响下，从中央到地方，均严厉禁止天主教，天主教在华生存的外部环境日益恶化，外籍教士在重重打击下逐渐减少，华籍天主教徒逐步成为传教的主要力量，维持本地天主教会的发展，他们受到的处罚越来越严，危险越来越大，受到的压力也越来越大。

乾隆元年（1736 年）三月，通政使司赵之恒上奏要求严格禁止兵勇和平民百姓信仰基督教："在八旗中已有信奉该宗教的人了，如果他们顽固坚持信仰该宗教，那就命令其军官对他们严惩不贷。礼部将以在所有街道中张贴告示的方法，颁布禁令，禁止西洋人以任何方式邀请兵勇和平民追随其宗教。……这样一来，禁止兵勇和平民信仰这种宗教的禁令，明显是帝国的一条法律，人们应该在里里外外都应遵守它。"[174]

乾隆初期，外籍传教士尚屡屡潜入内地[175]，但是，随着私自传教的外籍传教士不断被抓获，地方官员们要求朝廷对他们的处罚越来越严厉。福建巡抚周学健认为："历来白莲、弥勒等教聚众不法，皆无知奸民借此煽惑乌合之众，立即扑灭。天主教则不动声色，潜移默诱，使人心自然乐趋，以至固结不解，其意之所图，不屑近利，不务速成，包藏祸心而秘密不露，令不堕其术中而不觉，较之奸民所造邪教为毒更深。"[176]闽浙总督喀尔吉善等也要求将逮捕的外籍教士"华敬等四犯似当亟与明正典刑，以彰国法而除萌蘖"。[177]1768 年，广东巡抚派官员到澳门，了解是否有新的外国人进入到帝国之内，他愤怒地威胁葡人议事会，要求它此后应密切注意不让欧洲传教士进入中国。[178]湖广地区，约在 1769 年，县官做了足够的事情向本省的上

174 《中华帝国 1738 年的宗教形势》，[法]杜赫德编：《耶稣会士中国书简集》（四），第 182 页。

175 乾隆十九年五月二十四日《西洋人张若瑟等供单》，《档案史料》（第一册）第 229-230 页。

176 乾隆十一年九月十二日《福建巡抚周学健奏陈严惩行教西洋人折》，《档案史料》（第一册），第 120 页。

177 乾隆十三年八月初七日《闽浙总督喀尔吉善福建巡抚潘思榘奏为密陈严禁西洋人行教折》，《档案史料》（第一册），第 162 页。

178 《晁俊秀（Francois Bourgeois）神父给昂塞英（Ancemot）神父的信（1767 年 9 月 1 日于广州）》，[法]杜赫德编：《耶稣会士中国书简集》（五），第 124-125 页。

司证明他执行对宗教赶尽杀绝命令的热情：在这里不能因为简单地从事宗教活动就残酷地处以死刑。但看到他自身的名誉受到损害，他就在原来的恶行上又加上更恐怖的威胁，诸如没收财产，驱逐本人和他的家庭，甚至还有拘押等。[179]

除了来自皇帝和官吏的高压外，社会风气的败坏也是天主教必须面对的问题。在四川工作的华籍神父李安德痛心地记述道：

"至于有名无实的教友，生活散漫，以及愚夫愚妇，失去教理的传授，没有善表的领导，尚有不及外国人的感慨，更复何言？他们一度得受信德的光明，可怜又消沉于黑暗阴影之中。

还有许多崇拜邪神的人，他们日夕包围着教友，恶言恶行坏表之外，时刻寻隙，伤害信教的同胞。他们明白迫害的危机，而制造机会，每次发觉有神父前来，便迅速赶到，刺探那被放逐的流亡者在作什么。他们受到官府的金钱贿买，不怕黑夜的深沉，不管僻乡的寂寞，风雨无阻，不避艰辛，或者闯进逃亡者的房中，将他包围，或者附耳门窗墙壁，偷听室内的动静，费尽心计，寻找有以告发教友的藉口。

更有善心的教友，因为语言不慎，行动失智，危害了教会。他们贫无立锥地，多是和外教杂居，大家堆积在陋室里面，不能静默，无法祈祷，便毫无禁忌地信口雌簧，凶暴、毒恨、侮慢、妒嫉在恶魔诱惑之下彼此伤害，给教外人仇教，和造谣的口实。"[180]

可见，外籍传教士受到的惩罚渐趋严厉，由驱逐出境至处以死刑；缺乏神职人员的教导，华籍教徒的信仰受到严重冲击，信仰不坚定者的数量呈上升趋势；教外人士各怀目的对教徒的处境虎视眈眈，压制和攻击无时不在……在种种不利条件中，天主教的在华传播陷入困境，大部分传教责任只能落在华籍天主教徒身上，依靠他们自己来完成。

---

179 《传教士河弥德（La Mathe）神父致布拉索（Brassaud）神父的信（1769 年 7 月 17 日于中国）》，[法]杜赫德编：《耶稣会士中国书简集》（五），第 142 页。

180 [加拿大]赵玉明：《国籍司铎之模范——四川宗徒李安德》，李盎博译，《圣年大庆》，天主教教务协进委员会，1950 年，第 30 页。

# 第三节　对华籍教徒的惩处措施

清政府在处理天主教教案时，对外籍传教士的处罚或是驱逐出境，或是判以死刑；对信教华人的处罚措施则相对来说复杂一点。康熙末年浙江杭州打压天主教时，殷铎觉（Intorcetta）会士向欧洲写信诉说道："使我感到最为痛苦的是对那些可怜的天主教徒们滥施暴力，向他们勒索财产，冲入家中大施淫威，夺走了圣像，没有一天不受到新的欺压。"[181]

## 一、明令禁止

查禁天主教，首先常常是先四处张贴公示，明令禁止。1723 年，福建总督曾给地方官下达命令："立即在福安全境张贴公布，禁止该教并画下各教堂图形后将其关闭。令各族长和地保将此令通告各地，以使人人遵守并立改前愆。今后若有胆敢违反此令者须依法严惩。聚众奉教者应录其姓名，捉拿归案，惩其罪行，不得姑息。"[182]

雍正十年（1732 年）8 月，两广总督鄂弥达、广东巡抚杨永斌驱逐广州的传教士去澳门，在他们的住宅门上张贴告示："这是件不仅在本帝国，而且在其他所有王国中均为人所共知的事实，即不允许邪教存在。尔等这些西洋人来华传播汝国教法并诱惑吾民……此种灾祸与日俱增，粗俗之民受尔等玩弄的把戏所吸引，于是便受骗上当，男女混杂在一起。当然，这样一种行径是绝对有违法律，它是无法被容忍的……"[183]几日后的新告示也称："他们用自己的金钱来收买民心并促使民众接受其教法之归化；在他们的节日期间，男女基督徒就如同失魂落魄一般地奔向其聚会处。社会底层之平民出于愚昧无知，或者是受到希望获得金钱之诱惑，故厚颜无耻地跪在了神父们面前；同样也受到引诱的女子们则于家宅中聚会。在众多的人群中，该会犯下多少罪行啊！勾引和堕落只会与日俱增，我们的习惯法横遭破坏，我们的风

---

181 《清史资料》（第六辑），中国社会科学院历史研究所清史研究室编，中华书局，1985 年，第 163 页。

182 《耶稣会传教士冯秉正神父致本会某神父的信（1724 年 10 月 16 日于北京）》，[法]杜赫德编：《耶稣会士中国书简集》（二），第 315 页。

183 《耶稣会士卜文气（Porquet）神父致同一耶稣会戈维里神父的信》（1752 年 12 月 11 日于澳门），[法]杜赫德编：《耶稣会士中国书简集》（四），第 77-78 页。另，此信疑为应写于 1732 年。

俗已遭堕落，淳朴天真的行为已经绝迹，人们是否认为如此之大的混乱仍会使人既不感到痛断肝肠，又不会令人义愤填膺呢？"[184]将天主教种种违悖传统习俗，与礼节不符之处通告居民，不许居民与他们来往，免得受骗被诱惑。

乾隆期间，澳门同知张汝霖建议："令附近各县多张晓示，凡从前已经赴澳进教之人，许令自新，再犯加倍治罪。其有因不能赴澳礼拜，或于乡村、城市私行礼拜诵经，及聚徒传习者，察出以问拟。"[185]之后，总督和巡抚两院制定《严禁愚民私习天主教以安民夷以肃法纪示》，明令"不许民人私习天主教，及改易蕃名、潜投澳门礼拜煽惑。其有从前进教，已改蕃名，及既服蕃衣者，许令自首，改业出教，免其治罪。至附近各县民人，敢有私再赴澳礼拜，或于私家仍习天主教诱民惑众者，立将本人按律重治。保邻不举，一并坐罪。该地方文武各官，稽查访拿，倘有失察故纵，定行分别严参。"[186]

嘉庆十九年（1814）闰二月，湖北学政朱学彦刊刻《御制原教》，并附以自制的辟邪教各说，"于考试生童时，人与一纸，嗣考试所至，询悉从前邪教情形"，十二月，"又将所制增改"，"另刊大字告示，发各州县实贴"，后又将自己的《辟西洋天主教说》与先前的《辟邪教说》刊刻样本通发各州县，令其刊刻实贴，无论穷乡僻壤，勿许遗漏。对此，嘉庆帝甚为满意："所论俱是，家喻户晓，或可挽回，亦政治之一助耳。"[187]

## 二、逼劝背教

对于被捕的天主教徒，各级官吏首先是尽力劝说他们弃教。官员们并不愿意看到在自己的辖区内出现殉教者，这样也许会更加坚定其他天主教徒的信奉之心。例如，皇亲苏努一家被流放到山西时，其子苏尔金曾在给神父们的信中提及："雍正四年十一月十五日，各牛录派人来劝我们放弃信奉天主教义。我们答复说，我们的教义是真正的教义，因此不能放弃。一个头领叫

184 《耶稣会士卜文气（Porquet）神父致同一耶稣会戈维里神父的信》（1752 年 12 月 11 日于澳门），[法]杜赫德编：《耶稣会士中国书简集》（四），第 80 页。

185 （清）印光任、张汝霖：《澳门记略》，赵春晨校注，澳门文化司署，1992 年，第 82 页。

186 （清）印光任、张汝霖：《澳门记略》，第 82 页。另，（清）暴煜修：《香山县志》，乾隆十五年（1750 年）刊刻，（台）学生书局，1965 年影印本，第 32 页。

187 嘉庆二十年十二月二十日《湖北学政朱学彦奏为遵旨抄录自制辟邪教论说呈览折》，《档案史料》（第三册），第 1074-1075 页。

我们口头上放弃。"[188]

为让教徒背教，各级官员们想出了种种方法。其一，以教徒领袖为目标，首先劝其背教。1723 年，福建总督给福安知县的密笺中说道："您要了解哪些人是为首分子，若此辈中有担任族长的父兄，就应利用后者劝告其他人改邪归正。同时应悄悄利用贵族和文人之力，借此温和手段，或许能使人安分守己。"但这也是有一定限度的："至于对为首文人——如秀才和另一些人——的处理就另当别论了，因为必须整肃地方，恢复良善习俗。如担心奉教百姓人多势众，就别急于使用暴力，否则事态将会恶化。"[189]

其二，严刑逼迫或是亲友劝诱。乾隆初期，曾在所有的旗营里严格搜查入天主教的满汉官兵，用严刑拷打逼他们放弃信仰[190]。1769 年，方守义神父说，官员们运用诡计、许诺、威胁，甚至是酷刑迫使天主教徒至少说几句可让人相信他们已经转变的话（倒不必正式发誓放弃宗教），比如"我一定谨慎小心"，"我会留心的"，"我要比以前更守规矩"等等，并找了他们的异教徒亲友来帮忙，官府更希望信徒们背教而不是出现殉教者。[191]同年，奉教官员马若瑟事件在旗营中引发了严厉的搜捕。《耶稣会士书简集》记载了几位遭拷打的天主教徒：陈氏家族的若望、年轻士兵王·米歇尔（Ouang Michel）均受到鞭打；朱·约瑟夫（Tchou Joseph）被绑在一根柱子上，头朝下，半个身了放在冰上；李·马修西阿斯（Ly Matthias）被不间断的毒打，直至失去知觉。[192]

其三，对穷人用金钱相威胁。1768 年在湖广地区，因天主教徒大部分是穷人，无力承担被拘押后的费用（自己负担伙食），地方官以此相威胁，迫使部分天主教徒背教。[193]

---

188 [法]宋君荣著：《有关雍正与天主教的几封信》(《第四十三号信件：对信奉天主教亲王的迫害》)，杜文凯编：《清代西人见闻录》，第 149 页。

189 《耶稣会传教士冯秉正神父致本会某神父的信（1724 年 10 月 16 日于北京）》，[法]杜赫德编：《耶稣会士中国书简集》(二)，第 317-318 页。

190 《耶稣会传教士巴多明神父致本会杜赫德神父的信（1736 年 10 月 22 日于北京）》，[法]杜赫德编：《耶稣会士中国书简集》(三)，第 156 页。

191 《耶稣会传教士方守义（Dolliers）神父致某夫人的信（1769 年 10 月 8 日于北京）》，[法]杜赫德编：《耶稣会士中国书简集》(五)，第 223 页。

192 《晁俊秀神父致某贵妇人的信（1769 年 10 月 15 日于北京）》，[法]杜赫德编：《耶稣会士中国书简集》(五)，第 159 页。

193 《传教士河弥德（La Mathe）神父致布拉索（Brassaud）神父的信（1769 年 7 月 17 日于中国）》，[法]杜赫德编：《耶稣会士中国书简集》(五)，第 141 页。

其四，故意破坏天主教礼仪，使他们无意间背教。1820 年 1 月 1 日，湖北的官员审讯被捕神父及天主教徒时，因此日正值天主教徒守小斋日，外籍神父刘克来说，"官长故意烹治猪肉，命吾侪众人食之，谓食此者，即自证明背教矣，当晚免刑，否则不赦。"结果，刘神父非常难过的看到，"不意竟有数人，从而食之者，惟留有二十三名，皆视死如归，坚守信德。"[194]

其五，给出时间，在限定时间内让天主教徒自行改过出教。嘉庆十六年（1811），四川总督常明"令地方官督率本地绅耆，随时随地反覆开导，使见者闻者及时猛省，限三个月内赴该官衙门，投递出教悔结，经卷图像尽数呈缴，不许假手胥役，致启丝毫纷扰留难之弊。"[195]随后，陕西道监察御史甘家斌建议"行文各省，出示晓谕，以一年为限，自首免罪，地方官并免议处"。[196]

## 三、宽待悔改

禁教严密、教案频繁时，迫于各种压力，悔教之人不少。其中，自首悔教者必须写出书面声明，遵从皇上敕令，在家不再设小礼拜堂，不再去教堂，放弃天主教，贴上门神，并亲笔签字。然后将姓名等登记在册，交地方官管理，一般不会再受其他处罚。乾隆十一年（1746 年），福建在严密缉捕之下，"现经自首三千余家……教党之众多如此"[197]。乾隆五十年（1785 年），四川传习天主教民人，据各州县陆续具报有"郑朝俸等缴经投首改悔"[198]。嘉庆年间，自行投案悔教之人，要在"门牌注明悔教字样，责令乡保随时稽查"。[199]而由各乡保邻供结，实系真心悔教者，均需按名造册，存记档案。"该地方官仍将具结之人，开造名册，申送臬司衙门存案，倘将来册内之人，再有传习邪教者，一经访获，即将该犯按律加一等治罪，各直省俱照此一律办理，

---

194 成和德：《湖北襄郧属教史记略 刘董二位致命真福合传》，第 12 页。

195 嘉庆十六年三月二十九日《四川总督常明奏为查办天主教大概情形折》，《档案史料》（第二册），第 908 页。

196 嘉庆十六年四月十九日《陕西道监察御史甘家斌奏为西洋天主教蔓延无已请旨敕部严定治罪专条及失察处分折》，《档案史料》（第二册），第 912 页。

197 乾隆十一年八月初二日《福建按察使雅尔哈善奏请敕谕滨海各省严禁西洋教折》，《档案史料》（第一册），第 104 页。

198 乾隆五十年二月初七日《兼署四川总督印务成都将军保宁奏拿获西洋人讯明解京折》，《文献丛编》（第十六辑），第 19 页。

199 嘉庆二十一年二月十八日《陕西巡抚朱勋奏报拿获习教之王命举审明定拟并将失察各员查明议处折》，《档案史料》（第三册），第 1082 页。

将此通谕知之。"[200]

被捕到案，在官员劝说下才肯悔教者，一般会在杖刑后释放，交由地方官严加管理。但在道光年间，这种情形有时不会加以任何刑罚，而是直接释放。乾隆五十年（1785），两广被捕之天主教徒"吴瑜珍等八十二犯，俱系祖父相传学习，并未取有教名，愚民无知，止图消灾获福，尚无别项不法情事，已据各供悔过，递具出教甘结"，虽然仍应"照违制律，杖一百，各折责四十板。"[201]嘉庆十年（1805）的德天赐教案中，"一经晓谕即情愿出教之民人王世宁、柯添幅、尹思敬、吴西满、汉军佟明、佟四、蔡勇通，尚知悔过，应行省释。但恐该犯等因一时畏罪饰词，未必出于至诚。仍著该管旗籍各官严加管束，如敢再行传习，即加倍治罪"。[202]

同年，被捕后愿意改悔出教的官员佟澜、色克、舒敏、李庆喜等，由于担心他们"因一时畏罪求免，伊等全家久为邪说所惑，一经释放，或仍私相崇奉，其言殊难凭信"，所以，最初"仍著在刑部羁禁，将伊等家属传至，令其当面告诫，各将洋教不祀祖先，不供门窀等事全行改革，仍交各该旗查明，伊全家出教属实，出该管参佐领具结详报，再行释放。如释放后复敢私行习教，即加倍治罪，决宽贷"。[203]不久，"正蓝镶红各旗将佟澜之子伊兴阿、色克之子穆腾额、穆克登布、穆特赫、穆勒布、穆通阿，孙长顺、长贵、长祥，舒敏之子巴杨阿，孙伊里布，李庆喜之子全福、善福等传集送部监，提佟澜等，令其当面询问。俱金供我们俱系跟随祖父习教，现已各自悔悟，情愿合家一齐出教，再不敢仍蹈前辙，如再被查获，或被告发，情愿加倍治罪"，他们的妻子儿媳等也愿真心出教，同时，各家也已供奉祖先，张贴门窀等，各旗参佐领亦对此具结。[204]如此，虽然将他们释放，但仍"交与该旗管束，

---

200 嘉庆二十三年五月二十八日《湖广总督庆保湖北巡抚张映汉奏报愚民向习天主大乘牛二等教闻禁先后赴官具结投悔请免治罪折》，《档案史料》（第三册），第1119页。

201 乾隆五十年三月十五日《两广总督舒常广东巡抚孙士毅奏报审明习天主教各犯分别定拟折》，《档案史料》（第二册），第708页。

202 嘉庆十年四月三十《内阁奉上谕著军机大臣照刑部审拟德天赐一案分别办理》《档案史料》（第二册），第839-840页。

203 嘉庆十年五月十七日《大学士董诰等奏为审拟旗人习教一案各员已知悔改可否施恩免罪请旨折》，《档案史料》（第二册），第858页。

204 嘉庆十年六月初二日《大学士管理刑部事务董诰等奏为查明佟澜等悔罪出教并提禁恭候释放片》，《档案史料》（第二册），第864页。

谕令安分守法"，并对管理官员严行要求道："倘该都统等视为具文不加查察，或徇陷不办，设别经发觉，必将该管之都统、副都统及叅领、佐领等严加议处，至管理西洋堂事务大臣亦当留心访查，如佟澜等仍潜赴西洋堂私相传习，即著奏闻办理，设稍有疏忽，亦治以应得之咎。"[205]

## 四、逮捕法办

对不具结悔教之教民，官府则予以逮捕法办，分别判刑治罪。雍正十年（1732），广东查明的"各堂副堂主，系中国无赖之入教者，加以伙骗外彝罪名，重杖严惩，系外省者，解回各该原籍约束，系本省者，发往琼南禁锢。然后再将各女天主堂堂主，令其亲属领回收管，出示晓谕，令各改过自新"。[206]《耶稣会士书简集》中对这一事件的处理结果有如下记述：

> "从八座教堂中抓捕的这批基督徒中的十二人被判处痛打二十大棒。……其他那些从未受过杖（棒）笞的基督徒，则被投入大牢。数日之后，便公布了对于原属另一个省的基督徒们的判决，他们也被作为囚犯而押解到那里，也就是说他们都披枷戴镣地递解到当地官吏们的衙门，沿途要于所经过的每座城市的囚牢中关押，对于那些原籍广州及其附近地区的仆人和基督徒们，有些人被判处笞刑（打板子），其他人则被判处戴枷一两个月。其中有几个人未受惩罚地被遣返故里，这或者是由于他们尚非常年轻，或者是由于他们年事过高。"

此案中有两名来自北京的中国司铎，因声称他们属于北京神父们管辖，官吏们感到束手无策，遂向上级报告这两人并非基督徒，仅被关押于狱中。此外，有8名或10名教徒被流放到了海南岛。[207]其后，福建被抓的华籍天主教徒有些被关入监牢，铐上锁链，处以罚款、杖责、放逐[208]。

---

205 嘉庆十年六月初二日《内阁奉上谕佟澜等情愿出教著加恩免其治罪》《档案史料》（第二册），第865页。

206 雍正十年七月初二日《署理广东总督印务广东巡抚鄂弥达奏报查明广东澳门地方西洋教民情形折》，《档案史料》（第一册），第71页。

207 《耶稣会士卜文气（Porquet）神父致同一耶稣会戈维里神父的信》（1752年12月11日于澳门），[法]杜赫德编：《耶稣会士中国书简集》（四），第84-85、89页。另见《耶稣会传教士冯秉正神父致同耶稣会某神父的信》（1755年10月18日于北京），[法]杜赫德编：《耶稣会士中国书简集》（四），第97页。

208 《耶稣会传教士巴多明神父致本会杜赫德神父的信（1734年10月15日于北京）》，[法]杜赫德编：《耶稣会士中国书简集》（三），第147页。

乾隆十九年（1754），江苏被捕的天主教徒中，"谢文山即谢因纳爵、汪钦一俱系内地百姓，前经入教，已照违制律议罪。今敢再犯，且自粤至江，将西洋人辗转引送，怙恶不悛，情尤可恶，均请照左道惑众为从律，各杖一百，流三千里。丁亮先虽止代寄书信，邹汉三亦仅代散斋单，但系前经犯案，尚不改悔，不便轻纵，应与窝藏接引传教斋单之沈泰阶、吴西周、张玉英、周景云，及代为通信带银之沈马窦，均照为从例，再减一等，杖一百，徒三年。偶为容留之倪德载等，各照违制律，杖一百，再枷号一个月。其余入教之倪显文等，均各杖一百示儆"。[209]当时逮捕了一名中国神父，地方官让其选择：一，供出岛上基督徒的名字、数目和住处；二，去做和尚；三，被人处死。最后，改判流放，流放地是一个有许多基督徒的省份的某个角落。[210]乾隆五十年（1785），不少官员的奏折里还请将查获的天主教徒"等均发往伊犁，给厄鲁特为奴"，而接受外国人番银的天主教徒（指华籍神职人员），更是"所有家产亦应查抄"[211]。

嘉庆五年（1800）在贵州逮捕的传习天主教者，胡世禄照左道惑人为首律，拟绞监候，秋后处决；罗忠、冯万粹、冷世爵、刘文元、周洪魁、吉文友等，听从入教，并称自己为大徒弟，尤为不法，均照为从充军例，发往黑龙江，给索伦达呼尔为奴，照例刺字；吴林、韩朝贵、聂胜朝、曾福等四犯，系一时愚惑被诱，出银入教，尚未辗转传授，于罗忠等军罪上量减一等，各杖一百，徒三年，分别递籍定地，役满省释；罗宋氏从前虽从胡可珍入教，后已奉禁停止，其由川入黔，系胡世禄利其盘费，诱令同行，到黔后，亦未传教授徒，年逾七十，免其治罪，递回原籍，交保管束，无许再出滋事。[212]

嘉庆十年（1805）在北京逮捕的天主教徒中，"寄信人陈若望、在堂购道之汉军周炳德、会长民人刘朝栋、赵廷畛、朱长泰、汉军汪茂德，或往来寄

---

209 乾隆十九年五月二十四日《两江总督鄂容安江苏巡抚庄有恭奏报审拟传教西洋人张若瑟等折》，《档案史料》（第一册），第226页。各人的详细处罚情形可参见徐允希：《苏州致命纪略》，上海土山湾慈母堂1932年，第71-80页。

210 《一封发自澳门的信（1754年9月14日于澳门）》，[法]杜赫德编：《耶稣会士中国书简集》（五），第21页。

211 乾隆五十年正月十二日《福康安奏审讯教案人犯分别解京折》，《文献丛编》（第十五辑），第7页。

212 嘉庆五年闰四月二十七日《护理贵州巡抚布政使常明奏报审明胡世禄等设堂传习天主教首从各犯折》，《档案史料》（第二册），第815页。

信、或辗转传感，著照刑部所拟，发往伊犁，给厄鲁特为奴，仍先用重枷枷号三个月，以示惩儆。民妇陈杨氏以妇女充当会长，尤属不安本分。著发往伊犁，给兵丁为奴，不准折枷收赎，民人简恒曾代为寄信请人传教，汉军佟恒善经反覆开导、执迷不悟，俱著枷号三个月，满日发往伊犁，给额鲁特为奴。周炳德、汪茂德、佟恒善既自背根本，甘心习学洋教，实不齿于人类，均各销除旗档。"[213]

在广东逮捕的天文教徒李如"以内地民人辄敢违禁天主教，复接引西洋若亚敬赴山西传教，几致辗转煽惑，殊属不法，……用重枷枷号三个月，发往伊犁，给厄鲁特为奴，倪若瑟、麦丙忠违禁习教，复听从引送，迨经获解到官，尚敢坚不出教，殊属怙恶，……应即照民人入教，拟发烟瘴例，杖一百，发极边烟瘴充军，至配所，折责安置，仍勒令出教"。"麦丙忠、倪若瑟得受番银，照追入官"。[214]

嘉庆十九年（1814），贵州逮捕张大鹏等天主教徒，最后，在教内有名号的张大鹏（传道员）"拟绞立决"，勾先科、康老五拟绞监候，何开枝、陈才、罗钟等20人，发遣为奴，王赖氏等虽系妇女，不准收赎，唐耀祖、陈贵等19人虽到案改悔，杖一百，徒三年，王朱氏、勾李氏等15人，自行投首，应予免罪。[215]

以上这些处理方式，显然表明，从雍正到嘉庆，刑罚在逐步升级。雍正时期对于教徒领袖仅是罚以重杖，或枷号，便能释放；乾隆时期已开始判处流放；而到嘉庆时期，则充军至伊犁或是烟瘴之地，后期更是用上了死刑。

## 五、实行连坐

对于被捕的天主教徒，官府还会实行连坐法，将其亲朋邻居一并处罚，以示严惩，警告他们留意此种非法行为，在尽可能的范围内断绝天主教的生大空间。河弥德神父在其1756年的信中提到教案时说，"如果神父们被处以死刑的话，我们几乎毫无希望找到任何愿意把我们藏在其家里的基督徒。因

---

213 嘉庆十年四月三十日《内阁奉上谕著军机大臣照刑部审拟德天赐一案分别办理》，《档案史料》（第二册），第839-840页。

214 嘉庆十年十一月初十日《大学士管理刑部事务董诰等奏为遵旨奏议欲接引西洋人赴山西传教一案各犯审明定拟折》，《档案史料》（第二册），第883-884页。

215 嘉庆十九年十一月二十日《贵州巡抚庆保奏报审拟积年辗转传习西洋教惑众人犯张大鹏等事折》，《档案史料》（第三册），第1015页。

为在这里，只要传教士被判刑，人们会罚处所有与传教士有牵连的人。"[216]
乾隆三十四年（1769），河南桐柏县对被捕之天主教徒的处罚中，"刘天相之
子刘玉久、刘玉成，冯明山之子冯文举，业已罪坐伊父，应照一家共犯，止坐
尊长律免议，均令出教"。[217]嘉庆二十一年（1816），山西惩办天主教徒时，
"王正帼久经出教，惟伊子王青私行入教，漫无觉察，虽系在外佣工所致，
究有不合应，照不应重律杖八十"。[218]

## 六、拆改教堂

查禁天主教的一个重要方法是拆改天主堂，使教徒们失去聚会的地点，
从而打击天主教徒的活动，进而瓦解教会组织。雍正初年查禁天主教之时：

> "山西绛州府的教堂被改成了官员公务用房。……福建省的教
> 堂有的被改做学堂，有的改成了文人们的书院，还有的改成了谷仓
> 或公用房屋。省会的三座教堂准备用做官员们的公馆。临江县的教
> 堂改成了书院，延平府的教堂改成了学堂，圣母堂改成了谷仓。有
> 人把一尊偶像搬进了 Pou-tchin 县的教堂，教堂内部则变成了仓库。
> 圣母堂被改成了向一名著名寡妇表示敬意的场所。8 月间，坐落在
> 首府的一座法国教堂被改成了接纳病人和鼠疫患者的医院。"[219]

上海城内老天主堂即钦一堂，改作了关帝庙。[220]苏州通关坊大堂，改作
阙里别墅，供孔子神位；常熟城内大堂，以及言子旧宅圣堂皆废。[221]雍正十

---

216 《耶稣会传教士河弥德神父致布拉索神父的信（1756 年 1 月 6 日）》，[法]杜赫德
　　编：《耶稣会士中国书简集》（五），第 61 页。

217 乾隆三十四年二月初九日《河南桐柏县天主教案·阿思哈折三》，故宫博物院文
　　献馆编：《史料旬刊》（第十二期），京华印书馆，1930 年，天四百二十三。

218 嘉庆二十一年八月二十八日《山西巡抚衡龄奏为访获传习天主教人犯李成喜等审
　　明定拟折》，《档案史料》（第三册），第 1087 页。

219 《耶稣会传教士冯秉正神父致本会某神父的信（1724 年 10 月 16 日于北京）》，
　　[法]杜赫德编：《耶稣会士中国书简集》（二），第 342 页。

220 丁宗杰：《上海天主教教务发展史》，《传教鳞爪》，天主教教务协进委员会，1949
　　年，第 11 期，第 1233 页。

221 《苏州教区》，《敝帚一扫》，天主教教务协进委员会，1949 年，第 47 页；（清）
　　郑钟祥、张瀛修，庞鸿文等纂：《（重修）常昭合志稿》（第 42 卷），光绪甲辰（1904
　　年）活版排印本，第 1-2 页，"言子旧宅在县西北，今名子游巷……国初为泰西人
　　所占，雍正二年裔孙德坚请于抚藩，复为故宅，供奉言子木主……记文略曰……至
　　明季泰西氏之教谣溢中国，其人蔓引根据，所在多有于是，言子宅遂为教堂矣。皇

年（1732），广东省城查得的天主堂房屋"或改作公所，或官卖良民住居"。[222] 然而，官员们在广州卖掉了所有教堂后，却将他们乐意支付的价款交给了澳门城的检察官，但检察官丝毫未将这笔钱财归还给传教士们。[223] 康和之神父于 1740 年时报告说，山东"在东昌城、临清城及武城城内的圣堂、神父住室及其他房舍——与其他地方一样——一半被没收，一半被毁坏了；只有临清城内的神父住寓的一部分尚未被没收，这是由我多方周旋及送礼的结果"。[224] 雍正继位时，全国教徒大约在 30 万左右，教堂总计有 300 多座；雍正推行禁教后，数年间，除了北京的四大堂之外，全国教堂大都被废毁。[225]

然而，北京的四大堂，也没有全保住。山东济南府主教南怀德去世后，济南府天主堂被废，所有刊刻书籍板片都送到北京汤士选所在的西洋堂。[226] 最后，这些物件于嘉庆十年（1805）时被毁。[227] 嘉庆十六年（1811）张铎德教案发生后，在京管理西洋堂事务的大臣们因"西洋四堂均有后门，恐有潜行出入之弊，惟东堂兼有旁门，坐落在镶白旗满洲地面，一并饬令两翼翼尉，将四堂后门堵砌，并令各该旗协副尉派兵看守，毋许伊等私拆，嗣后，各堂之人俱从前门出入，并将各堂后门向派官兵移于各堂前门，以便旗营员弁兵丁会同，轮流看管"。[228] 随后，因高临渊等神父回广东，其在京所住房间便

---

上尊先君孔子之道，以为邪教惑民，一切宜屏去，乃命天下郡县驱其人，使就外国，或置之岭海远处，所谓教堂者既废，而言子裔孙、五经博士德坚因得以请复故宅"。

222 雍正十年七月初二日《署理广东总督印务广东巡抚鄂弥达奏报查明广东澳门地方西洋教民情形折》，《档案史料》（第一册），第 71 页。另见《耶稣会士卜文气（Porquet）神父致同一耶稣会戈维里神父的信》（1752 年 12 月 11 日于澳门），[法]杜赫德编：《耶稣会士中国书简集》（四），第 89 页，官吏们令人掠走了这些住院和教堂里留下的一切，装了许多船，并为这些住院确定了价格。

223 《耶稣会传教士巴多明神父致同一耶稣会中尊敬的某神父的信（1754 年 10 月 29日于北京》，[法]杜赫德编：《耶稣会士中国书简集》（四），第 122 页。

224 郎汝略：《山东开教史》（续），赵庆源译，《恒毅月刊》第 24 卷第 6 期，1975 年 1 月，第 19 页。

225 张泽：《清代禁教期的天主教》（增订本），第 22-23 页。

226 嘉庆十九年闰二月初一日《山东巡抚同兴奏为拿获学习西洋教人犯审办折》，《档案史料》（第三册），第 999 页。

227 嘉庆二十年八月十三日《步军统领英和奏为查办天主教邪书折》，《档案史料》（第三册），第 1050-1051 页。

228 嘉庆十六年三月初七日《管理西洋堂事务大学士禄康奏报查明张铎德所供西洋堂内无路姓洋人并继续访查折》，《档案史料》（第二册），第 906 页。

交与内务府收管，估银 1400 余两，先于造办处动支银 600 两，分赏给高临渊等四人，作为盘费，其余赏给在京当差之福文高等人。[229]西堂最后估价银 1647 两 5 钱。[230]

各级官吏要求拆改的并不仅仅只是外籍教士们的天主堂，一些民宅也被归入教堂一类而被拆，甚至不是天主堂的房屋也如此对待。乾隆十二年（1747），江苏山阳县、金匮县查出的天主教徒，按违制律重处，其房屋虽非天主堂，"亦应拆变，以示惩儆"。[231]在直隶宛平县后桑峪村，嘉庆十二年（1807），该村原建西洋堂拆毁。[232]随后，天主教徒杨育才在其空房供奉铜十字佛像，道光四年（1824），官吏认为此与教堂无异，遂拆毁以杜日后滋事。[233]

## 七、惩办官员

除了惩办天主教徒外，对失察的各级官吏也严加治罪，给他们带上了紧箍咒，促使他们严加稽查此事。乾隆四十九年（1784）蔡伯多禄接引西洋人入陕一案，已被捕者供认，他们是坐船由广西进入湖南的，于是，广西巡抚吴垣立即上奏，除将查明由广西至湖南沿途地方文武各职名送署议处外，表示自己因未能觉察，"自恨自愧负疚难安，仰恳天恩，将臣交部严加议处，以为失察奸民过境者戒"。[234]次年（1785），两广总督舒常"出示各属，严行晓谕，此后再有习教之人查出，加倍治罪，并将失察之地方官从严纠参，务使外洋异教，全行禁革"。[235]但此时，朝廷并未对有关失察官员有具体的处罚措施。

---

229 嘉庆十六年八月十六日《奉旨西洋人高临渊等人所住房间著交内务府收管》，《档案史料》（第二册），第 932 页。

230 嘉庆十六年九月二十一日《管理西洋堂事务处为西洋堂房已卖此项银两在何处支领咨》，《档案史料》（第三册），第 948 页。

231 乾隆十二年六月二十二日《署理江苏巡抚安宁奏查确有民人习教但并无聚众诵经及西洋人在境等各情形折》，《档案史料》（第一册），第 150 页。

232 道光八年十一月初四日《大学士管顺天府事卢荫溥等奏报审明改悔出教后仍沿用旧时音乐并收藏经卷各犯分别定拟折》，《档案史料》（第三册），第 1192 页。

233 道光四年十月十四日《工部尚书顺天府事陆以庄等奏报拿获传习天主教人犯杨继武等审明定拟折》，《档案史料》（第三册），第 1187 页。

234 乾隆四十九年九月二日《广西巡抚吴垣奏为失察奸民伴送西洋人过境自请交部议处事折》，《档案史料》（第一册），第 423 页。

235 乾隆五十年三月十五日《两广总督舒常等奏审拟学习天主教顾士俶等犯折》，《文献丛编》（第十六辑），第 36 页。

嘉庆年间，对失察官员的惩处终于列入了正式的议题范围之类。嘉庆十年四月三十日（1805年5月28日），处理德天赐教案时，嘉庆帝指责"管理西洋堂事务大臣常福，于德天赐寄信刊书传教等事未能先时查察，著交内务府议处。其失察旗人习教之历任都统、副都统等，著军机大臣查明奏请交部分别议处。该堂存贮经卷交军机大臣，会同刑部派员检查销毁，毋许存留，其刊刻板片，并著五城顺天府步军统领衙门一体查销。并出示晓谕军民人等，嗣后倘再有与西洋人往来习教者，即照违旨例从重究惩，决不宽贷。余著照刑部所议行"。[236]第二天，嘉庆帝迫不及待地又下了一道谕旨，改派禄康、长麟、英和管理西洋堂事务。[237]

此次教案逮捕了一些身为旗人的天主教徒，眼看着查禁事件即将蔓延开来，他们所在旗的官员汉军都统额勒登保立刻行动起来，不仅搜捕到佟澜、李庆喜两名入教军官，将其革职交刑部审办，还将"其该管之佐领佟湉、参领松茂、副参领佟烜请交兵部议处"，同时，为表示自己难辞其咎，主动请罪："臣等失察之咎，亦属难辞，请将臣都统额勒登保、署副都统广兴、副都统菩萨保，一并交部分别议处，为此谨。"[238]

最后，常福被处以罚俸二年，派出管理西洋堂事务之会计司郎中经文、造办处郎中阿尔邦阿，各罚俸三年。[239]与此案相关的失察官员的处罚如下："各该管失察之现任都统、副都统等均著交部议处，其历任之都统、副都统等，现在仍任二品以上职官者，著交部察议，其已降至三品以下者，均著加恩免其议处，长麟于周炳德、佟恒善二名习教，俱系自行究出，归案惩办，其应得处分，著予宽免，至参领以下各员，亦著该衙门查明分别现任者议处，历任者察议。"[240]

236 嘉庆十年四月三十日《内阁奉上谕著军机大臣照刑部审拟德天赐一案分别办理》，《档案史料》（第二册），第840页。

237 嘉庆十年五月初一日《内阁奉上谕西洋堂事务著改派禄康等管理并妥议管理章程》，《档案史料》（第二册），第840页。

238 嘉庆十年五月初七日《管理西洋堂大学士禄康等奏报查明正蓝旗汉军佟澜传习天主教执迷不悟请旨交刑部审办折》，《档案史料》（第二册），第845-846页。

239 嘉庆十年五月初九日《内务府大臣缊布等奏为常福等失察旗人习教请从重议处折》，《档案史料》（第二册），第848页。

240 嘉庆十年六月初六日《奉旨著将失察旗人习天主教之各管都统等查明分别现任者议处历任者察议》，《档案史料》（第二册），第868页。

　　此后，嘉庆十六年（1811），朝廷制订法令，对失察官员严加惩处。教案不断发生，难免出现一批失职官员。例如，在北京附近查到张宗武等天主教徒为外籍教士耕种田地后，钦天监监正福文高，降四级留任。[241]

　　但是，受到牵连更多的，则是天主教徒所在地的乡约、保邻。嘉庆二十年（1815），湖广应城县惩办天主教徒后，"未经举首之保邻，饬传到案，照例杖责发落"。[242]湖南惩办天主教徒时，"失察之地保人等，分饬各该县查传到案，究惩发落"。[243]嘉庆二十三年（1817），山西惩办天主教徒侯奇太等人时，"乡约冀廷杨、乡侯奇林、任德信明知侯奇太等沿习天主教，不行首报，均属不合应，照不应重律，杖八十，各折责三十板，革役"。[244]道光十九年（1839），贵州惩办天主教徒时，"乡约张升照不应重律，杖八十"。[245]道光二十年（1840），陕西长安县塘坊村的"乡保牌甲人等，失于查察，应照不应重律，杖八十"。[246]

## 第四节　教会内部的矛盾

　　明末天主教入华时，传教士人数不多，以开创传教事业为目标，理念比较容易统一。经过明末清初的战乱，康熙亲政后，清朝的统治开始稳固，来自外界局势的动荡减少，天主教在中国的传播情景也逐渐稳定下来，同时，源自内部的纷争多了起来，并随着来华传教士的增多而日趋复杂。以耶稣会为主体的传教格局被打破，方济各会、多明我会、奥斯定会等等，纷至沓来。各修会名义上统属于罗马教廷，却都有自己的国家政治权力作为支持或后盾，

---

241 嘉庆十六年十月十四日《内阁奉旨福文高等失察西洋人在京自置地亩房屋著加恩改为降四级留用》，《档案史料》（第三册），第965页。

242 嘉庆二十年九月二十八日《湖广总督马慧裕湖北巡抚张映汉奏报查获沿习天主教各犯分别办理情形折》，《档案史料》（第二册），第1066页。

243 嘉庆二十年十一月二十五日《护理湖南巡抚印务布政使翁元圻奏报遵旨严审西洋人蓝月旺传教一案分别定拟折》，《档案史料》（第三册），第1072-1073页。

244 嘉庆二十三年四月二十四日《山西巡抚成格奏报访获天主教人犯审明定拟折》，《档案史料》（第三册），第1118页。

245 道光十八年四月二十九日《贵州巡抚贺长龄奏报拿获天主教首从各犯审明定拟折》，《档案史料》（第三册），第1244页

246 道光二十年三月二十八日《陕西巡抚富呢扬阿奏报访获传习天主教等案审明定拟折》，《档案史料》（第三册），第1259页。

成立的宗旨也不尽相同，入华时间前后有别，对中国社会的理解各有千秋，加上此时欧洲各国势力消长，对保教权的争夺等，各修会传教士的立场显然无法一致，纷争在所难免。

## 一、"礼仪之争"的影响

教会内部纷争的集中表现是"礼仪之争"。教会内部关于中国礼仪问题喋喋不休的争论，从中国争到欧洲，终于成为清廷开始禁教的导火索，这一事件的影响一直延续到 20 世纪。首先，"礼仪之争"改变了康熙及其继位者对待天主教的态度。1724 年，康熙第十二子，允祹对传教士表示："自从你们发生争执（指"礼仪之争"）以来，你们目睹了你们事情的发展进程，这使我先父皇（指康熙）花了多少心血啊！要是我们的人去欧洲要改变你们先贤制定的律法和习俗，你们会怎么说呢？今上——我的兄长坚决要求有效地结束这种状况。"[247]天主教在中国好不容易获得的以皇帝为首的上层社会的支持从此失去，外籍教士以学识赢得上层社会好感的景象不复再现，天主教在华的传播日渐困难。

其次，"礼仪之争"严重影响了教徒的宗教生活，许多地方的教徒"裂教"，耶稣会士不肯做圣事，实际上是"罢教"。[248]此番现象令教徒大失所望，失去部分信奉者。

再次，"礼仪之争"、康熙帝禁教之后，部分外籍传教士对其在中国的传教方式仍有所怀疑，认为有悖于自己的初衷而离开中国。如雍正登基之后不久，马国贤神父常陷入进退两难的境地，"要么同意进一步的偶像崇拜，要么给传教事业带来更大的痛苦"，[249]百般心理折磨后，决意回到欧洲。这无疑消减了外籍传教士在中国传教的力量。

第四，加深了欧洲对耶稣会的误解。譬如，当时欧洲对耶稣会的流言蜚语包括：耶稣会士之所以要打开中国的大门，不是为了传教，而是为了当官。[250]同时，也令法国与葡萄牙等国之间的保教权之争逐渐升级，在日后的禁教

---

247 《耶稣会传教士冯秉正神父致本会某神父的信（1724 年 10 月 16 日于北京）》，[法]杜赫德编：《耶稣会士中国书简集》（二），第 326 页。

248 李天纲：《中国礼仪之争——历史·文献和意义》，第 88-89 页。

249 [意]马国贤：《清廷十三年——马国贤在华回忆录》，李天纲译，上海古籍出版社，2004 年，第 113 页。

250 [法]费赖之：《明清间在华耶稣会士列传（1552-1773）》，第 1203 页。

时间内，各国籍各会派的教士不仅无法团结起来，反而互相增添麻烦。1746-1747 年的教案，大部分欧洲传教士被迫离开中国。"被驱逐出中国的传教士没有成群的涌入澳门，易被澳门当局消化。这些传教士属于不同的国家，宗教信条也不一致。他们中间存在权力冲突。以葡萄牙和法国为例。法国名誉主教直接从罗马圣部中的传信部获得训令。在中国的某些地区，他们对早已留有权力的葡萄牙保教权和耶稣会提出挑战。当相反的立场涉及到允许或不允许中国仪式时，这些冲突会加剧。"[251]1833 年时，澳葡政府曾千方百计阻挠两位意大利籍方济会士进入中国境内，导致最后只有一人成功进入陕西。[252]

## 二、各利益方的纷争

17 世纪时，罗马教廷已与欧洲多国君主有协定，给予他们大量干预殖民地教会生活的权力。然而，这些欧洲君主并不能为在其属地上开展的传教事业提供足够的传教士和经费。1622 年 6 月 22 日，教宗额我略十五世（Gregory XV）成立了"传信部"（Propaganda Fide），统筹全球天主教传教事业，与欧洲各国产生权力纷争。为了应付这种现象，"传信部"采取了一些措施。譬如，以"宗座传教士"（missionarius apostolicus）的名义派出神父去传教，"这些传教士对欧洲君主推选的主教的关系并非立刻清晰明确"。同时，"传信部"又任命了两类新的教会首长，即"宗座代牧"（vicarius apostolicus）和"宗座监牧"（praefectus apostolicus）。"这些'代牧'均为主教，直接隶属宗座，不受君主提名的限制。至于'监牧'通常都没有主教身分，他们的权力直接来自宗座，而非透过任何君主。"[253]这一举措为百年后中国教会的不

---

251 [法]沙百里：*The Chinese priest Andrew Li (1692-1775) apostle of Sichuan and the Support he received from French missionaries in Macao*，第 190 页。

252 [荷]金普斯、麦克罗斯基：《方济会来华史（1294-1955）》，享志忠译，（香港）香港天主教方济会，2000 年，第 11 页。

253 [荷]金普斯、麦克罗斯基：《方济会来华史（1294-1955）》，第 5 页；另见刘鼎寅、韩学军：《云南天主教史》，云南大学出版社，2005 年，第 60-61 页："实行传教区体制的地区，教区又分宗座代牧区（Vicarius Apostolicus）和"宗座监牧"（Praefectus Apostolicus）两个级别。宗座代牧区由教宗直接委任主教（也称'宗座代牧'、'正权主教'）负责管理教区，代牧主教法定 5 年向教宗报告一次，视察教区一次。宗座监牧区分两种情况，一种是指新开发的传教，如果以后不能升格为代牧区，就一直保持监牧区的级别。虽然其负责人'宗座监牧'也是由教

和埋下了伏笔。

乾隆三十六年（1773），新教皇甘葛内里（Laurent Ganganelli），也就是克来门多十四世，在法、西、葡等国家的压力下签署了解散耶稣会的诏令，于是，"法、西、葡各国的耶稣会士全部被驱散，不得已甚至亡命到天主教之敌的新教国普鲁士以及属于希腊正教的俄罗斯"。[254]一年后，这一消息传到中国北京。此时，因邓类斯神父回国后产生的财产管理分配之争，在京的传教士内部已出现裂痕，分成两派：葡籍的跟澳门主教，法籍和传信部派来的跟南京南怀仁主教。解散耶稣会的敕令将财产管理、人事安排等问题集中突显出来。由于葡澳当局不满"传信部"独揽中国传教区的权力，留截了教宗的三封委任诏书，因此，耶稣会士和一些传教士拒绝承认新主教，因为他欠缺葡王的正式委任，并向乾隆帝告发了安德义。乾隆帝借此讽刺了一下教会的不和。1785 年，方济各会会士汤士选（Mgr. Alexandre de Gouvea）正式成为北京教区新主教，遣使会会士接替耶稣会士事业，所有教区财产，原封不动地交由遣使会接管。风波才终于平息。[255]

耶稣会的解散，北京教区的教权之争，葡萄牙耶稣会与法国耶稣会士之争，不仅令在京传教士的传教步伐愈加缓慢，直至停顿，也大大影响了在华传教的外籍教士人数，给本来已不景气的传教事业雪上加霜。同时，说明当时的部分传教士也只是"俗人"，亦有出于各自利益考虑的"私心"。

此外，嘉庆十年（1805）德天赐教案的发生，起因即是教徒计划帮其带至澳门的划分教区的地图。德天赐此举本意是将各会派管理的教区向欧洲作

---

宗直接委派，习惯上也尊称其主教，但其地位和职权都低于教区主教，其教务要受代牧区监督管理。监牧主教也是 5 年向教宗口头报告一次，视察教区一次。另一种是在特殊情况下，由教宗特许成立的传教团体，设宗座监牧或区长的监牧区，但又称'独立区'、'自立区'或'自治区'。"

254 冯作民译：《清乾隆时代的中国天主教》（续三），《恒毅》11 卷 1 期，1961 年 8月，第 17 页；冯作民编译：《清康乾两帝与天主教传教史》，第 145 页。

255 参见[法]费赖之：《明清间在华耶稣会士列传 1552-1773》，第 1156-1162 页；乾隆四十二年六月二十二日、七月初二日、七月初六日的《西洋人向秉仁为具实陈明被艾启蒙等妄控一案事上内务府呈》，《档案史料》（第一册），第 312-323页；[荷]金普斯、麦克罗斯基：《方济会来华史（1294-1955）》，第 10-11 页；冯作民编译：《清康乾两帝与天主教传教史》，第 145-156 页；贾天佑：《耶稣会传教士在中国》，罗光编：《天主教在华传教史集》，（台）微祥出版社、光启出版社等，1967 年，第 33-34 页。

个报告，却也从一个方面反映出教会内部的权力斗争在禁教这一困难时期亦未停止过。但是，此时的这项举动，不仅加深了政府对传教士的猜疑，也将传教士内部之间的斗争公示于众。舆论界认为欧洲传教士的行为很不好，甚至比遭人白眼的和尚和喇嘛还坏。当时的北京教会已经处于一种完全缺乏管理的状态，没有法令规章，也没有严明的纪律，更没有集中领导；就连最后的 3 名欧洲传教士之间还相互争权、争位、争名，他们之间互相排斥，致使个别中国教徒无所适从，只好谁的话都不听。教徒之间四分五裂，哪一派教士对自己有利，就站在哪派一边。

清廷禁教后，外籍传教士大都遣送广东，或是被捕入狱，中国神职人员则被送往伊犁充军，西班牙方济各会士在内地工作的传教士三人，两人被捕，一人幸免，退回澳门。随着 1813 年马尼拉会省失去政府的接济，传教士的生活陷于困境，"会省决定供应传教士的生活费用，而令他们回到马尼拉去。于是澳门的最后两位班国传教士，只得回到马尼拉去。"至此，西班牙方济各会士在中国传教，历 200 年的历史就这样不声不响地中止了。直到陆怀仁神父（Miguel Navarro）于 1841 年到达澳门，进入香港、湖广传教。[256]1814年，教宗比约七世颁谕恢复耶稣会，进入中国内地传教的外籍教士又开始逐渐活跃起来。

# 小　结

清朝中期的最高统治者及各级官吏对天主教大多认知较少，视其为潜在敌人，预感到天主教给王朝的统治带来威胁。在各种因素的作用下，中外文化冲突进一步升级，并集中体现在"礼仪之争"这个问题上，进而在全国范围内查禁天主教，这一事件"暴露出中世纪文化的致命弱点：它的不宽容和狭隘性。重视本民族的文化，维护自己固有观念，双方顽固到了不容争辩、无须讨论的地步。双方都没有一个较好的办法来处理观念分歧和利

---

256 安道林：《西班牙方济会士与中国传教区》，韩承良译，《纪念孟高维诺总主教来华七百周年国际学术会议文集》，（台北）思高圣经学会出版社，1995 年，第 284-285 页。另见[荷]金普斯、麦克罗斯基：《方济会来华史（1294-1955）》，第 6 页："一八一三年，菲律宾召回余下的在华传教士至马尼拉，因为西班牙国王已撤销了每年给予他们的经费资助；但仍有些方济会士留了下来。"

益现实，这是中西社会分别从古代进入近代，又刚刚相聚在一起的特殊时代的特殊现象。"[257]

不过，由于禁教而产生的教案并非时时刻刻发生，也有稍为缓和的时候，禁教的松紧主要以皇帝的意志为转移，谕旨愈严，查办的力度越大，这两者是成正比的。例如乾隆四十九年（1784）大教案后，"教禁已不及严，教友婚丧亦多能按教规举行，地方官吏往往视若无睹，如此者历十五、六年。"[258]总的来说，康熙帝虽然开始禁教，但仅止于驱逐传教士；雍正帝禁教，以驱逐传教士，拆改天主堂为主，对教士、教徒的处罚并不严厉，其间的一个例外是对皇亲苏努家族及与他们有关的穆敬远神父刑罚甚严，这与康熙末年争夺继位权的政治斗争有关，前者整个家族成员被流放，部分非正常死亡，后者在狱中被处死；乾隆帝在位60年，禁教时紧时松，但开始处死被捕的教士、教徒；嘉庆帝更是严格，从嘉庆中期开始，各地的教案就没有停止过，并专门制定了禁教章程及治罪措施，教士、教徒被杀、被流放的不在少数；道光帝时虽然教案仍时有发生，但刑罚则已有所减轻。从时间上来讲，除雍正年间苏努案、乾隆十一年至十二年（1746-1747）、乾隆四十九年至五十年（1784-1785）、嘉庆十年（1805）、嘉庆十六年至十九年（1811-1814）几次涉及人数较多、牵涉地区较广的大教案外，其余时间，禁教相对缓和，从而或给天主教在华传播带来了喘息与空间。

综上所述，从皇帝到各地官员，他们对天主教在中国传播的认识发生了显著的变化：认为天主教的在华传播危害国家的统治与安全，从而将禁教与统治基础的稳固直接联系起来。于是，形成了中央严令禁教、地方严厉查办的局面。

此一局面之形成，从根本上改变了天主教在中国生存和发展的外部环境和条件。而此时教会内部所发生的权力纷争，造成教会的不和，进一步恶化了困难时期天主教在华的处境。在新形势下，外籍教士开始逐渐变少，天主教在中国的传教活动只能转入地下，从传教主体到传教方式等方面都发生了深刻的变化，传教重任不得不转移到华籍天主教徒身上来，尽管他们也身陷困境。

---

257 李天纲：《中国礼仪之争——历史·文献和意义》，第108页。

258 天主教台湾地区主教团宣圣委员会主编：《中华殉道圣人传》，（台）天主教教务协进会出版社，2000年，第93页。

# 第二章　禁教时期华籍天主教徒概论

清中叶清廷对天主教的态度大为转变，各级官吏亦多以查拿天主教徒为任，严禁天主教的百余年时间里，教案不断发生。在各方的围追堵截之中，外籍教士越来越难以避过各级关卡而潜入内地，华籍天主教徒也不再像过去那样得以自由地出入教堂，反而随着禁教的日益严重而愈发受到性命威胁，天主教在华的传播工作从高峰跌入低谷。然而，在华的天主教并未在这百余年间消灭殆尽，本地信徒接过外籍传教士的传教工作，私下里坚定信仰，伺机传教，为弛禁后天主教的迅速发展打下一定的基础。

## 第一节　华籍教徒的数量及地区分布

自明末利玛窦入华至清初，天主教在中国的传播事业获得初步成绩，传教士的四处奔忙传教，换来几乎遍布全国的教徒。以下三份材料，从一个侧面说明清廷禁教之前，全国天主教徒的大致数量及在各地的分布情况。

第一，康熙初年，杨光先倡言禁教，在其《请诛邪教状》中指出：传教士在济南、淮安、扬州、镇江、江宁、苏州、常熟、上海、杭州、金华、福州、建宁、延平、南昌、建昌、广州、桂林、重庆、保宁、武昌、西安、太原、开封、京师等地，共建了教堂30所，"每堂每年六十余会，每会收徒二、三十人"。[1] 这些教堂遍及全国，以平均数每堂每年60会，每会25人计算，这30所教堂一年至少吸收45000人入教。

---

1 （清）杨光先：《不得已》，黄山书社，2000年，第6页。

第二份资料是遣使会士 Gama 神父 1663 年对全国传教状况所作的统计，参见表 2-1。

**表 2-1　1663 年遣使会士 Gama 神父对全国传教状况的统计**

| 省　名 | 教　堂 | 教徒数目 |
| --- | --- | --- |
| 直隶 | 北京三 | 13000 |
| | 河北一 | 2000 |
| 山东 | 济南一 | 3000 |
| 山西 | 绛州一 | 5000 |
| 陕西 | 西安二 | 20000 |
| | 蒲州一 | 300 |
| | 汉中一 | 4000 |
| 四川 | 成都一 | 300 |
| 湖广 | 武昌 | 1000 |
| 江南[2] | 南京二 | 600 |
| | 淮南一 | 600 |
| | 扬州一 | 800 |
| | 松江一 | 2000 |
| | 上海二 | 40000 |
| | 常州二 | 10000 |
| | 苏州一 | 500 |
| | 嘉定一 | 200 |
| | Kiu Ting | 400 |
| | 镇江一 | 1000 |
| 浙江 | 杭州一 | 1000 |
| 江西 | 南昌一 | 2000 |
| | 建昌一 | 200 |

---

2　此处的江南所指范围，与当时行政上的江南省一致，虽然 1667 年已实际划分为江苏、安徽两省。

| | 福州二 | 2000 |
|---|---|---|
| 福建 | 延平一 | 300 |
| | 汀州一 | 800 |
| | 邵　武 | 400 |
| | 建　宁 | 200 |

共计教堂 32 间，教徒 111 600 人。[3]

第三，石铎禄神父（Pedro de la Pinuela）对方济各会在 1579-1699 近百年时间内的工作也作了一番总结：方济各会在中国的传教区有：山东省——八间圣堂；广东省——十七间圣堂；福建省——五间圣堂；江西省——五间圣堂；江苏省（南京）——一间圣堂，全部圣堂共有三十五间。教徒的数字按照每年传教士所作的报告，大约在一千人左右，而且以穷人为主。[4]

康熙年间，清朝的人口已超过 1 亿，相对来说，天主教徒所占的比例并不大，但分布的地区却甚为广泛，除东北、西北等地外，经济发达、人口众多的江南、华南、中原地区都有他们的踪影。

## 一、华籍教徒的数量变化

清朝中期，天主教民究竟有多少，无法统计出一个确切的数字。其一，当时的传教士写给欧洲的信中，较多地着墨于当时中国各方面的情况，以满足欧洲人对中国的好奇。在提到归化天主教徒的数量时，大多只是一个大约的数字，很少有准确的数目。第二，当时在中国的天主教没有一个中心机构来收集各地区的统计数字，各个修会都有自己的管理机构，加上禁教时期传递信件困难重重，汇集信息自然不是件易事。因而，直到"十九世纪，才有全中国传教的确实数字"。[5]所以，只能从各类文献记载中，大略看出这段时期内，华籍教徒数量的大概变化。

---

3 [法]P. Octave Ferreux C. M.，《遣使会在华传教史》，第 108-109 页。

4 AIA, 8(1917), 271-276, 转引自安道林：《西班牙方济会士与中国传教区》，韩承良译，《纪念孟高维诺总主教来华七百周年国际学术会议文集》，（台北）思高圣经学会出版社，1995 年，第 281 页。

5 参见[法]P. Octave Ferreux C. M.，《遣使会在华传教史》，第 106 页，"最早的统计，是耶稣会士在徐家汇印的；自一九一六年，遣使会士包神父 Place-he 出版《中国教务年鉴 Missions de Chine》可以得到每年统计的数字，不但每个教区，即每个本堂区，连整个中国皆如此，这是以前传教士所不能得到的。"

17 世纪末，"中国有 10 万多天主教徒，几乎在所有的省会都有耶稣会士和他们的教堂，仅在北京就有两万名教徒，而且数目还在与日俱增"[6]。乾隆年间对天主教徒的数量有如下记载。赖德烈说，1759 年，湖南和湖北可能有 2000-3000 的信教家庭。1773 年以来的资料显示，在江西南昌，几乎有百名中国人在同一时间受洗[7]。1784-1785 年大教案发生时，"陕甘湖广等省"尚拏获多名天主教要犯[8]；江南一带有教徒 3 万多人[9]。另据当时神父记载："乾隆时，京都与近畿，及关东口外，教友不下四万，每年领洗人丁，约三四百，他处大略相同，京都宗室奉教者五家，或即苏努之后，不可考。此当日中国圣教情形也。"[10]

乾隆后期至嘉庆前期，教案发生较少，也未因一个案件而牵涉全国，所以教徒数量有所恢复和增长。乾隆五十年大教案后，至其六十年禅位时止，北京十年间增加教徒 2000 人，全国教徒数大约在 15 万到 20 万之间。[11]

尤其是西南地区，教徒增长迅速。1786 年在四川、云南、贵州有 469 个成年人受洗，1792 年是 1508 人，1795 年是 1401 人，1800 年是 1250 人，而到 1804 年，受洗人数增加到 2143 人。在 1756 年，据说在四川有信徒 4 000，1792 年估计达到 25000 人，而到了 1801 年，据记载有 40 000 信徒。1799 年贵州据说有 600 天主教徒，[12]但此 600 教徒中，半数是准备入教的望教人。嘉庆十一年（1806），贵州龙平场一处的教徒达到 600 户。四川地区的教徒数目，由乾隆二十八年（1763）的 8000 人，增加到嘉庆六年（1801）的 40000 人，每年平均增加 2000 人。也就是说，自 1763 年至 1801 年的 38 年间，增加了 5 倍。嘉庆十五年（1810），四川总督查办天主教时，只在顺庆府一县就查获 700 多户，在

6　[罗马尼亚]尼古拉·斯帕塔鲁著，《中国漫记》，蒋本良、柳凤运译，中国工人出版社，2000 年，第 36 页。

7　Kenneth Scott Latourette, *A History of Christian Missions in China*, p. 166.

8　乾隆四十九年十二月二十五日《安徽巡抚书麟奏遵旨查拏西洋教犯折》，国立北平故宫博物院文献馆编：《文献丛编》（以下简称《文献丛编》）（第十五辑），国立北平故宫博物院出版物发行所，1933 年再版，第 1 页。

9　[法]穆启蒙编著：《天主教史》（卷三），侯景文译，（台北）光启出版社，1975 年，第 274 页。而萧若瑟：《天主教传行中国考》（河北献县天主堂，1937 年排印本）第 407 页则称，乾隆末年左右，江南有七万余教徒，"江南自耶稣会灭后，西士罕入境，五十余年来，照顾七万余教友，亦惟赖中国神父十余人之力耳"。

10　萧若瑟：《天主教传行中国考》，第 384 页。

11　张泽：《清代禁教期的天主教》（增订本），第 123 页。

12　Kenneth Scott Latourette, *A History of Christian Missions in China*, pp. 173-174.

巴县也搜出 210 户，没有查出的当然还有。嘉庆十四年（1809），云南约有教徒 2500 人，贵州约有 1578 名。到嘉庆十五年（1801），全国教徒数又回升到 20 万零 5 千人。[13]

方济各会管理的教区，禁教之前有教徒 10 万多人，1739 年时，大约有 5 万，1759 年的报告只有 2 万 5 千了。[14]1765 年的省会议报告上，山东、江西、广东和澳门在内领洗人数只有 139 人，广州、顺德、福建省全部的教徒人数剩下 4175 人，全中国的 15 个省份已没有教堂存在，教徒们只能在自己家中学习教会的要理。[15]

《遣使会在华传教史》载：道光十八年（1838），由葡萄牙遣使会士管辖、法国遣使会协助的三个教区的教民数目大致如下：澳门教区：15000；北京教区：34000；南京教区：40000。此外，"北京法国遣使会士也有四万教友，散在直隶、蒙古、浙江、江西及湖北诸省。"[16]

18 世纪初至 19 世纪初的百年间，估计在 1700 年间教徒的人数是在 25 万至 30 万之间。19 世纪初叶的估计是 20 万，也是一般人所认为的准确估计，史米林（Schmidlin）认为教徒数目离 30 万不远，赖德烈（Latourette）将数量估计互相比较，获得结论说，1800 年左右，教徒数字应该是 20 万至 25 万之间。[17]

据董文学神父初到中国时的报告，道光十五年（1835），"中国十八省数友数目，除背教者不计外，共约二十二万人"，四年后，全国教徒已经上升到 30 万人，恢复到康熙初年的水平。[18]

综上所述，清廷禁教时期，除教案严重时教徒数量有所下降外，禁教前与禁教后，全国教徒数量大体一致，都在 30 万左右。但是，应该注意到的是，

---

13 张泽：《清代禁教期的天主教》（增订本），第 151-152 页。

14 A. Abad Perez, *Cuatro Siglos de Historia*, Madrid, 1970,118. 转引自安道林：《西班牙方济会士与中国传教区》，第 283 页。另见崔维孝：《明清之际西班牙方济会在华传教研究（1579-1732）》，中华书局，2006 年，第 474-475 页《西班牙方济会中国教区教徒统计表》，1708 年 12 月至 1712 年 4 月，方济会在中国教区发展教徒共计 7225 人，1712 年 5 月至 1721 年 4 月，接受洗礼的中国教徒只有 5350 人。

15 安道林：《西班牙方济会士与中国传教区》，第 284 页。

16 [法]P. Octave Ferreux C. M.，《遣使会在华传教史》，第 160 页。

17 燕鼐思：《中国教理讲授史》，田永正译，河北信德室，1999 年，第 116 页，但在 [法]P. Octave Ferreux C. M.，《遣使会在华传教史》，第 106 页，作者认为，"在十七世纪的末叶，中国教友的数目不会超过十五万。"

18 张泽：《清代禁教期的天主教》（增订本），第 192 页。

这百余年里全国人口的数量本身发生了很大变化。康、雍、乾时期有利民生的财政和赋役的改革，造成了人口的爆炸。康熙年间，全国人口超过 1 亿，乾隆二十九年（1764）和五十九年（1794），人口数分别超过 2 亿和 3 亿，至道光时，全国人口数字已达到 4 亿。[19]禁教前后，天主教徒数量的绝对值大致相同，但与全国人口大量增长这一事实相比，教徒人数应该说是相对减少，所占比例更是有所降低。不过，在严厉的禁教情况下，教徒人数的绝对值能在几经风波后仍保持在一个相对稳定的水平，可见华籍天主教徒们为维护信仰，为传播教义做了大量的工作。

## 二、华籍教徒分布的主要地区

如前所述，禁教之前，天主教已遍布江南、中原、华南等人口众多的地区。禁教之后，各地查办天主教的案件越来越多，有的教案更是蔓延至全国，作为满族祖先禁区的东北，西南，甚至西藏都发现了天主教徒的身影。乾隆年间，在湖广地区工作的嘉类思神父说，"除北京之外，在这一帝国所有其他的省份都有一些来自不同宗教团体的传教士。"[20]这些不同的宗教团体主要是圣方济各会、圣多明我会、耶稣会、圣奥斯定会、遣使会、巴黎外方传教会，每个修会都有自己的传教区域（代牧区），并在此基础上开辟新的传教区。但是，"某宗代牧区属某传教修会，并非说从此日起，在这宗代牧区工作的传教士，都是某修会士；当记得当时中国传教的组织还很幼稚；传信部将某修会开辟的传教处，就属某修会管，而最初的传教士，在可能环境中，就开辟新传教区，这样他们进入了好几省"。[21]于是，各省可能都有若干修会的传教士在工作，而他们的工作地点，也就是当时的华籍教徒之所在。参考这些外籍教士的传教地点，便知华籍教徒在这段时期内，分布甚为广泛。具体传

---

19 参见《高宗纯皇帝实录》（第 725 卷），"乾隆二十九年十二月丙午"，第 1093 页，"会计天下民谷数，各省通共大小男女，二万五十九万一千一十七名口"；《高宗纯皇帝实录》（第 1467 卷），"乾隆五十九年十二月癸未"，第 602 页，"会计天下民谷数，各省通共大小男妇，三万一千三百二十八万一千七百九十五名口"。另见[瑞典]龙思泰：《早期澳门史》，第 321-322 页。

20 《耶稣会传教士嘉类思神父致法兰西世卿诺瓦荣伯爵兼主教的信（1759 年 9 月 12 日于中国）》，[法]杜赫德编：《耶稣会士中国书简集》（五），第 78 页。

21 [法]P. Octave Ferreux C. M. 《遣使会在华传教史》，第 80 页。另见吴宗文：《遣使会在华传教史》，载罗光编：《天主教在华传教史集》，（台）微祥出版社、光启出版社等，1967 年，第 143 页。

教地区可参见表2-2以及图2-1[22]。

### 表2-2　1581-1840年天主教各修会来华传教情况[23]

| 修会中文名 | 修会西文名 | 创立时间 | 来华时间 | 在华传教地区 |
|---|---|---|---|---|
| 圣方济各会 | F. M. Franciscans O. F. M. | 1209 | 1294 | 澳门、香港、广东、山东、山西、陕西、湖南、湖北、福建、江西、甘肃 |
| 圣多明我会 | Dominicans O. P. | 1216 | 1631 | 澳门、香港、广东、广西、四川、贵州、云南、东北三省、西藏、北京 |
| 耶稣会 | Jesuits S.J. | 1534 | 1555 | 香港、澳门、广东、广西、江苏、安徽、浙江、陕西、四川、山西、河北、京津、内蒙、福建、山东、湖南、湖北、云南、贵州、甘肃、台湾 |
| 圣奥斯定会 | Hermits of St. Augustin O. E. S. A. | 1256 | 1680 | 广东、广西、福建、江西 |
| 遣使会（拉匝禄会） | Lazarists C. M. | 1625 | 1773 | 自从1773年耶稣会解散，清乾隆朝严厉禁教，此会接收耶稣会所辖的传教范围有：河北、江西、河南、浙江。总部设在上海徐家汇徐光启墓址。 |
| 巴黎外方传教会 | Foreign Missions of Paris M. E. P. | 1660 | 1683 | 澳门、香港、广东、广西、四川、贵州、云南、东北三省、西藏、北京、福建 |

---

22 Joseph Dehergne, S. J., &Dr. Donald Daniel Leslie., *Juifs de Chine*, Institutum Historicum S. I. Roma, 1985, p.XVIII; [法]荣振华：《在华耶稣会士列传及书目补编》（下），耿昇译，中华书局，1995年，第862-869页。

23 据张力、刘鉴唐：《中国教案史》，第6页；化东编著：《天主教修会概况》，（香港）香港真理学会出版，1950年，第126-127页；李少峰：《方济会在华传教史》，罗光编：《天主教在华传教史集》，（台）徵祥出版社、光启出版社等1967年，第74-81页；包万才：《巴黎外方传教会在华大事录》，罗光编：《天主教在华传教史集》（台）徵祥出版社、光启出版社等，1967年，第133-134页；[法]P. Octave Ferreux C. M.，《遣使会在华传教史》，第78-80页；[法]罗乃：《巴黎外方传教会回忆录》，孔令忠译，转引自刘鼎寅、韩学军：《云南天主教史》，云南大学出版社，2005年，第80-81页；崔维孝：《明清之际西班牙方济会在华传教研究（1579-1732）》，中华书局，2006年，第473-474页。以及Joseph Dehergne, S. J., &Dr. Donald Daniel Leslie., *Juifs de Chine*, Institutum Historicum S. I. Roma, 1985, p.XVIII; Rer. Dr. Otto Maas O.F.M., "Franciscans in the Middle Kingdom, A Survey of Franciscan Missions in China from the Middle Ages to the Present Time", in *Collectanea Commissionis Synodalis*, Volumen II, Digest of the Synodal Commission, Majus, 1938. pp.457,460制成。

## 图 2-1　1701 年的中国住院

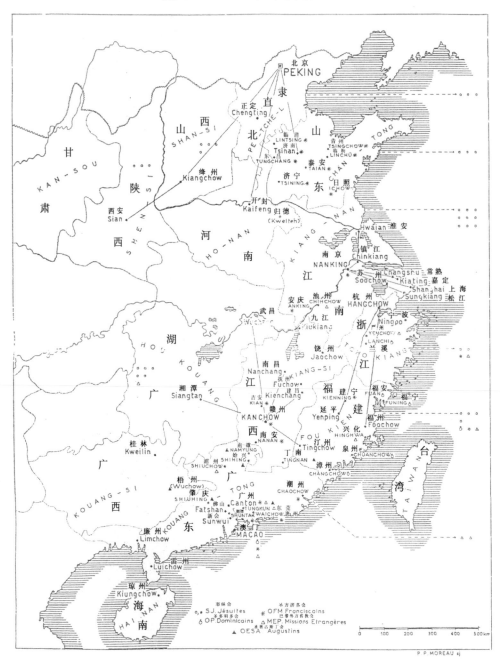

另外，17 世纪末，罗马尼亚人尼古拉·斯帕塔鲁来到中国，著有《中国漫记》，称山西、陕西西安、山东济南、四川、江西南昌、南京、苏州、松江、浙江、福建、福州、福宁、广州、云南、海南岛等处都有天主教徒，甚至教

堂。[24]结合表 2-2 及图 2-1，再参考禁教时期全国发生的众多教案，可以看出，此段时期内全国很多省份，尤其是明末清初以来就有天主教基础的省份，如北京、广东、福建、湖广、江南、四川等地，拥有不少天主教徒。

## （一）北京

北京一直以来就是传教士活动的主要地区。虽然雍正初年将大批传教士驱逐至广东，留京的外籍传教士不过 20 人，大部分在内廷供职，但"神父们明里暗里还进行着传教工作。据一份纪录说，雍正十二年，只在北京就有领洗的一千一百五十七人，领圣体的是七千二百多人"[25]。乾隆朝在宫廷担任画师的王致诚修士说，"在北京有一批数目巨大的基督徒，他们自由地生活于教堂中。人们进城作弥撒，不时地为女子们施行圣事。"[26]北京西边山区的一个天主教据点，仅仅一个叫"Sang-yu"的小村落，1769 年左右就有 38 户天主教徒。[27]1778 年时，霸州地方的基督徒数量明显增加，叶家庄一地就有 30户人家新近信奉了宗教，节日期间，他们成群结队地来到北京。[28]乾隆四十九年（1784），直隶总督刘峩奏称："现据东安县访有民人王天德并子王瑞寄居，民人高国定、高国宗、高士亮，永清县访有民人刘三、住旗、马行舟、马新舟、安向达、安清良等，均因父祖在日曾经供奉天主教，起获图像、经卷、十字架、经幡等项。"[29]

嘉庆十年（1805），北京"究出习教之西堂代认汉字先生山东人王世宁，直隶景州人吴西满，山西平遥县人张明禄，山东临清州人简恒，直隶威县人尹思敬，正蓝旗汉军马甲佟恒善、佟明、养育兵佟四，正黄旗汉军马甲佟蔡永通等"，以及"先生周炳德、王世宁，会长刘朝栋、赵廷畛、朱长泰、汪茂

24　[罗马尼亚]尼古拉·斯帕塔鲁著，《中国漫记》，第 94、101、109、124、146、159、162、163、173、183、185、188、194、199、210 页。

25　张泽：《清代禁教期的天主教》（增订本），第 30 页。

26　《耶稣会士和中国宫廷画师王致诚修士致达索（d'Assant）先生的信（1743 年 11月 1 日于北京）》，[法]杜赫德编：《耶稣会士中国书简集》（四），第 301 页。

27　《晁俊秀神父致某贵妇人的信（1769 年 10 月 15 日于北京）》，[法]杜赫德编：《耶稣会士中国书简集》（五），第 160 页。

28　《一位在华传教士的信（1778 年 7 月 31 日于北京》，[法]杜赫德编：《耶稣会士中国书简集》（六），第 94 页。

29　乾隆四十九年十一月十三日《直隶总督刘峋复奏报查拿天主教案犯王天德等解京审办折》，《档案史料》（第二册），第 549 页。

德、陈杨氏”，“江西拿获之寄信人陈若望，及包罗柯，即柯永福之弟柯添福”，“民人费二，系在直隶景州习教”等人。[30] 宛平县的后桑峪村，自康熙年间沿习西洋教，至道光四年（1824）仍有人相沿信奉天主教。[31] 此外，据孟振生神父于道光十八年（1838）的统计，蒙古约有 2 000 名天主教徒，由其管理的直隶省遣使会士的教徒约有 9000 名，散在 200 余处。同时，毕主教，以及赵神父（Castro）以北京署理主教名义，管理 25 000 教徒。[32]

### （二）河南

河南地区，尤其是与湖北接界的地方，因传教士、教徒在此来往，并便于教案发生时越界躲避，接触教义者逐渐增多。道光十五年（1835）左右，董文学神父到河南南阳传教，“南阳有一靳家岗，本是乡间一庄村，董公初把会来上，个个上会把工兴，多少教友来拜望，多少教友真热心，多少教友求领洗，多少教友坚振勤，多少教友领圣体，多少教友把工停”。[33]

### （三）山东

山东地区，嘉庆十九年（1814），山东新城县查出县民贺锡滦学习天主教，他于“嘉庆十三年上曾在京抄报度日，继因路过天主堂门首，与看门人吴玛头闲谈，在堂之西洋人汤亚立山与之讲论，给以书一本，名朋来集，伊孥回看完，复往，即拜投汤亚利山为师，又给伊日课等经，内有苦已三会书一本，上有济南府天主堂字样，当问来历，据汤亚立山说是康熙年间，有南怀德在山东济南府天主堂主教时候所刻，南怀德故后，山东天主堂也废，所有板片都送到京，在他堂里收存，并教伊好生学习。”[34]

### （四）山西

山西地区，1716 年，山西教务由陕西主教意大利方济各会士安多尼·拉基兼管。“到 1844 年，一百三十多年中，山西教务一直由陕西主教代管；其

---

30 嘉庆十年正月十八日《刑部奏为审拟西洋人德天赐私自托人寄送书信一案折》，《档案史料》（第二册），第 835 页。

31 道光四年十月十四日《工部尚书顺天府事陆以庄等奏报拿获传习天主教人犯杨继武等审明定拟折》，《档案史料》（第三册），第 1181-1182 页。

32 [法]P. Octave Ferreux C. M.，《遣使会在华传教史》，第 164、166 页。

33 《董圣人致命歌诀》，第 5 页。

34 嘉庆十九年闰二月初一日，《山东巡抚同兴奏为拿获学习西洋教人犯折》，《档案史料》（第三册），第 999 页。

中经过十六代主教，偕同该会籍若干外国传教士，往来于陕、山之间。"1844年，山西教务从陕西划出。至 1845 年 7 月，"全省有教徒七、八千人，外籍传教士四人，中国神父十六名。"[35]

嘉庆十年（1805），山西天主教徒李如，从广东澳门接引外籍传教士进入内地，被捕后，李如供称，教名"亚立山，籍隶山西阳曲县，有已故伯祖母李梁氏，向习天主教，该犯祖父李玉章，父李纲，及伯祖李阶，族人李玉粮等，均同入教，李如亦自幼传习。"[36]嘉庆二十一年（1816），山西泽州府凤台县、汾州府汾阳县等访获天主教徒李成喜、王原善等，大多"由祖父相传沿习西洋天主教"，个别由同县人传授。[37]

嘉庆二十三年（1818），山西查获的天主教徒，"侯奇太、任治世，籍隶平遥县，王温新、胡世义、范步青，俱原籍祁县，许裕，原籍阳曲县，各由祖父相传，沿习天主教，胡世义、范步青与伊兄范步义寄居该县，伙开麴铺生意，一同习教。"[38]嘉庆二十四年（1819）山西平遥县访获天主教徒任安命等时，"旋有先曾习教，后经改悔之任光玉等男女一百四十二名口，先后到案投首"，他们"因连年查禁，早经改悔，先后赴县投首，出具永不习教甘结。"[39]道光十八年（1838），山西陆续查出赵金义、李成信、辛秉信、李忠顺等天主教徒，涉及洪洞县、岳阳县、赵城等处[40]。

## （五）陕西

陕西地区，乾隆四十九年（1784），当地官员在"渭南县属油河川等处徐

---

35 郭继汾：《天主教在山西之创始及其发展》，山西文史资料编辑委员会编：《山西文史资料》（第二辑），山西人民出版社，1962 年，第 34-35 页。

36 嘉庆十年九月三十日，《两广总督那彦成广东巡抚孙玉庭奏为拿获接引西洋人欲赴山西传教人犯审明定拟折》，《档案史料》（第二册），第 877 页。

37 嘉庆二十一年八月二十八日，《山西巡抚衡龄奏为访获传习天主教人犯李成喜等审明定拟折》，《档案史料》（第三册），第 1085 页。

38 嘉庆二十三年四月二十四日，《山西巡抚成格奏报访获天主教人犯审明定拟折》，《档案史料》（第三册），第 1117 页。

39 嘉庆二十四年闰四月初五日，《山西巡抚成格奏报访获沿习天主教人犯审明定拟折》，《档案史料》（第三册），第 1127-1128 页。

40 道光十八年五月二十八日，《山西巡抚申启贤奏报审拟赵金义等习教人犯折》，道光十八年六月十一日，《山西巡抚申启贤奏报审拟李成信等传习教案折》，道光十八年十二月初二日，《山西巡抚申启贤奏报审拟李忠顺等习教案并请宽免处分失察官员折》，《档案史料》（第三册），第 1227、1232、1236 页。

宗福、韩奉材家搜获西洋人呢吗方济各即范主教及马诺二名，并起获洋字经本、画像、书信等件。……其呢吗方济各，系大西洋噫咄哩哑嘲人，在陕二十三年"。[41]在禁教的情况下，外籍传教士仍能在陕西传教 23 年，那么，在陕西一带必然存在一批天主教徒。

## （六）甘肃

甘肃地区，据乾隆十一年（1746）陕甘总督福康安奏，缉获"兰州府属皋兰县民，有王俊、李玉、朱珍等二十一人；西宁府属西宁县民，有杨春禄及已故之宋文志；凉州府属武威县，有兰州人流寓凉州居住之魏简及本地民人冯训、张明宣，并已故之卢斌、孙龙菊，俱系当日在兰拜叶宗贤、麦传世为师，吃斋诵经，各首出图像、经卷、念珠等物，讯非近日入教。"[42]乾隆五十年（1785），甘、凉二府"续查出天主教人犯杨生荣、韩守元、张儒、张文等共七十二名"[43]。嘉庆十年（1805），陕甘总督倭什布奉旨访查传习天主教之人，认为自乾隆四十九年至当时为止，二十余年，未闻有习教之人。[44]

## （七）湖北

湖北地区，"谷城教友素多，城北六七十里，有崇山峻岭，俗名磨盘山，中有隙地约二三十里，四周皆重峦叠嶂，曲折环绕，内外隔绝，无路可通，然攀跻而入，则见平原辽阔，草木畅茂，如晋之桃园，恍若别有天地。乾隆初年，教友来此避难者，陆续不绝，二三十年后，竟有二三千名之多，分居十四村落，比屋而居，无一教外者。主日瞻礼及每日晚，诵经之声，遥相应和"。[45]乾隆年间在湖广工作的嘉类思神父说，"通过我们每年让人印制的用来庆贺同新年的日历的数目来判断，我们拥有的基督教徒家庭（不论是生活在船上还是在陆地上）的数目在 2000-3000 之间。我这里只包括了我们在湖

41 乾隆四十九年十一月十一日《寄谕山东陕西等地督抚著一体严密查拿天主教》，《档案史料》（第二册），第 546 页。

42 乾隆十一年十月十七日《甘肃巡抚苏廷桂奏报遵旨查缉天主教折》，《档案史料》（第一册），第 124 页。

43 乾隆五十年正月十二日《陕甘总督福康安奏报审讯天主教案内人犯刘多明我等分别解京折》，《档案史料》（第一册），第 662 页。

44 嘉庆十年闰六月十五日《陕甘总督倭什布奏为奉旨密查有无传习天主教之人折》，《档案史料》（第二册），第 874 页。

45 萧若瑟：《天主教传行中国考》，河北献县天主堂，1937 年排印本，第 388-389 页。

广，也就是说大致是在湖南与江西省内的基督教徒。"[46]1836 年时，汉口"居民二百万强，教友仅二百名"，[47]谷城"乃杂在丛山中，地面纵横，约二十里，外教人家，颇不数见，教友约计二千，分会十五所，零星杂荐，不类乡村。司铎赴会口时，居会长家，附近教友，连袂前往聚集，并献资斧焉"。[48]

乾隆三十四年（1769），湖北天主教风波时，"教友被拿到官者，一百五十余名"。[49]另据《湖北襄郧属教史记略》载，乾隆五十八年（1793）左右，"湖北教友，较他省独多，惟皆处深山之中，如上津之田家沟，郧西之黑炭沟，房县之高桥沟，枣阳之东山北山，谷城之黄山垭、栗子坪、磨子崖、茶园沟等处是也。而其中尤以茶园沟教友为数最多。据真福遗书所云，约有二千"[50]。1836 年，刚至这里的董文学神父说，"主日晨间，复见四五百人，陆续聚集，望弥撒，听道理，念玫瑰经，拜苦路，问其所从来，盖自幽谷林蔽草舍中也，甚有距堂道远，方破晓，即跨重岭，赶与祭礼者也"。[51]1839 年 9 月 15 日的敬礼圣母圣名瞻礼，"远近教至者，数达一千五百之谱"。[52]

### （八）江南

江南地区，"只在雍正十三年一年内，江南省就有一千零七十二人领洗入教，告解七千六百二十八人，背过教又回头者一千多人"[53]。乾隆十九年（1754），江苏常熟县"访得常、昭二县尤元常等家均信奉天主教，现赴各犯家搜获经像、铜牌、十字架、念珠等物，并拘拏尤元常、朱治南、陆宰洪、秦公侯、周德明、沈士林、沈岐周、倪位尊、崔尔仁、盛胜其、殷九皋、戈敬山

---

46 《耶稣会传教士嘉类思神父致法兰西世卿诺瓦荣伯爵兼主教的信（1759 年 9 月 12 日于中国）》，[法]杜赫德编：《耶稣会士中国书简集》（五），第 77 页。

47 成和德：《湖北襄郧属教史记略　刘董二位致命真福合传》，第 35 页。

48 成和德：《湖北襄郧属教史记略　刘董二位致命真福合传》，第 41 页。

49 萧若瑟：《天主教传行中国考》，第 389-390 页。

50 成和德：《湖北襄郧属教史记略　刘董二位致命真福合传》，第 3 页。

51 成和德：《湖北襄郧属教史记略　刘董二位致命真福合传》第 39 页。而据《董圣人致命歌诀》，北京，1905 年版，第 6-7 页，董文学神父在河南三年后才至湖北，亦即是 1838 年左右，此时的湖北省天主教情况是："此处教友甚凋零，城市口岸难难问，居住尽在深山林"，谷城县茶园沟的情况是："此处尽是老教友，许多修道女童贞，家家热心来与祭，人人迁善无恶行，每逢主日听道理，每遇瞻礼齐念经，还有多少新奉教，信从圣教多归真。"

52 成和德：《湖北襄郧属教史记略　刘董二位致命真福合传》，第 45 页。

53 张泽：《清代禁教期的天主教》（增订本），第 38 页。

等到县"[54]。乾隆时期，耶稣会士卜嘉到达江苏省后，在给其侄子的信中提到他"到达了一个几乎完全是基督徒的村庄长洲（Tchoang）"，常熟市也有"大批基督徒居住，其中大部分都很虔诚"。[55]

18 世纪时，"上海城区教友，曾达到八万左右"。[56]1840 年耶稣会士重临江南地区时，"江苏安徽两省教友，合计仅五万余"。[57]另外，江南地区的苏州，1663 年时，有教徒 10500 人，至 1865 年，有堂口 33 处，教徒 6457人。[58]

## （九）浙江

浙江地区，乾隆十二年（1747），在江南传教的黄安多神父被捕，他传教的地方，"按刑部奏章中所载，竟有二十二县，便是浙江嘉兴府的海盐县、安徽徽州府的歙县、江苏江宁府的上元县、镇江府的丹徒县、丹阳县、常州府的无锡金匮两县、苏州府的吴县元和长洲常熟照文新阳昆山县、松江府的华亭娄县南汇奉贤青浦上海县、太仓州的嘉定宝山两县、尚有浙江的杭州府、江苏的扬州淮安两府，案中不载，也都到过。"[59]

## （十）江西

江西地区，1773 年，晁俊秀神父汇报说，"在距江西首府南昌 60 法里之遥的地方，一个新的基督徒团体形成了。传教士每次前往该地都能为近百名成年人施洗。"[60]乾隆五十年（1785）三月，江西拿获天主教徒，其中，"窝留引带从教持斋"的天主教徒刘林桂、彭彝叙、姜保禄、纪约伯被解送

54 乾隆十九年四月二十二日《两江总督鄂容安江苏巡抚庄有恭奏报拿获传教西洋人张若瑟等折》，《档案史料》（第一册），第 214 页。

55 《入华耶稣会士卜嘉（Gabriel Baborier）神父致其属于同一耶稣会的侄子巴博里耶（Baborier）神父的信》，[法]杜赫德编：《耶稣会士中国书简集》（四），第 249页。

56 丁宗杰：《上海天主教教务发展史》，《传教夜谈》，天主教教务协进委员会，1949年，第 12 期，第 1394 页。

57 丁宗杰：《上海天主教教务发展史》，《传教碎锦》，天主教教务协进委员会，1949年，第 10 期，第 1114 页。

58 《苏州教区》，《敝帚一扫》，天主教教务协进委员会，1949 年，第 49 页。

59 纪类思、沈若望编：《苏州致命纪略》，上海土山湾慈母堂印行，1932 年，第 7-8 页。

60 《北京传教士晁俊秀神父的信》（1773 年 9 月 18 日于北京），《耶稣会士中国书简集》（第六卷），第 8 页。

刑部，"其余被诱入教持斋之二十四名"，分别发落。[61]1791 年 2 月，圣味增爵会派三位神父来中国传教，6 个月后到达澳门，法国人方济各克来改姓刘，被派往江西，"原来江西地方狠苦，奉教的人多少年没有见过神父"。[62]

## （十一）福建

福建地区，尤其是福安县，无论城乡都存有大批的天主教徒。雍正十年（1732）时，穆阳、双洋、溪填和罗家巷等处有数百望教者准备领洗，"圣神降临节"时，许多教徒聚集一起，举行庆典[63]。乾隆十一年（1746），福建巡抚周学健奏："福安各堂内搜出汉字、番字书册三箱，逐一指诘，内有番册一本，诘讯西洋人华敬，供系册报番王之姓名，凡从教之人已能诵经坚心归教者，即给以番名，入于坚振录，每年赴澳门领银时用番字册报国王，国王按其册报人数，多者受上赏，少者受下赏。现在番字册内，共有福安从教男妇二千六百一十七户口，及令译出汉字，坚供不识汉文，不能译写。"[64]。

## （十二）广东

澳门是外籍天主教士进入中国的门户，其所在的广东地区自然成为天主教传播的重点省份。朝廷驱逐传教士时大多将他们遣送至此，信教基础较好。乾隆十八年（1753），江苏巡抚庄有恭奏称："雍正元年以后，澳夷安多尼等于省城开堂设教，不时往来沿海，无知愚民入教不下数万，教主夷艇往过，男妇持香迎送，动辄聚至千人，粤民深切隐忧。嗣乾隆（雍正）十年前督臣鄂弥达等将省城天主各堂尽行拆去，各夷押往澳门，党徒始渐解散。"[65]当时，

61 乾隆五十年三月十七日，《江西巡抚伊星阿奏报拿获传教西洋人李玛诺等讯明办理折》，《档案史料》（第二册），第 714 页。

62 《真福克来传》，第 8-9 页。

63 天主教台湾地区主教团宣圣委员会主编：《中华殉道圣人传》，（台）天主教教务协进会出版社，2000 年，第 46-47 页。

64 乾隆十一年九月十二日《福建巡抚周学健奏陈严惩行教西洋人折》，《档案史料》（第一册），第 118 页。

65 乾隆十八年十二月二十一日《江苏巡抚庄有恭奏陈广州府南海番禺等县沙地不便归澳门同知管理折》，中国第一历史档案馆等编：《明清时期澳门问题档案文献汇编》（以下简称《档案文献汇编》）（一），人民出版社，1999 年，第 276 页。

广东省城及其附近有男女天主堂各八所，"共引诱入教男子约万人"，"入教女子约二千余百人"[66]。

虽然这些男女天主堂俱被拆毁，但是，"内地民人因在澳门居住，遂至服习邪教，与之婚姻，自应逐一拘拏，置之于法，独是住澳佣趁者，计有八百五十余家，中间男妇多人，大概皆习其教，并有入赘番妇投身于其家者"[67]。乾隆时期，澳门的"唐人进教者约有二种：一系在澳进教；一系各县每年一次赴澳进教。……每年清明前十日，各持斋四十九日，名曰封斋。至冬至日为礼拜之期，附近南、番、东、顺、新、香各县赴拜者接踵而至，间有外省之人，惟顺德县紫泥人为最多。礼拜之后，有即行返棹者，有留连二三日者。既经进教，其平时因事至澳，亦必入寺礼拜"[68]另据张甄陶记载：澳中"旧有唐人庙一所，唐人奉教者，皆入庙礼拜，凡香山、顺德、新会、东莞、南海、番禹嗜利之徒，多入其教"。乾隆九年（1744）封闭唐人庙后，"各处奉教民人，始不敢至唐人庙礼拜，然闻尚有竟至三巴寺礼拜者"。[69]

至嘉庆前期，禁教相对缓和，内地民人赴澳门进教者又逐渐增多。《清仁宗嘉庆实录》嘉庆十年（1805）载："粤省澳门地方，洋舶往来，该国人等自因赴广贸易，与内地民人勾结，始能惑众传教。"[70]嘉庆十九年（1814），"广东民人多有潜入天主教者，香山等县妇女亦多入教……香山澳门一带，地近外洋，为夷人寄居之所，近复传习天主教，久之亦恐滋患"。[71]同年七月二十九日（1814 年 9 月 12 日），香山知县马德滋在官谕中说：

---

66 雍正十年七月初二日《署理广东总督印务广东巡抚鄂弥达奏报查明广东澳门地方西洋教民情形折》，《档案史料》（第一册），第 70 页。

67 乾隆十一年十二月二十一日《两广总督策楞等奏明查封澳门进教寺不许内地民人入教折》，《档案文献汇编》（一），第 226 页。

68 （清）印光任、张汝霖：《澳门记略》，第 81-82 页。另，（清）暴煜修：《香山县志》，（台北）学生书局，1965 年，据乾隆十五年（1750 年）刊本影印本，第 29 页。

69 张甄陶：《上广督论制驭澳夷状》，（清）贺长龄、魏源辑：《清经世文编》卷 83《兵政·海防》，中华书局，1992 年缩印本，第 2060 页。

70 《仁宗睿皇帝实录》（第 152 卷），"嘉庆十年十一月辛酉"，中华书局，1986 年，第 1099 页。

71 《仁宗睿皇帝实录》（第 284 卷），"嘉庆十九年二月乙巳"，中华书局，1986 年，第 889 页；另见嘉庆十九年闰二月初三日《广东布按两司为严禁拜会入教事行各府县札抄件》，刘芳辑：《葡萄牙东波塔档案馆藏清代澳门中文档案汇编》（以下简称《东波塔档案》）（下册），（澳门）澳门基金会，1999 年，第 528 页。

　　"因乾隆十二年有引诱内地民人习入其教之事，于三巴寺下建
　立天王堂，名为进教寺，专为唐人进教之所，当经前县禀奉大宪，
　委员封闭禁止，永远不许私开出入在案。迄今又越六十余年，民夷
　尚觉相安。但近日访闻，复有唐人私习天主教之事，或系在澳居民，
　或系附近各县民人，被一二棍徒引入诱来澳。向尔等取诵经卷，持
　斋礼拜。"[72]

　　此时，澳门有一批住宅，居住着一群有三四百名的中国教徒，他们"是
在1809年由一名西班牙奥斯定会的修道士召集来的"，"中国地方官员的队
伍于1814年包围了他们，一些人被逮捕审判，其他人则溃散。现在，新老基
督徒在这里杂然而居"。[73]

### （十三）四川

　　四川地区，乾隆初年，四川天主教会的活动在一些地方公开并且非常隆
重。华籍司铎谷若翰在江津建立教堂，"附近各州县教友皆到此处领各秘
迹，聚在经堂，高声唱经，声彻云汉，远近皆闻。在各大瞻礼庆期，集教友
众多。有由重庆往者，有由永川去者，有由铜梁至者，亦有由合州、涪州而
来者，济济一堂，盛不可言。一次聚有教友四百余人庆贺瞻礼，一连数天热
闹，并用笙、箫乐器彰扬圣教"[74]。据乾隆五十年（1785）被拏获的外籍传
教士额咃咦德窝供认，他自四十一年（1776）二月到达四川之后，"往重庆
之巴县、涪州、江津、铜梁、荣昌并安岳等州县，与李义顺、刘举安、尹谟、
晏老五、马老么、骆成忠、李茂、邱正锡、黄国明、黄国才、谢懋瀔、谢懋
华、谢懋学、文子先、文子瑞、文子恒、郭芝英等认识，不时讲诵经典，往
来住宿，余俱在唐正文家居住"。[75]1752年，李安德神父的报告说，本省有
8000教徒之众，但由于压制和背教，信徒人数减少了。1755年，法国传教
士范益盛到达此地时，据说信教人数有5000。从那以后，天主教信徒的人
数迅速增长。1770年有10000-12000，1792年达25000，1800年则增至

72　嘉庆十九年七月二十九日《香山知县马德滋为严禁煽惑内地民人来澳习教事下理
　　事官谕》，《东波塔档案》（下册），第529页。
73　[瑞典]龙斯泰：《早期澳门史》，第42页。
74　[法]古洛东：《圣教入川记》，四川人民出版社，1981年，第76页。
75　乾隆五十年三月十五日《四川总督李世杰奏报续获西洋人吧咃哩哎唦等讯明解京
　　折》，《档案史料》（第二册），第711页。

40000。1767 年仅有 67 名成人接受付洗，25 年以后，每年竟有 1500 名接受付洗。[76]

嘉庆二十年（1815），四川总督常明称此处"幅员辽阔，山居人户散处畸零，此等传教匪徒，行踪又极诡秘，倘耳目稍有不周，即诡称真心悔教之人，一经诱惑，亦难免阳奉阴违，复行传习，且恐竟引西洋人潜匿其间，暗中煽惑，尤不可不严防密访"。[77]可见四川地区的自然环境、地理位置为天主教在此地的发展提供了有利条件。

## （十四）贵州

贵州地区有天主教徒，是在"乾隆二十多年，婺川县，有一家姓蒋的，才起头儿奉教，以后别人也有些奉了教的"。[78]随后，役吏朱荣在梅神父等人的劝导下入教，并晋升神父，在此传教，此后还有吴国盛、赦开枝、张大鹏、卢廷美等人入教并传教。[79]"嘉庆十六年，隆平场四面，创建了很多堂口，进教的有六百多人。"[80]贵州教务开始发展起来。

## （十五）云南

云南地区自明末已有天主教徒，"一是明末逃迁到昆明的南明永历皇室成员在民间的遗存，或由外省零星迁入云南（主要是昆明）的教徒；二是来自四川的教徒"。[81]禁教后，这里的教徒大致有两个来源，一是由四川迁来，

---

76 Robert Entenman：《18 世纪四川的中国籍天主教神职人员》，顾卫民译，《当代宗教研究》1998 年第 2 期，第 40 页。另见[加拿大]赵玉明：《国籍司铎之模范——四川宗徒李安德》，李盎博译，《圣年大庆》，天主教教务协进委员会，1950 年，第 29 页，"慕肋诺主教 Mgr. Mullener 曾向我说过，省中先前有八千教友，可惜如今只剩了三千。"

77 嘉庆二十年二月二十九日《四川总督常明奏为拿获传习天主教人犯审明定拟折》，《档案史料》（第三册），第 1036 页。

78 《赵奥斯定神父传》，第 3 页。

79 嘉庆十九年十一月二十日《贵州巡抚庆保奏报审拟积年辗转传习西洋教惑众人犯张大鹏等事折》，《档案史料》（第三册），第 1015 页；顾保鹄：《中国真福》，《恒毅》11 卷第 7 期，1962 年 2 月，第 16 页。

80 天主教台湾地区主教团宣圣委员会主编：《中华殉道圣人传》，第 75 页。

81 刘鼎寅、韩学军：《云南天主教史》，云南大学出版社，2005 年，第 67-68 页。详见龙云、卢汉修，周钟嶽等编纂：《新纂云南通志》（第 108 卷）《宗教考八》，云南省署，1949 年，第 1-3 页。

道光十八年（1838），"时滇省教友多为川人，盖因教难被迫出走也。此辈教友大抵流寓滇北，今盐津县、龙溪之邓姓，大关县城凤山之唐姓，田壩头之盛姓、袁姓，迄今犹保存信仰，滇省天主教徒之会所，当推上述三处为最古"，"旋龙溪及成凤山之教友，有移居今永胜县属之马上及巧家县属大坪子者"；二是由广东迁入，"大理亦有李、梅二姓教友，则彼时避难，由粤迁入者"[82]，"约于1805年（嘉庆十年）清廷下令禁教，许多教友由广东发配云南，途经永胜片角、华坪、挖色而至大理，各地都长期逗留，上述各地都有新进教的人"。[83]至20世纪50年代，有信奉天主教数十代者，如龙溪的邓姓，"于康熙中叶，由四川迁入云南之龙溪，徒家祖名邓玉龙，卒于乾隆三十余年，夫妇皆是奉教，有碑墓上圣名为证"，田坝头的盛姓，"有金简公因娶晏姓教友之女为妻，乃因此奉教，至今乃传至九代，晏姓不知何时归入圣教，然总有十代以外。此辈奉教皆在一千七百年左右，故可谓古也。"[84]

## （十六）西藏

赴西藏传教之事虽不多，却不是没有。不过，大多数西藏之行均以被官府发现而告终，未取得实质性进展。何况，西藏地区本身宗教势力较强，外来宗教想在此占有一席之地，恐怕困难更大。乾隆年间的李多林神父，曾说"宣布圣教于西藏之人民"。[85]道光年间，秦噶哔神父与古伯察神父的蒙古、西藏之行并未归化多少人入天主教。[86]道光二十五年（1845），二十八年（1848），分别拿获往西藏传教之哷嘛晒人噶哔哟额、霍哩斯塔、罗启桢等，其中，罗启桢于道光十九年（1839）至四川传教，在崇庆州遇到陕西泾阳县人冯庭安，然后约同一起进藏。[87]

---

82 龙云、卢汉修，周钟嶽等编纂：《新纂云南通志》（第108卷）《宗教考八》，云南省署，1949年，第4页。

83 李飞泉：《大理天主教史要》，《云南宗教研究》1989年第2期，转引自刘鼎寅、韩学军：《云南天主教史》，云南大学出版社，2005年，第73页。

84 昭通县委统战部：《昭通天主教沿革简史》，1952年，转引自刘鼎寅、韩学军：《云南天主教史》，云南大学出版社，2005年，第71-72页。

85 《真福列传》，第7页。

86 [法]P. Octave Ferreux C. M.,《遣使会在华传教史》，第172-173页；[法]雅克玲·泰夫奈：《西来的喇嘛》，耿昇译，山东画报出版社，2003年，第62-102页。

87 道光二十八年六月十三日《四川总督琦善奏报盘获陕西人冯庭安欲带哷嘛晒夷人赴西藏传教查照成案解川讯据片》，《档案史料》（第三册），第1337页。

　　乾隆十一年（1746），据受雇前往澳门取银之缪上禹等供："每年往澳门取银时，遇见北京、江西、河南、陕西各处人，皆来缴册领银。"[88]乾隆四十九年十一月十一日（1784年12月22日）发出的两封上谕中说："现据毕沅奏，查有呢玛方济各在渭南潜住，并据供有西洋人十名往直隶、山西各省传教，此等西洋人皆由广东私赴各省，可见该省地方官平日毫无稽察。"[89]同时，"该省（陕西）汉中府、山西洪洞县、潞安府、大同府及山东、湖广、直隶等省，俱有学习天主教及西洋人在彼传教"。[90]此外，毕沅拏获的呢吗方济各等也供认："罗玛当家派神甫十人分往山西、山东、直隶、陕西、湖广等省传教，西洋人蔓延数省。"[91]嘉庆年间至湖南凉台地方传教的外籍教士蓝月旺，主要管理以三欣县为主的地区，"这里原有八千多教友，但大部分散在不同的村庄里"。[92]

　　由此可知，清廷严禁天主教时期，全国各主要省份——北京、广东、陕西、甘肃、江南、四川、福建等——仍有天主教在传播，加入天主教者络绎不绝。值得注意的是其中的四川省。自明末清初开始，此地因战乱而导致人丁不足，在政府鼓励下，持续不断有移民迁入，形成"湖广填四川"的局面。迁入的移民中，有些在原籍便已入教，随将天主教一并带进四川。例如由湖南衡州迁至四川梁山的张家，由湖广移至四川万县的王姓教徒，由浙江到四川长寿的张家，湖广至四川长寿的乔家等等。[93]天主教徒的社交网络为他们在异乡的生存提供了一个平台。随着人口绝对数量的增长，教徒数量也随之增长。同时，教会不失时机的在这些缺乏归属感的异教徒移民中抓紧发展信徒，及时满足了他们背井离乡后所产生的心理需要，使他们得以重归集体，从以异教徒为主的社交网络转到以天主教徒为主的社交网络中来，促成其宗教信仰的改变，在异乡形成新的熟人社会，扎稳根基，一代一代生活下去。

---

88 乾隆十一年九月十二日《福建巡抚周学健奏陈严惩行教西洋人折》，《档案史料》（第一册），第118页。

89 乾隆四十九年十一月十一日《寄谕两广总督舒常等著查办传教之西洋人》，《档案史料》（第二册），第545页。

90 乾隆四十九年十一月十一日《寄谕山东陕西等地督抚著一体严密查拿天主教》，《档案史料》（第二册），第546页。

91 乾隆四十九年十一月二十日《寄谕两广总督舒常等各省督抚著严拿禁止西洋人在内地传教》，《档案史料》（第二册），第569页。

92 韩承良：《忠烈英魂：方济会中华殉道圣人小传》，（香港）香港天主教方济会，2000年，第7页。

93 [法]古洛东：《圣教入川记》，四川人民出版社，1981年，第86、91、93页。

## 第二节　华籍教徒的社会层次

明清进入中国传教的天主教各修会中，耶稣会致力于结交士大夫阶层，出入宫廷，希望通过影响皇帝等统治阶级的信仰来归化中华民族。"耶稣会在早期中国传教中，走上层传教和知识传教的路线，而不是通常在下层民众中使用的神秘主义的灵性路线"[94]；方济各会、多明我会等则"到处持着十字架，宣讲耶稣救世的大事"，他们在"欧洲素为向贫民宣道的修会"，所以着力于归化平民。这几个修会传教的目标不同，所劝导入教的华籍教徒分布于社会的各个层次。

### 一、皇亲贵族

耶稣会的创始人西班牙籍军官罗耀拉（Ignacio de Loyola），贵族出生，重视教育和人格训练。他所创立的耶稣会"自称是'知识阶层'"，因而传教活动"越来越集中到'引导'心灵方面，尤其是'引导'统治阶级的心灵方面，也就是集中到政治上"，为做到这一点，"首先要征服'首脑人物'"。[95]明末进入中国传播天主教的耶稣会，在此精神的指导下，以归化以皇帝为首的上层人士为己任，希望通过皇帝的入教，实现上行下效直至全国人民均成为天主教徒的目标。所以，耶稣会士不遗余力地利用各种机会影响皇室成员，希望能劝导他们入教，尤其是在朝廷工作者。由于他们以学者的身份出现于宫廷，擅长天文学和数学等技艺，能帮助朝廷确定季节和民间庆典的日期，因此长期得到统治者的青睐。虽然这种境遇能让他们接近皇帝，但并未能成功使之入教，其间的影响因素复杂多样，不一而足。不过，他们的努力没有白费，明末清初，总会有一些皇室贵族听了他们的教导，进而受洗入教。康雍乾时期，耶稣会士寄回欧洲的信件中，时不时会提起一两个王公，或是系有黄、红腰带的人入教。[96]其中最有名的是皇亲苏努

---

94　李天纲：《中国礼仪之争——历史·文献和意义》，第 18 页。

95　[法]埃德蒙·帕里斯：《耶稣会士秘史》，张茹萍、勾永东译，罗结珍校，中国社会科学出版社，1990 年，第 19、24 页。

96　《宋君荣神父致凯伦（Cairon）神父的信（1741 年 10 月 29 日于北京）》，[法]杜赫德编：《耶稣会士中国书简集》（四），第 250-252 页；《汪达洪（Ventavon）神父致布拉索神父的信（1769 年于中国）》，[法]杜赫德编：《耶稣会士中国书简集》（五），第 147 页；另见《传教士汪达宏神父给布拉索神父的信（1769 年写于中国）》，朱静编译：《洋教士看中国朝廷》，上海人民出版社，1995 年，第 218 页等。

家族。虽然苏努本人未入教，但他的子孙后代却大部分都是天主教徒，一直延续至清末。

这些皇亲贵族，有一定的经济实力、政治特权与学术修养，生活无忧，入教大多数是出自对教义的理解，对精神需求的满足，信仰比较坚定。禁教时期，皇帝严令禁止旗民入教，作为满族贵族的他们，传教当然多局限于家族内部，不敢公开，但也会尽可能在时机允许的情况下，利用手中的权力保护辖区内的天主教会。

## 二、各级官员

耶稣会的教育方针是培养"精英"，"目的是要适应世俗学说的发展，用知识武装自己，进入上流社会交际圈"。[97]他们注意"高深学术的修养，会士们在神哲学毕业升为司铎以前，尚须再作四年专门学术研究。所以成立后不久，他们即深入欧洲学术界而办教育"。[98]耶稣会教育出来的传教士，学识素养比其他修会略高，与通过科举考试进入仕途的文人官员们有共同语言，方便了他们之间的交往，进而影响后者入教。明末天主教在中国的三大基石徐光启、杨廷筠、李之藻便是信教官员的突出代表。康熙初年，奉教人员中仍有许多官员与有名的人士[99]。

康熙末年的"礼仪之争"中，教皇不许华籍教徒敬孔祭祖，为文人士大夫的"学而优则仕"人为设置了不小的障碍，造成此阶层教徒的流失。"对很多非基督教徒来说，基督教徒拒绝崇拜祖先意味着对家族团结及子女孝顺规范的不尊重。"[100]不过，部分文献资料透露，禁教时期的士大夫这一阶层仍有教徒存在，例如乾隆年间，有曾被告发过的官员马若瑟，以及其他几名满族官员等。[101]1754年左右，外籍传教士报道说，"在中国的基督徒的数目仍相当可观，其数目之大使得目前在该帝国工作的传教士们显得人手不足。

---

97 李天纲：《中国礼仪之争——历史·文献和意义》，第18页。

98 倪化东编著：《天主教修会概况》，（香港）香港真理学会出版，1950年，第59页。

99 [比]柏应理：《一位中国奉教太太：许母徐太夫人甘第大传略》，徐允希译，（台中）光启出版社，1965年，第41页。

100 Robert Entenman, "The Problem of Chinese Rites in Eighteenth-Century Sichuan", in Stephen Uhalley, Jr. and Xiaoxin Wud eds., *China and Christianity: Burdened Past, Hopeful Future*, Armonk, N. Y., 2001. p129.

101 《传教士蒋友仁神父致嘉类思神父的信（1770年8月26日于北京）》，[法]杜赫德编：《耶稣会士中国书简集》（五），第253页。

对有人反对我们神圣的宗教感到非常愤怒的士大夫们不断地自己前来，带着全家来请我们给他们施洗。"[102]嘉庆十年（1805），正蓝镶红各旗查出官员佟澜、色克、舒敏、李庆喜等主教，佟澜之子伊兴阿、色克之子穆腾额、穆克登布、穆特赫、穆勒布、穆通阿，孙长顺、长贵、长祥，舒敏之子巴杨阿，孙伊里布，李庆喜之子全福、善福等及他们的妻子均系跟随祖父习教。[103]

## 三、普通平民

### （一）天主教徒多来自普通百姓

随着在京外籍教士的减少，耶稣会的解散，天主教对清朝宫廷的影响降低，对士大夫阶层的交流也呈下降趋势。基于禁令，上层社会人士开始疏远天主教，天主教各修会在各地的传教转入地下，更多地是与当地老百姓往来，教徒自然多来自于这个阶层。先来看一份乾隆四十九年（1784）蔡伯多禄案件中，三份天主教徒供单所透露的几位被捕信教人士的情况，见表2-3。

表2-3　乾隆四十九年蔡伯多禄教案供单中所列人员情况[104]

| 姓　名 | 籍　贯 | 年龄 | 职业 | 信教情况 | 事　件 |
|---|---|---|---|---|---|
| 刘振宇 | 湖南湘潭 | 37 | 种田 | 吃天主斋求福 | |
| 刘绘川（刘泽涟） | 湖南湘潭 | 25 | | 同上 | 介绍人伴送 |
| 刘十七（刘君弼） | 湖南湘潭 | 44 | 雇工 | | 伴送西洋人 |
| 杜于牙（杜兴智） | 山西文水 | 84 | 租赁房屋 | 祖传天主教 | 西洋神父梅功将天主堂抵债与他 |
| 杜玉乔（杜如超） | 山西文水 | 61 | 货铺 | 同上 | 杜子牙侄子 |
| 唐　烈 | 长安 | 60 | 租赁 | 祖传天主教 | |
| 刘义长 | 临潼 | 72 | 训蒙 | 同上 | 修葺房屋 |

102《一封发自澳门的信（1754年9月14日于澳门）》，[法]杜赫德编：《耶稣会士中国书简集》（五），第19页。
103 嘉庆十年六月初二日《大学士管理刑部事务董诰等奏为查明佟澜等悔罪出教并提禁恭候释放片》，《档案史料》（第二册），第864页。
104 乾隆四十九年八月十四日《天主教民刘振宇供单》，乾隆四十九年十月初八日《天主教民杜兴智等供单》，乾隆五十年三月十七日《天主教徒马士俊即马西满等供单》，《档案史料》（第一册），第349-352、472-476、721-722页。

| 雷光悦 | 渭南 | 38 | 裁缝 | 同上 | |
|---|---|---|---|---|---|
| 焦明贵 | 长安 | 28 | | 同上 | |
| 焦振纲（若望） | 西安 | | 商贩 | 素习天主教 | 延请西洋人 |
| 秦其龙（伯多禄） | 山西绛州 | | 商贩 | | |
| 曾伟 | 临潼 | 53 | 商贩 | 向习天主教 | |
| 曾学孔 | 陕西临潼 | 33 | 商贩 | | 曾伟之子 |
| 李才 | 长安 | 52 | | 祖传天主教 | |
| 焦振声 | 长安 | 63 | 吹手 | 同上 | |
| 焦明墨 | 长安 | 38 | | 同上 | 焦振声之子 |
| 马士俊（西满） | 南昌 | 65 | 船工 | 患病被劝入教 | 代寄银两 |

　　这些被捕教徒多以种田、雇工、船工、商贩、出租房屋为业，都是些普通老百姓，只是沿袭家庭传统，自幼便信奉天主教，或是因为自己的不幸，听从劝导，吃斋求福。穆启蒙在《天主教史》卷三说道："教友都是些平民百姓：例如工匠、农民和渔夫；为便利传教工作，并为减低背教的危险。"[105]徐珂也称基督教"有佛家之神道作用，而无空寂之弊，有回教之坚忍不屈，而与人群无忤，对于中下社会，最为适宜"。[106]更多的时候，华籍天主教徒大多是穷人，维持生活尚有困难。乾隆五十年（1785）江西拿获的外籍传教士方济觉，在贵溪县天主教徒纪约伯家时，"住了一个多月，供膳不起"，不得以，"托伊族叔纪友仂代为买食，每年许给花银八圆"。[107]有些教徒来自偏远山乡，经济条件本身有限，"一些信徒甚至由于在贫瘠的山区难以维持生计，被迫背井离乡去了别的省份"。[108]有些经受天灾，越发穷困，1836年时，汉水旁有"茅棚数椽"，"多数教友家也，于上年水涨时，漂流至此，栖于茅棚中"；[109]有些经历教案，一贫如洗，1820年湖北谷城教案后，"所

---

105 [法]穆启蒙编著：《天主教史》（卷三），第268页。

106 徐珂编撰：《清稗类钞》（第四册），中华书局，1984年，第1956页。

107 乾隆五十年三月十七日《江西巡抚伊星阿奏挐获姜保禄等讯明办理缘由折》，《文献丛编》（第十六辑），第29页；另，乾隆五十年四月二十一日《福建巡抚雅德挐获西洋人方济觉等折》，《文献丛编》（第十七辑），第41页。

108 《一位在华耶稣会士致朋友的信（1766年8月28日）》，[法]杜赫德编：《耶稣会士中国书简集》（五），第108页。

109 成和德：《湖北襄郧属教史记略 刘董二位致命真福合传》，第36页。

有会口，概遭浩劫，教友之家，或被抄洗，或被焚毁，妇孺老赢，不得已或逃避深山丛林之中，与豕鹿为伍，或寄居不仇教之亲友家中，苟且度日，即向有微资者，至此亦一贫如洗矣，甚至高筑债台，以填胥徒之欲壑"。[110]此外，湖北磨盘山的天主教徒，住的房子仅仅是以稻草覆顶的棚子。[111]在此工作的河弥德神父认为，"尤其是在农村，传教活动取得成功的可能性还要大。"[112]

因此，听说传教会考虑要停止给予不属于外方传教会的华籍神父薪俸，要由依靠华籍天主教徒的捐款时，范盛益神父就指出："几乎所有的四川天主教徒都是穷人。"他只表示原则上同意这一步骤[113]。

### （二）华籍神职人员也多为平民出身

从《在华耶稣会士列传及书目》与《在华耶稣会士列传及书目补编》、《中国天主教史人物传》、《清代四川天主教传教史拾遗》等资料可以看出，当时的华籍耶稣会士多自幼就跟随父亲或祖父等奉教，其他各修会的华籍神职人员也多出自天主教家庭。以四川为例，18 世纪在四川工作的 33 名华籍神父中，只有贵州人奥占斯丁赵是唯一一来自非天主教家庭者，其他都出于天主教家庭。如李安德曾声称其家族祖上五至六代都是天主教徒。而党怀仁和苏宏孝也都是传道员的儿子[114]。贵州合州地区夏姓天主教徒人数比较多，"始终不衰"，并且，"还出了三位神父"。[115]乾隆四十九年（1784）被捕的华籍神父刘多明我，其"父刘一常、兄刘志唐，俱习天主教"。[116]

既然此段时期的天主教徒多为普通老百姓，那么，从这些家庭中出生的神职人员，身份亦多以平民为主。四川地区华籍神父的培养，主要是吸引那

---

110 成和德：《湖北襄郧属教史记略　刘董二位致命真福合传》，第 17 页。

111 《耶稣会传教士纽若翰（Neuviale）神父致同会布里松（Brisson）神父的信》，[法]杜赫德编：《耶稣会士中国书简集》（四），第 279 页。

112 《耶稣会传教士河弥德神父致布拉索神父的信（1759 年 8 月 20 日）》，[法]杜赫德编：《耶稣会士中国书简集》（五），第 64 页。

113 Robert Entenman：《18 世纪四川的中国籍天主教神职人员》，第 43 页。

114 Robert Entenman：《18 世纪四川的中国籍天主教神职人员》，第 42 页；[法]穆启蒙编著：《天主教史》（卷三），第 269 页，李安德出生于"陕西汉中一个明朝末年的老教友家庭"。

115 张泽：《清代禁教期的天主教》（增订本），第 119 页。

116 乾隆五十年正月十二日《福康安奏审讯教案人犯分别解京折》，《文献丛编》第十五辑，第 6 页。

些由父母奉献给教会并为它服务的男孩子。据马青山神父说，1732 年，教徒沙勿略和佛朗西斯赵将他们两个儿子中的一个带给马青山，让他服务教会。马青山挑了 13 岁的若望，其父母就签了一张契约，规定让若望为天主服务，并在马青山的指导下学习，准备天主为他安排的工作。华籍神父李安德在开始他的训练之前，也写了一份说明父母已将其儿子奉献给教会的契约[117]。成为一名神职人员，意味着可以得到外国教会的薪俸，在家境充实的情况下，也许他们不会自幼献身教会，以一纸契约成为神职人员的培养人选。

## 第三节　华籍教徒的教内层次

嘉庆时期，对被捕的华籍天主教徒惩罚甚严，态度坚定、不愿背教的为首者会处以死刑，罗马教廷认为他们是殉教者，遂将部分被处死者列为"真福"。19 世纪 50 年代以前，被判以死刑的华籍天主教徒情况，可参见表 2-4。

**表 2-4　19 世纪 60 年代以前判以死刑的华籍天主教徒[118]**

| 姓　名 | 教　名 | 身份 | 生年 | 籍　贯 | 入教缘由 | 卒　年 |
|--------|--------|------|------|--------|----------|--------|
| 赵（朱）荣 | 奥斯定 | 神父 | 1744（6） | 贵州婺川 | 梅神父劝导 | 1815 |
| 袁在德 | 若瑟 | 神父 | 1766 | 四川 | 家传天主教 | 1817 |
| 刘翰佐 | 保禄 | 神父 | 1778 | 四川乐至 | 父母是教徒 | 1819 |
| 刘瑞廷 | 达陆 | 神父 | 1773 | 四川邛崃县 | 父母是教徒，并受传教士劝导 | 1822 |

117 Robert Entenman：《18 世纪四川的中国籍天主教神职人员》，第 40 页。

118 据[法]穆启蒙：《中国教友与使徒工作》，第 164、165、169、170、172、173、176、177、182、183 页。成和德：《湖北襄郧属教史记略　刘董二位致命真福合传》，第 62 页；顾保鹄：《中国真福》，《恒毅》11 卷第 7 期，1962 年 2 月，第 16 页；辛植柏编著：《中国天主教及其新教难》，（香港）自由出版社，1954 年，第 46-48 页；方豪：《中国天主教史人物传》（下），北京，中华书局，1988 年，第 211-212 页；天主教台湾地区主教团宣圣委员会主编：《中华殉道圣人传》，第 73-86、98-104、115-124 页；以及 http://home.tianzhujiao.org/archiver/xhtml/topic/488/index.html。

| 吴国盛 | 伯多禄（伯铎） | 传道员 | 1768 | 贵州省遵义府隆平场 | 徐姓教徒劝导 | 1814 |
|---|---|---|---|---|---|---|
| 刘文元 | 伯多禄 | | 1760 | 贵州贵筑 | 教徒冷纳爵劝导 | 1839 |
| 郝（何）开枝 | 若亚敬（雅敬） | 教徒领袖[119] | 1783 | 贵州修文县 | 传道员张大鹏劝导 | 1839 |
| 白满 | 老楞佐 | | 1822 | 贵州 | | 1856 |
| 曹桂英 | 依搦思 | 贞女 | | 贵州兴义 | | 1856 |
| 张大鹏 | 若瑟 | 传道员 | 1754 | 贵州都匀 | 教徒劝导 | 1815 |
| 卢廷美 | 热罗尼莫（业乐） | 传道员 | 1811 | 贵州郎贷县毛口场苗人 | 教徒劝导 | 1858（7）年1月28日 |
| 王宾（炳） | 老楞佐（乐伦） | 传道员 | 1811 | 贵州贵筑 | 家传 | 1858（7）年1月28日 |
| 林招（昭） | 亚加大（佳德） | 贞女 | 1817 | 贵州兴义 | 家传 | 1858（7）年1月28日 |

　　从表 2-4 所列的华籍天主教徒情况来看，禁教时期的中国天主教会中，大致可以分为神父、传道员、普通教徒几个层次，他们或者以为教会服务为终身职业，或者热心传教，被捕后不肯背教，被清政府视为异端而被处死，以示儆尤。

## 一、神职人员

　　天主教内，凡专门管理教徒的神业、指导教徒神修救灵的事务者，都被称为神职人员（现在称为教职人员[120]），泛指一切献身于教会的人。天主教内部的神职人员一般分为主教（还有总主教、代主教，也包括监牧）神父和修士等。清代禁教之前，曾有罗文藻[121]神父被祝圣为主教。直至 18 世纪初，先

---

119 [比]柏应理：《一位中国奉教太太：许母徐太夫人甘第大传略》，第 55 页中，有对这类领袖的介绍，"中国各处堂中，又有一种规例，便是年年在各城信友中，选派领袖一名，弥撒毕后，起首朗诵经文，他人同声答应。这领袖，也叫堂长，先高声念经作圣号，众人同作圣号：他就缓缓地念'诸圣列品祷文。'"

120 由于所引用的文献资料多以"神职人员"称之，故本文涉及到此类人员时，仍沿用"神职人员"这一称呼。

121 罗文藻神父的生平事迹可参见徐宗泽：《祝圣吴渔山司铎之罗文藻主教》，《圣教杂志》1937 年，第二十六卷第八期，第 483-485 页；Tommaso M. Gentili：《第

后担任主教的中国籍高级神职人员总共只有 4 位。[122]因此，在禁教时期工作的华籍神职人员，多以神父、修士为主。

神父也称司铎，最开始要求懂得用拉丁文作为礼仪用语。1615 年 6 月 7 日的教宗简谕《罗马宗座的主教（*Romanae Sedis Antistes*）》，不仅将中国传教团升为中国副省，正式脱离日本省，还给予中国传教团三项特权：其一是在圣事中可以有一个司祭；其二是可以将圣经翻译成汉语文言；其三是允许将来的中国神父以汉语文言作弥撒和朗诵作圣事的《司铎课典》。史称"保禄五世特准"。[123]鉴于德国代表斯筹尔（Schorrer, S. J.）神父提出东方人学习拉丁语的困难，传信部秘书阿尔布利兹（Albrizzi）孟席认为使用本地语言举行宗教仪式是培养本地神职的唯一途径，提请全体枢机委员会审议，是否请教廷豁免中国和印度支那本地人士使用拉丁语进行教仪。1659 年 9 月 9 日，教宗亚历山大七世（Alexandre VII）颁布《来自宗座（*Super Cathedram*）》教谕，同意祝圣那些不懂拉丁文的中国人为神父，只要他们能够朗读，并且能解释《弥撒规程》和圣事程序[124]。史称"亚历山大七世特准"。

此外，为开展传教工作，外籍神父甚至要求批准已婚的中国人为神父。中国的传统观念以无后代为"不孝"的最大罪过，天主教的神职人员不许结婚，这项条件成为中国人晋升为天主教神职人员的一大阻碍。为此，1686 年 11 月 2 日，伊大仁（Bernardo della Chiesa）神父进言教宗，要求批准为有婚姻史的人晋铎："除了那 4 个入了耶稣会的人（指中国人刘蕴德、吴历、万其渊和陆希言）可期待他们有所毅力外，晋铎其他人将十分困难。我遇到过

一位中国司铎与主教——罗文藻》，罗渔译，罗光编：《天主教在华传教史集》，（台）徵祥出版社、光启出版社等，1967 年，第 55-67 页；顾保鹄：《中国第一位司铎第一位主教罗文藻》，《恒毅月刊》34 卷 11 期，1985 年 6 月，第 21-22 页；丁惠英：《罗主教文藻史略》，《恒毅月刊》34 卷 11 期，1985 年 6 月，第 23 页；《恒毅月刊》资料室：《教宗格肋孟第十世绍书，任命罗文藻为主教（节译）》，《恒毅月刊》34 卷 11 期，1985 年 6 月，第 24 页；《恒毅月刊》资料室：《罗公文藻主教生平大事录》，《恒毅月刊》34 卷 11 期，1985 年 6 月，第 26 页，等等。

122 许明龙：《黄嘉略与早期法国汉学》，中华书局，2004 年，第 47 页。

123 P. D'Elia S. J.，《初期耶稣会士培植中华圣职之努力》，施安堂译，罗光编：《天主教在华传教史集》，（台）徵祥出版社、光启出版社等，1967 年，第 320 页。

124 Nicolas Standaert (ed.), *Handbook of Christianity in China*, Volume one: 635-1800, p. 463.

晋铎的合适人选，但有一个条件，为他们晋铎可以授予职称，并使用他们的语言。因为他们都结过婚，要让他们针对他们的妻子，发贞节愿。如果教皇陛下能豁免此点，为本地人晋铎不难，否则我认为难之又难。”[125]可以说，这成为清代天主教在中国本地化的一大特色。

修士为天主教中离家修道的男子，未被晋升为司铎则只能称之为修士。如乾隆四十九年十二月（1785 年 1 月）被捕之刘西满称：“我因在西洋住过多年，熟习洋字经典，所以人都称我神甫，实未受有执照。”[126]他有可能只是修士，未晋升为司铎。刘西满于乾隆十八年（1753）“前往西洋习教，三十八年回籍，随充当神甫，四十九年犯案解京发遣。嘉庆十一年，刘西满减徒限满释放回籍，……仍充神甫，与人领洗”。[127]

## 二、传道员

神职人员的传教工作主要可以分为以下两大类，其一当然是向教外人士传播教义，其二是维持已信教者的信仰。在各地禁教、神职人员严重不足的情况下，由教徒充当助手便必不可缺。归化异教徒，维持教徒团体，很大程度上得益于这些助手——传道员[128]的协助。一些神父们无法巡视的教徒团体，可能数年没有音讯而有天主教家庭存在的地方，要完成鼓舞教徒、讲道、分发小书和日历、照顾病人与垂死者等维护教徒团体的工作，传道员即是最佳人选。1759 年，何弥德神父（Fr. Lamathe）写道：“天主的神国是赖传道员去推广的，因为自很久以来，环境已不准许传教士亲身去给外教人讲道。普通我们所付洗的，只是传道员们所预先教育栽培好，然后介绍给我们的；经常是训练两三年之后才准受洗，连看似最热烈的望教者也不例外；如果对他

125《中国方济各会会志》第 5 卷，第 120 页。转引自金国平、吴志良：《吴历“入嶴不果”隐因探究》，耿昇、吴志良主编：《16-18 世纪中西关系与澳门》，商务印书馆，2005 年，第 101 页。

126 乾隆四十九年十二月初十日《陕西巡抚毕沅奏报拿获传习西洋教之刘西满等审供解京折》，中国第一历史档案馆编：《清中前期西洋天主教在华活动档案史料》（第二册），中华书局，2003 年，第 616 页。

127 嘉庆二十一年二月十八日《陕西巡抚朱勋奏报拿获习教之王命举审明定拟并将失察官员查明议处折》，《档案史料》（第三册），第 1079 页。

128 传道员指各派教会中未受“神职”，而在神职人员指导下进行传道工作的人，没有圣事权力，只负责向新入教者和愿意入教者讲解经文、教义。其类型、称呼等可参见下文。

们归化的真诚与坚强有疑问，便要等四五年才成。" [129]

传道员有两种类型，一是定居的，一是巡回的。他们都是传教区所雇用的全职人员，生活和旅费都由传教区支付。固定居住的传道员，更确切地说是善会领袖，以一个特别的会口为基地，负责社团的日常领导事务，比如维持秩序和纪律，设法使教徒恪守教规、主日与庆节，在自己家中召集教徒，给望教者讲道等。为此，他们除了要认识足够的文字外，必须具备传教的热诚和优秀的品德。范益盛说："他们该是好人，坏人非常危险！"巡回的传道员相对要少一些，但他们承担的责任非常重要，因为他们要在非天主教徒中从事皈化工作，努力和教外人员接触，或亲自和他们接触，或通过其他教友。在禁教时期，往往要冒很大的个人风险。品行合格、熟悉宗教知识的传道员很难找，有些时候，出于某种原因而半途而废的修士，往往能成为优秀的传道员。而在四川，修士在晋秩之前，应该在一位欧洲传教士指导下，任传教员一年。[130]

吸收固定居住的传道员或会长有规定的程序，由选举产生。神父需要提出一个或几个传道员的名字，整个会口要用一天选出一名传道员，在这天以前还须做一段时间祈祷和斋戒。上任前先守三日大斋，并发起公共祈祷。然后按照他们的意向举行弥撒，弥撒后，新任传道员守着全体教友，跪于苦像和神父面前，手覆圣经，宣誓尽忠。宣誓毕，神父给他们所需要的劝言，然后给他们每人一本义务纲要，编纂形式有如"修会会规"。

固定居住的传道员、会长或善会领导人之间的区别并不清晰，所有的会长一定都是传道员，但并非所有固定居住的传道员必须是会长。这种混乱是由于传教士不分区别地对两者都采用"传道员"称呼的缘故。18世纪60年代，四川宗座代牧报告，当时在严格意义上已经没有传道员了，只有善会领袖。1725年，当时的宗座代牧穆天尺对此作了区分，即许多新的教徒应该拥有一个领袖作为训导员（即会长），他必须向传道员作报告，传道员然后要向传教士作报告。而且，只有得到主教的准许才能任命巡回传道员。此外，善会会长可由任何神父充当，尽管他事实上拥有一个取代执事的职位[131]。

129 *Lettres èdif.*, T. XIII, p.87. 转引自[法]穆启蒙：《中国教友与使徒工作》，第128页。

130 燕鼐思：《中国教理讲授史》，田永正译，河北信德室，1999年，第135页。

131 Robert Entenman：《18世纪四川的中国籍天主教神职人员》，第43-44页；Nicolas Standaert Nicolas ed., *Handbook of Christianity in China,* Volume one: 635-1800, pp. 471-472; 以及燕鼐思：《中国教理讲授史》，第131-135页。

　　当然，这些会长可能来自社会的各个阶层，当时江南地区的会长经济实力较为雄厚，有能力为本地教徒办事，维持当地教会的稳定：

　　　　"教友最多的地区是上海、松江、苏州、南京，也有许多富户；他们既因罗马对礼仪争执的决议案而与考试及仕途绝缘，遂在船上从事贸易，经理着丰厚的财产。许多乡下教友也因他们的工作和品德而致富。南京教区虽然一世纪之久没有教会的任何救助，仍能保持信德，主要是赖这些有名望的人；凡路过江南的人，都极口称赞他们的慷慨大量。在他们的住宅内，或在屋顶，或在庭院的深处，隐藏着家庭的小经堂，不只为他们的家人，也欢迎邻居的教友去祈祷。

　　　　他们负责经理先人遗赠给教团的财产，有时数目很可观。给新生的婴儿代洗，监督婚姻，使符合教会的规定，当时局不太恶劣时，请一位神父来行圣事，保证他的安全，这一切都归会长们操心。他们得收集必要的基金，用为送信者的旅费，传教士及事业的维持费，救助贫病以及官员们婚丧应酬的费用等。对官绅所时时发动的欺压，他们自然又是为首的牺牲品；为避免被控告，导致破产的诉讼和坐牢，常须要他们破费。许多家庭不惜牺牲财富，甚至破产，以保持自己宝贵的信德。" [132]

　　此外，有的传道员任职时甚至没有入教，例如贵州的吴国盛。1795 年，四川一位名叫罗玛弟（玛弟亚）的华籍神父路过贵州隆平场，遇见一群训练

132 La Servière, *Mission du Kiangnan*, T. I. p.21-22. 转引自[法]穆启蒙：《中国教友与使徒工作》，第 129-130 页。另见丁宗杰：《上海天主教教务发展史》，《传教鳞爪》，天主教教务协进委员会，1949 年，第 11 期，第 1235 页："那时教友，因着教仪问题的牵累，已不能再入学做官，所以上海那些仕官人家的教友子弟，都改了商业，或靠祖传田产收租维持，余下的都是一般农民及渔民，教友在社会上的势力，消减的一星不存了。可是生活方面，或因经商顺利，或因田地丰收，大致尚称殷实，各会口各堂口，又大概都有田地产业，他们就自己选取出会长来管理各本会口的公产。这些会长，就留心会口内所生孩子的付洗，男女结婚时的不背圣教礼规，通知教友们瞻礼及大小斋期等等，一朝仇教风波比较和缓时，就偷偷地设法请一位神父来，给附近教友施行圣事。也就是这些会长，负责神父的安全，神父的送往迎来，伙食开支以及小堂内应用的一切都由他们筹备负担。此外他们还要帮助堂口内事业的费用，他们出去给病人送终，给穷苦教友做哀矜，给衙门的官吏，或地方上的恶小送贿赂，为的是要保存信德，买一个太平。据当时传教神父的记载，上海附近就有着好几家教友，因之而家道中落的。"

充足能有效接受望教试的人，吴国盛尤为突出，于是，罗神父便委托他为传道员，次年，吴国盛便给神父介绍了50名准备受洗的望者，他也同他们一起受洗入教，取名伯多禄。[133]

而且，并不是所有的传道员都是由神父任命的，在那个特殊时期的某些特殊场合，有些普通教徒自发担任了传道员的工作，维持天主教的传教工作。1846年，山西代牧的助理冯主教（Mgr. Alphonse de Donato）在信中描述了这样一个例子：

> "一位北京的穷苦新教友，在京中无法谋生，乃辗转隐居在山西省冷酷的山中做小贩以维持生活，他到达西留属时，看见一家乡民的住宅前一个老旧十字架下燃着一柱香，他十分惊奇，便追问这种古怪敬礼的解释；那些人回答说他们崇拜的是一位不知名却有能力的神，他们追随着给这村庄传留这座十字架的祖先的榜样，视它为驱邪免灾的保障。
>
> 我们这位教友不让给他的传教热心送上来的机会溜走，就如又一位圣保禄在雅典一样，给这乡村的要报告他们崇拜却不认识的天主，这位新使徒的讲道给他们的印象很深，致使请求他在他们的村庄住下，以便完成对他们的教诲。他答应了他们的请求，献身这个传道员的职务达六年之久，把他所知道的教义，所熟悉的经文以及在信友中习行的热心神功，全都教导给这些善良的山地人。另外他还由他们当中选出了十二位更热诚的门徒，立他们为传道员，并给他们每人起了一个圣人的名字。这十二人首先受了洗，但不只这十二人；由他们所请来的一位传教士的协助，共有四十九人成了基督徒。"[134]

如此，中国的神父、善会的领袖和传道员就组成了一个中国人的核心，使得天主教发展成为一个"受到中国人欢迎的宗教"[135]。

---

133 [法]穆启蒙：《中国教友与使徒工作》，第166页；天主教台湾地区主教团宣圣委员会主编：《中华殉道圣人传》，第75页。

134 *Annales de la Propagation de le la Foi*, T. XVIII, p.136-137，转引自[法]穆启蒙：《中国教友与使徒工作》，第131-132页。

135 Robert Entenman：《18世纪四川的中国籍天主教神职人员》，第40页。

## 三、普通教徒

除了神职人员、传道员外，天主教会内部大量存在的当然是普通教徒，即平信徒。他们才是教会的主要构成部分，既是教会发展取得的成果，也是继续向教外人士传播教义，影响他们入教的主体力量。康熙朝时，传教士们"在中国拥有 41 个住处，建造了 159 座教堂，受洗礼的人数达 25.7 万人。"[136]这 20 余万人成为随之而来的禁教时期内支持教会生存下去的重要力量。他们在家庭内部一代一代沿习天主教，或是在数年看不到一名神职人员或传道员的情况下坚持信仰，谨遵自己所能记忆的天主教条例，吃斋求福，或是以其言行举止影响附近的亲朋好友，引领他们进入教会。在他们的支持下，中国的天主教会在禁教时期得以生存下来，未在政府的严厉压制下消失殆尽。当然，这数万人中，并不是所有人全都一心一意信奉天主教。

### （一）坚定信仰并传教者

禁教百余年内，大批普通天主教徒不但自己坚定信仰，辅助神父传教，而且鼓励和扶持同道，在当时的情形下，仍然向外宣传教义，引导外教人入天主教。雍正禁教之后，各省都对天主教查禁甚严。"即使官吏们未接到宫廷中的任何命令，人们也会看到该有多少人自告奋勇地从事对基督徒们最准确无误的搜捕啊！有多么少的中国人才敢于选择一种被列于邪教行列的宗教，该宗教已成了政府攻击的目标！"[137]

对此，大多数天主教徒仍选择坚持他们的信念。例如雍正十年（1732），"我们的基督徒、那些代替我们为与他们同性别的人充当传道员或教经先生者，曾遭多次过堂审讯。官吏们以同样的问题威胁他们，甚至让他们其中某些人遭受苦难；他们以一种更加残酷的方式对待其他人，因为他们于这些人的口供中，始终未找到能支持他们于公文中归咎于我们的那些无耻行为。我们毫不怀疑，经过如此之多的搜捕和审讯之后，他们更加坚信了，这些人过去都过着传教士们的那种纯洁而又无邪的生活。"[138]

---

136 [法]埃德蒙·帕里斯：《耶稣会士秘史》，张茹萍、勾永东译，罗结珍校，中国社会科学出版社，1990 年，第 62 页。

137 《耶稣会士卜文气（Porquet）神父致同一耶稣会戈维里神父的信》（1752 年 12 月 11 日于澳门），[法]杜赫德编：《耶稣会士中国书简集》（四），第 90 页。

138 《耶稣会士卜文气（Porquet）神父致同一耶稣会戈维里神父的信》（1752 年 12 月 11 日于澳门），[法]杜赫德编：《耶稣会士中国书简集》（四），第 86 页。

乾隆十一年（1746），福建的天主教徒表现出其对天主教的坚定信心："至于中国民人，一入其教，能使终身不改其信奉之心，非特愚蠢乡民为然，即身为生监，从其教者，终身不拜至圣先师及关帝诸神。现在案内生监陈紬等于录审时，强令往拜先师，至欲责处，抵死不从，及至欲责处夷人，然后勉强叩拜，犹云身虽拜，心仍不服也。以读书入学之生监归其教者坚心背道至于如此，是其固结人心，更不可测也"[139]。在此教案发生两年后，闽浙总督喀尔吉善等仍奏称："福宁府福安县民人陷溺蛊惑于天主一教，既深既久，自查拏之后，将教长白多禄明正典刑，稍知儆惧，然革面未能革心，节次密访各村从教之家，凡开堂诵经及悬挂十字架、念珠等类彰明较著之恶习，虽已屏除，而守童不嫁、不祀祖先、不拜神佛仍复如故。本年闰七月内，司府各官访有省城居民李君宏、李五兄弟二人向系崇奉天主教，今西洋夷人华敬等监禁省城，伊等复为资送物件进监，并代为传递信息。……由此以观，民间坚心信奉天主教之锢习，始终不能尽除。"[140]

乾隆十二年（1747），江苏拿获天主教徒多名，"虽历受刑逼，终未背教，其最杰出者，是唐若瑟，与王斐理伯二名。唐系常熟县人，善表美名，素为一方教友所仰望……官提众教友过堂，以耶稣与圣母圣像，掷于地下，令诸人加足其上，以示反教。唐若瑟当众伏跪像前，大显钦敬之意，有数贞女亦伏跪像前，含泪诵经……致众教友无一践圣像者"[141]。1763年，湖广的官员决定逮捕传教士，"率领大批人马最后消灭我那些可怜的基督徒"。被捕的天主教徒也表现出对信仰的坚定，宁愿承受枷锁，也不愿写"基督教是伪教"这样的话，或是在偶像的塑像前跪拜。[142]

乾隆三十四年（1769），湖北天主教风波时，"教友被拿到官者，一百五十余名。官逼令背教，严刑究治，教友信德坚固，无一背教者。厥后，有熬刑不过，顺口妄供者，旋即懊悔，听神父命，做明补赎，日日守大斋，至三年之久。亦有投官自首者，声明奉教属实，宁受万死不辞。前因惧刑妄供，追悔莫

---

139 乾隆十一年九月十二日《福建巡抚周学健奏陈严惩行教西洋人折》，《档案史料》（第一册），第117页。

140 乾隆十三年八月初七日《闽浙总督喀尔吉善福建巡抚潘思榘奏为密陈严禁西洋人行教折》，《档案史料》（第一册），第160-161页。

141 萧若瑟：《天主教传行中国考》，第381页。

142《耶稣会传教士河弥德神父致布拉索神父的信件摘要（1764年7月》，[法]杜赫德编：《耶稣会士中国书简集》（五），第86-89页。

及。当时教友之热心，于此可见一斑矣"。[143]

此外，在历次教案中，有些天主教徒出狱之后由于仍然笃信天主教，因而前后几次被捕。乾隆十九年（1754），江苏被捕的天主教徒中，谢文山、汪钦一、丁亮先、邹汉三等人，曾于乾隆十三年（1752）因西洋人王安多尼案件而治罪[144]。乾隆三十二年（1768），广东南雄所查获的蒋日逵一案中，"吴均尚前经伙同敛钱买屋，窝顿夷僧林若汉开堂设教，煽惑远近愚民，迨闻查拏解散，犹复不知悛改"[145]。

同时，大多数天主教徒家中都曾藏有与天主教义相关的书册物件。乾隆十一年（1746），在福安县等地"留匿西洋人之监生陈球、民人陈从辉、刘荣水、郭惠仁、缪若浩、缪兆仁等"人家中，就"搜出西洋经像、器具、衣服等物"[146]。乾隆四十九年（1784），在被捕的戴加爵家中，"起出天主实义一本，阐妄一本，义秤一本，初会问答一本，圣教日课一本，独俗迷篇一本，涤罪正规半本"[147]。乾隆五十年（1785）被捕之李松家中也"搜出圣教四规等项书板四十七块，天主实义等项经卷六十三本及十字架瞻礼单等物"。[148]嘉庆二十年（1815），四川天主教徒中"起获之经卷共五十三本，十字架共六百二十个，念珠三挂，图像四轴，教衣二副，教帽二顶"。[149]湖广应城县康宁独槐河阳等地的天主教徒张义盛等家中，"起获经卷二十一本，图像五幅，字幅一张，十字架二个，斋期刊单一张"，赴案自首的张添赐等 78 人，也将收藏的"经卷十一本，图像十三幅，经卷七页，十字架六

---

143 萧若瑟：《天主教传行中国考》，第 389-390 页。

144 乾隆十九年五月二十四日《西洋人张若瑟等供单》，《档案史料》（第一册），第 230-231 页。

145 乾隆三十二年十一月十四日《两江总督李侍尧广东巡抚钟音奏报审拟违制入教之吴均尚等犯折》，《档案史料》（第一册），第 281 页。

146 乾隆十一年五月二十四日《福州将军新柱奏报查拏福安县西洋人行教折》，《档案史料》（第一册），第 83 页。

147 乾隆四十九年十二月二十四日《两广总督舒常等奏拏获西洋教案内戴加爵解京质讯折》，国立北平故宫博物院文献馆编：《文献丛编》（第十五辑），国立北平故宫博物院出版物发行所，1933 年再版，第 5 页。

148 乾隆五十年二月初九日《山东巡抚明兴奏拏获西洋人及勾引传教人犯折》，《文献丛编》（第十五辑），第 11 页。

149 嘉庆二十年二月二十九日《四川总督常明奏为拿获传习天主教人犯审明定拟折》，《档案史料》（第三册），第 1032 页。

个，一并呈缴"。[150]这些天主教物件是天主教徒们日常信奉的指导手册和精神依托，也是他们向教外人士传播教义的媒介。

而且，持续入教之人并未就此消失，各地均有陆续入教者出现。雍正十年（1732），广东省城发生"近年以来"外籍传教士"渐行设教惑众，远近愚民归其教者甚多"之事[151]。乾隆七年（1742），广东按察使潘思榘也以外国人"更或招诱愚民入教"为原因之一而奏请于澳门地方移驻同知一员[152]。乾隆十一年（1746），"福宁府属福安县地方，从前原有西洋人，在彼倡行天主教，招致男妇礼拜诵经，屡经禁逐，近复潜至，乡愚信从者甚众。"[153]从这些不同时间、不同地方的官方奏折中可以清楚地看到，清廷禁教之时，全国以广东、福建等省为主，仍有不少人持续加入天主教，这一现象贯穿这一时期始终。此时的四川地区，从1750年至1800年，在18世纪整个中国教徒人数在下降的情况下，"该省的信徒人数却增长了10倍"[154]。

甚至有些地方，整个乡镇居民都有可能入教，连官府中的一些差役也不例外。以乾隆十一年（1746）福建的教案为例。据福建巡抚周学健奏称："福安城乡土庶男妇大概未入教者甚少，该县书吏衙役多系从教之人，是以审讯时竭力庇护，传递消息，总不能得一实供。审讯费若用时，适下暴雨一阵，该县衙役竟将自己凉帽给与遮盖，伊自露立雨中。"[155]而且，他们对天主教的信仰均表现出很高的热情。当在福建被捕的外籍传教士白多禄等人"被获解省之时，县民送者甚众，有扳舆号泣者，从教之生监，当众倡言我辈为天主受难，虽死不悔，教党之迷惑如此"。[156]他们"一入彼教，虽君父尊亲亦所

150 嘉庆二十年九月二十八日《湖广总督马慧裕湖北巡抚张映汉奏报查获沿习天主教各犯分别办理情形折》，《档案史料》（第三册），第1063页。

151 雍正十年七月十三日《广州城守副将毛克明奏报西洋人方玉章设教惑众逐往澳门情由折》，《档案文献汇编》（一），第172页。

152 乾隆七年七月二十五日《广东按察使潘思榘奏请于澳门地方移驻同知一员专理夷务折》，《档案文献汇编》第一册第193页。

153 乾隆十一年五月二十四日《福州将军新柱奏报查拿福安县西洋人行教折》，《档案史料》（第一册），第82页。

154 Robert Entenman：《18世纪四川的中国籍天主教神职人员》，第39页。

155 乾隆十一年五月二十八日《福建巡抚周学健奏报严禁天主教折》，《档案史料》（第一册），第88页。

156 乾隆十一年八月初二日《福建按察使雅尔哈善奏请敕谕滨海各省严禁西洋教折》，《档案史料》（第一册），第104页。另，乾隆十一年五月二十八日《福建巡抚周

不知，性命死生亦所不顾，专一听信，甘蹈汤火，且衿士缙绅兵弁吏役，率往归附，官员耳目多所蔽塞，手足爪牙皆为外用"。[157]

### （二）背教者

当然，这段时期内，也并非没有背教之人。"在那些带着某种过于合乎人情的目的加入基督教以及基督教并未在其中扎根的人当中，有不少人在遭受迫害时会放弃信仰。"[158]1746年的福建教案中，"各地有许多人都有失体面地否认自己是基督徒。甚至在某些基督徒会口中，大部分人都签署了由当地官吏们起草的背教文书"。[159]乾隆四十九年（1784），"固安县民人韩世端首报，伊故父韩宾曾奉天主教，将经卷一并呈缴前来"。[160]同年，四川桃坝的天主教徒，"教友除刘家外，皆背弃圣教"。[161]

嘉庆之前，有关各次教案的奏折中，对背教者的记载并不多。而嘉庆开始，汇报教案的奏折里，背教者立即增加了不少，有的村有时上百户一起改悔出教。这种现象与当时官府所采取的措施严厉与否密切相关。而且，经过雍乾几十年的禁教，不少教徒得不到神职人员的指导，仅凭记忆口头传授，信仰的效果大打折扣。

嘉庆十年（1805），北京被捕的天主教徒中，虽然"各该犯奉教甚坚，甘心受法，不愿出教，旗人佟恒善虽非先生会长而尤深，并有虽奉谕旨亦不敢违悖天主之语"，但也有"被惑习教之旗人佟明、佟四、蔡永通及在西堂认识汉字之先生民人王世宁、民人柯永福之弟柯添福、尹思敬、吴西满，一经开导，俱俯首叩头，据供实不知天主教是违禁之事，今蒙晓谕，情愿出教，并

---

学健奏报严禁天主教折》，第88页："迨十七日将白多禄等五人起解赴省，县门聚集男妇千余人，送伊等起身，或与抱头痛哭，或送给衣服银钱，或与打扇扎轿，通邑士民衙役不畏王法，舍身崇奉邪教。"

157 乾隆十一年九月十二日《福建巡抚周学健奏陈严惩行教西洋人折》，《档案史料》（第一册），第120页。

158《耶稣会传教士嘉类思神父致法兰西世卿诺瓦荣伯爵兼主教的信（1759年9月12日于中国）》，[法]杜赫德编：《耶稣会士中国书简集》（五），第77页。

159《尚若翰神父就中华帝国1746年爆发的全面教案而自澳门致圣-夏欣特夫人的记述》，[法]杜赫德编：《耶稣会士中国书简集》（四），第337页。

160 乾隆四十九年十一月十三日《直隶总督刘峋复奏报查拿天主教案犯王天德等解京审办折》，《档案史料》（第二册），第549页。

161 [法]古洛东：《圣教入川记》，第73页。

据跐踏十字，皆称悔悟，尚属出于畏法真心。"[162]同年，四川总督勒保上奏说："查成都、华阳两县习教者共四十余人，内有雷应春等五人自奉文查禁以后，即已改悔，惟有郑荣等四十人犹复观望迁延。"最后，"郑荣等均各环跪叩头，金称伊等愚昧无知，误干法纪，令蒙剀切指示，实在感悔无及，情愿痛改前非，永远出教，并于亲友中互相劝谕勉励，为盛世良名，各具连环保结存案"，而"王庭佑一名，其始不肯出教，当即加以刑责，亦即畏惧，依从具结改悔，如再违犯，甘愿加倍治罪"。[163]

嘉庆十六年（1811），四川总督常明上奏说："渠县地方统计先后具悔出教者共有六百三十四户，巴县具悔出教者共有二百一十四户，……其余各厅州县亦据陆续具报赴官具悔呈缴经卷牌像者，已有一千二百一十四户，通计悔教者共有二千零六十二户，均有册结姓名呈送可据。"[164]一年后的统计说，共计有 2 万余户呈递悔结。[165]

### （三）背教后复又习教者

一些背教者被释放后，又会因某些原因重新信奉天主教，再次要求入教。尤其是湖广谷城山区。这里教徒汇集，形成某种形式上比较封闭的教徒社区，背教者意味着与这个社团集体不相融合。或许出于自己的后悔，或许出于不想成为居住地的"异类"，毕竟他们生活在此，不可能不与其他邻人打交道，一些背教者通过苦修，要求重新入教来获得其他教徒的认可。耶稣会士对他们有所记载。1759 年时，尽管湖广山区的"山上没有一位基督教徒在被传讯到官府或受到虐待时放弃信仰"。但是，"一些在四到五年前迫于压力放弃信仰的人也要求通过苦修（不管这种苦修有多么艰苦）重新被基督教所接纳"。[166]1769 年左右，湖广地区弥漫着逮捕天主教徒的恐慌，河弥德神父记

---

162 嘉庆十年正月十八日《刑部奏为审拟西洋人德天赐私自托人寄送书信一案折》，《档案史料》（第二册），第 835-836 页。

163 嘉庆十年十一月二十三日《四川总督勒保奏为遵旨查办天主教情形折》，《档案史料》（第二册），第 888-889 页。

164 嘉庆十六年三月二十九日《四川总督常明奏为查办天主教大概情形折》，《档案史料》（第二册），第 909-910 页。

165 嘉庆十七年八月二十七日《四川总督常明奏报川省天主教教民陆续改悔出教办理情形片》，《档案史料》（第三册），第 986 页。

166 《耶稣会传教士河弥德神父致布拉索神父的信（1759 年 8 月 20 日）》，[法]杜赫德编：《耶稣会士中国书简集》（五），第 65 页。另见《耶稣会传教士嘉类思神父

述道，"大部分基督徒还没见到敌人就已经被征服了。事实上，最初几乎所有到衙门过堂的人都可耻地屈服了，有一些早一点，有一些晚一点"。但后来，仍有一部分比较勇敢的教徒未背教，已叛教的也有部分开始后悔。[167]

嘉庆、道光年间也有不少听闻官府追查改悔，后又重习天主教者。但这些地方的教徒家庭往往比较分散，不像湖广的山区，教徒家庭比较集中，有比较成熟的教区社会。他们重新开始习教的原因很大程度上是为今世及来世的生活祈福。道光十六年（1836），直隶宣化府宣化县拿获天主教徒刘书林等，原籍宛平县，均于其父在时随同念诵天主经诫，嘉庆二十二年（1817）、道光四年（1824）时，先后被宛平县拿获，改悔出教，移居宣化县后，又"惑于邪说生前可以邀福消灾，死后能免轮回，仍潜行习教"。[168]

### （四）告发天主教者

更有甚者，某些教案的始作俑者正是一些天主教徒。任何社会都会有矛盾冲突，教会内部也不能例外，何况普通教徒之间。他们也有现实的经济等利益之争，在自己的利益未得到满足，或是受到金钱的诱惑之下，便以此为由而出卖天主教士、教徒。乾隆十二年（1747），一位尤姓教徒与外籍教士黄安多有过节，告到县衙不予受理，遂至苏州臬台控告，逮捕了黄安多、谈方济各神父及若干教徒，最后两位神父被处以死刑[169]。1819年，刘克来神父在河南被逮捕，亦是被教徒告发的。对这位教徒有两种记载，一说是谷邑教徒沈某，本佻达少年也，多行不义，"闻有千金厚赏，不良之心，勃然大动，径往府署，先将沈司铎密卖，旋遂自率差役，来拘真福"；一说是"一极恶教友，姓靳名荣，绰号六先，因真福痛责其纳宠恶表、积成怨恨，阴使其子赴县叫差"。[170]但在清朝档案奏折中，只记明当时刘方济各神父听闻湖北查禁，与教民陈量友、王老四一同逃至河南南阳县，在靳宁家躲避，陈量友、王老四各自转回，刘方济各在靳宁家居住七八日，又与靳宁雇车至周安堂侄媳周

致法兰西世卿诺瓦荣伯爵兼主教的信（1759年9月12日于中国）》，[法]杜赫德编：《耶稣会士中国书简集》（五），第78-79页。

167《传教士河弥德（La Mathe）神父致布拉索（Brassaud）神父的信（1769年7月17日于中国）》，[法]杜赫德编：《耶稣会士中国书简集》（五），第141页。

168道光十六年三月初五日《直隶总督琦善奏报审拟宣化府传习天主教民人刘书林等情形折》，《档案史料》（第三册），第1211页。

169徐允希：《苏州致命纪略》，第23-25页。

170成和德：《湖北襄郧属教史记略　刘董二位致命真福合传》，第10-11页。

靳氏家借住数日，随后因无处藏匿，又回靳宁家，旋即被拿获。[171]靳家是否告发刘神父，尚存疑虑。此后，1839 年，湖北董文学神父的被捕，是由"新奉教钟成者，即钟老三，家居观音堂河上，其良心为赏银昏迷"，为三十两银子将神父藏身处告之官方。[172]

此外，部分平民因家传天主教而自幼信奉，官府查拿教徒甚严之时，对信教方式作了些许改动，例如取消念诵教义经文等，以避免刑罚。嘉庆二十年（1815）湖广省拿获的天主教徒张义盛，"籍隶应城县，其曾祖张荣组在日，曾与方三多、何克振、何定潮、王立春、王志春、程品阶、丁昆玉等之祖人同习天主教，留有经像，并供奉十字架，迨后各姓子孙，均相沿习教，茹素念经，历年已久。嘉庆十年，奉示严禁，各姓或将经像收藏，或私自烧毁，以后仅止茹素，并未念经"。[173]

上述各种记载可见，禁教时期，虽然朝廷严令禁止天主教，也出现一些背教者，但仍有不少民众不断加入天主教。从教之人大多由乡镇民众、县衙差役和生监构成。他们既无神职，又非贵族，构成中国天主教徒队伍中的普通群体，同时也是它的主体。而且，层出不穷的教案对天主教徒的信德提出了严峻的考验。李安德神父说："因祸可以得福，这猛烈的风雹也给与了福建，四川，和其他有报导的省份中，很多男女教友，一个发现坚强信德的机会，被人告发信奉邪教，虽则受遍枷锁，鞭笞，酷刑，身体遭罪，财产没收，但是仍然不背信德，因天主的圣宠，得作基督的勇士，耶稣的真徒。"[174]

## 第四节　平民传习天主教的神秘色彩

部分天主教徒的良好言行，成为教外人士的榜样，遂在他们的影响下入教。乾隆年间，江西省一个村庄流行传染病，巧的是基督徒们未受感染。由

---

171 嘉庆二十四年十一月初七日《河南巡抚琦善奏为续获天主教人犯周观等审明定拟折》，《档案史料》（第三册），第 1164 页。

172 成和德：《湖北襄郧属教史记略 刘董二位致命真福合传》，第 46 页。另见《董圣人致命歌诀》，第 7 页，"出下赏格贴各处，赏格上面写得明，拿住教匪为首犯，三十两正雪花银，此银各县封在库，领赏不少半毫分。"

173 嘉庆二十年九月二十八日《湖广总督马慧裕湖北巡抚张映汉奏报查获沿习天主教各犯分别办理情形折》，《档案史料》（第三册），第 1064 页。

174 [加拿大]赵玉明：《国籍司铎之模范——四川宗徒李安德》，第 29 页。

于正值秋收，"基督徒们不仅仅在非信徒们患病期间帮助他们，而且他们还收割其庄稼并妥善贮存。但由于他们独自不足以完成如此之多的工作，所以他们便召来了其他基督徒，后者都从3法里之外赶来，以帮助那些人秋收"。在这种情况下，传教士们说"不难预料，一种如此大公无私、如此普遍的慈悲，必然会触动那些偶像崇拜者们的心扉，由此而鼓动许多人接受了这种宗教，它会启迪人产生非常美好的情感、充满无私和慷慨的行为。"[175]《赵奥斯定神父传》中也曾举例说明教徒良好榜样的重要性。有个外教人，忽然到北京东堂，说自己愿意奉教，原因是"我住家离这里不远，每逢人进堂，我常看见，我留心看他们的穿戴举动，另有一番端庄的气像，与别人不同，狠动了我的心，我心里说，他们奉教的，在街上行走，这样的端庄谨慎，一定是教规好，把他们管成这个样儿了，故此左思右想，总有愿意奉教的意思。"[176]

乾隆年间，在湖广地区工作的外籍传教士报道说："基督教现已于该地区广为人知了，其四周的所有地区都对这一事件反响强烈。人们公开声称，成为基督徒具有许多优越性。"[177]也许上述这些天主教徒以良好的行为举止成为教外人士学习的榜样，所以大家会认为成为天主教徒具有许多优越性，但不可能人人皆能如此，成为他人仿效的楷模。平民百姓是天主教会的主体，当时的他们没有条件接受较多教育，归化他们并不是件容易的事。受其接受教育程度的影响，教理很难渗透到这一阶层。大部分出身农村的平民都仅仅是接受口传和受到了最基本的教育，这就很难避免天主教的观念和民间传统之间会出现某些程度的同化现象。在传教和归化的过程中"始终都是一些被认为是神奇的事件鼓励民众们要求举行受洗"。[178]于是，平民百姓传教与信教的过程，明显带上了神奇、神秘甚至迷信的色彩。

---

175 《耶稣会传教士君丑尼（Loppin）神父致波兰王后——洛林女公爵告解神父拉多明斯基（Radominski）的信》，[法]杜赫德编：《耶稣会士中国书简集》（四），第270页。

176 《赵奥斯定神父传》，第11页。

177 《耶稣会传教士赵圣修（Louis des Rolests）神父致布里松神父的信（1741年于湖广省柏泉山）》，[法]杜赫德编：《耶稣会士中国书简集》（四），第286页。

178 [法]谢和耐：《中国与基督教：中西文化的首次撞击》增补本，第81-82页。

## 一、治病消灾求福

大多数中国人向来对宗教持有实用的态度，比如能治好各类疑难杂症或祈求降福等。作为平民的大部分天主教徒，对教义的理解有限，禁教时期也无足够的神职人员对其进行教导，他们很多时候是因为天主教能治病消灾、求得死后幸福而受洗入教。

### （一）信奉天主教今世治病消灾

在一些场合中，传教与入教的过程与一些神奇的偶然事件联系在一起，例如奇迹般地治愈病患等。这从一些传教士的记述中就可以看到[179]。虽然夸大天主教的神迹可以使得在民众中宣传教理通俗简单，但却易生误导，使得天主教与民间宗教相混同。这样，部分平民之信仰天主教，就有相信天主教能为他们治病消灾、驱逐魔鬼，或是天主显灵等原因。1726 年前后，一个充满信仰的老兵回家乡传教。当时有一老乡家中闹鬼，这位老兵为其儿子付洗之后，这房子就不再闹鬼了。此外，有位入教的夫人因病痛自杀未遂，但一直持续的高烧却奇迹般地退了，亲人们"惊奇地发现她脖子上有七道很深的刀伤，却没有一滴血"。[180]樊守义神父于乾隆八年（1743）"在正定府时，曾为一失明的名儒付洗，受洗后，双目立即复明。不久即有百余人要求入教"[181]。

这些事情大致相同，在徒劳无益地使用医药和佛道驱魔仪式之后，病人便转而向传教士们求救。乾隆年间的湖广地区，有些非信徒遇到不顺，受到病痛，或是连续火灾等，三番四次的施法后也不见效，便向天主教徒求助。天主教徒拿着圣水，举着圣像，骚扰随即停止，或至少减轻了。于是，这些非信徒自觉来接受教诲，接受洗礼。[182]在赵圣修神父的记述中，还有另一名此

---

179 [法]谢和耐：《中国与基督教：中西文化的首次撞击》增补本，第 71 页："事实上，传教士们的书简提供了大量有关圣水之神奇效力的例证。它具有治愈患疾者、挽救垂危者、为中魔者驱魔、为受魔鬼骚扰的住宅中驱鬼等作用。"亦可参见《湖广圣绩》，[比]钟鸣旦、杜鼎克编：《耶稣会罗马档案馆明清天主教文献》（第十二册），（台北）利氏学社，2002 年，第 429-435 页，记载了一些康熙十八年左右在此发生的诸如"圣女"、天神显灵治好病患、起死回生的奇异事件。

180《耶稣会传教士殷弘绪神父致本会杜赫德神父的信( 1726 年 7 月 26 日于北京 )》，[法]杜赫德编：《耶稣会士中国书简集》（三），第 199-200、207 页。

181 方豪：《中国天主教史人物传》（下），中华书局，1988 年，第 34 页。

182《一位耶稣会传教士给母亲的信（1768 年 9 月 8 日）》，[法]杜赫德编：《耶稣会士中国书简集》（五），第 113 页。

地的非信徒如此入教的例子：他的儿子得了重病，试过多种方法，包括崇拜偶像也未使他痊愈，圣贤建议他去崇拜基督徒的上帝。当地从未听到过基督徒，但他仍旧在距其住宅 7 法里处找到基督徒，基督徒们为孩子行了洗礼，但仍未再活多久。这名非信徒坚持阅读经书，最终入了教。[183]同时在浙江省，紧傍仁和附近的一个村庄失火，一名非常贫穷的基督徒，其住宅位于非信徒们住宅的中间，求告真正的上帝，祈求它怜悯其苦难。果然，这位善良信徒的房子完全避开了火焰，在已被化为灰烬的所有其他房子中间独存。这一事件的见证人卜文气（Porquet）神父，利用这一机会，使五十多名不信基督教的人受洗，接受了基督教。[184]

乾隆四十九年（1784），湘潭县民刘振宇经过教徒刘盛传家，进去吃茶，刘盛传母亲唐氏知道他有痨病，吃观音斋不中用，认为她儿子吃天主斋要好些，便将他儿子带回来的斋单给了刘振宇一张，刘振宇只想病好，把斋单贴在堂屋壁上，照日吃斋，结果没几日即被拿获。[185]严格来说，此时刘振宇还不是天主教徒，只是开始在日常生活中按天主教的规矩行动。"吃天主斋"这一说法与在民间早已普及的佛教徒"吃斋念佛"这一行动相似，与"吃观音斋"似无甚差异，仅是功效有所区别而已。这反映了部分教徒对天主教缺少认识，甚至有所误解。

如刘盛传、刘振宇般认为天主教能治病者不少。尤其是一些曾放弃天主教信仰，即背教之后，又因病痛而再次向天主教求救的人，因为"背弃信仰和陈列"迷信"的牌位会导致严重的疾病"，[186]如果习教能病愈，则对信仰更为坚定。嘉道年间，此类现象的记述比较多。嘉庆十九年（1814），通州拿获寄居海门的崇明县天主教徒袁昌，供称嘉庆十四年（1809）间，有一名山东人至海门，住在周嘉禄处，传习西洋天主教，声言"有人信奉天主，

---

183 《耶稣会传教士赵圣修（Louis des Rolests）神父致布里松神父的信（1741 年于湖广省柏泉山）》，[法]杜赫德编：《耶稣会士中国书简集》（四），第 281 页。

184 《耶稣会传教士君丑尼（Loppin）神父致波兰王后——洛林女公爵告解神父拉多明斯基（Radominski）的信》，[法]杜赫德编：《耶稣会士中国书简集》（四），第 270 页。

185 乾隆四十九年八月十四日《天主教民刘振宇供单》，《档案史料》（第一册），第 349 页。

186 Robert Entenman, "The Problem of Chinese Rites in Eighteenth-Century Sichuan", in Stephen Uhalley, Jr. and Xiaoxin Wud eds., *China and Christianity: Burdened Past, Hopeful Future*, Armonk, N. Y., 2001. p134.

即可消灾免罪"，于是，袁昌与叔袁天佑、兄袁茂芳、亲戚顾献廷、黄献邦等信从入教，传教之人，每月出钱二三十又及十余文不等，均交周嘉禄。随后逮捕的袁添佑等九人，仅吃斋诵经，称西洋教可破八卦白阳等教之法，不与交通。[187]五年后（1819），江苏海门厅的天主教徒丁驾允投案自首，他于嘉庆十九年（1814）时因袁昌案件已改悔出教，二十一年（1816）时，听闻有"从前一同习教之龚添宝家仍行瞻礼，封斋念经，又有邱小方刻卖瞻礼单，伊因时常患病，恐系出教之故，亦往龚添宝家，与邱殿陇、邱小方等一同瞻礼念经"。[188]同案内的龚添宝也本已改悔出教，二十一年（1816）时，他因患病，遇到也曾悔教的表母舅郁正芳，郁正芳此时也患足疾，家多夭殇，他俩谈及此，遂"疑系出教之故，复图念经消灾。龚添宝随搜觅破图像一幅做成十字架，同郁正芳在家瞻礼念诵，每年不拘正二月及十二月封斋开斋两次，每次四十六日，封斋期内茹素，开斋之日吃荤。邱殿陇、丁驾允、徐谨、袁惠苍等闻知，亦先后至龚添福家礼拜，贴给香烛饭食钱一二十文至四十余文不等"。同样曾背教改悔的黄献邦因与妻子时常患病，听说龚添宝等仍行瞻礼，亦思消灾获福，做成十字架在家礼拜。[189]

嘉庆二十年（1815）于湖广省被捕的天主教徒张义盛，原自嘉庆十年（1805）便已未念经，此年二月间，他患病日久未痊愈，"复思讽诵天主经咒，希冀除病消灾，随将家藏经像、十字架检出，独自拜诵，数日后，病适就痊，自此复行信奉，并未传徒及另为不法情事。维时张义盛之侄张大才、张大伦、张添赐闻知张义盛拜诵经卷可以除病，误信天主教有灵，亦复各自持诵。嗣又有方三多、何克振、何定潮、王立春、王志春……龚祥太等，因伊等祖上本习天主教，迨后仅止茹素，因闻张义盛念经除病，亦各在家念经。丁昆玉又在天门县素识之沈光年家见有刊刻天主教斋期单一纸，并检回粘贴，按期吃斋"。[190]

---

187 嘉庆十九年十一月二十六日《两江总督百龄江苏巡抚张师诚奏报拿获诵习天主教经卷人犯并咨直督等查拿各犯归案折》，《档案史料》（第三册），第1017页。

188 嘉庆二十四年闰四月十五日《江苏巡抚陈桂生奏报访获天主教并闻拿投首等人分别审办折》，《档案史料》（第三册），第1131页。

189 嘉庆二十四年闰四月十五日《江苏巡抚陈桂生奏报访获天主教并闻拿投首等人分别审办折》，《档案史料》（第三册），第1133-1134页。

190 嘉庆二十年九月二十八日《湖广总督马慧裕湖北巡抚张映汉奏报查获沿习天主教各犯分别办理情形折》，《档案史料》（第三册），第1064-1065页。

　　道光十五年（1835），福建福安县拿获天主教徒李龄安，说自己"前在西洋贸易，传有天竺教，教首名耶苏，现在教首图像并经卷等物带回，有人习教，可以不拜神佛，不祀祖先，能保家口平安，兼除疾病"，陆续劝导刘光燦等 79 人至其家，拜其为师，池贤义等各送给他二三百文。[191]道光二十年（1840），陕西长安县塘坊村农民王浩供称，嘉庆十七八年间，其父王添荣在四川贸易时，拜西洋人李多林（徐鉴牧）学习天主教，令其常年吃斋，早晚念诵礼拜十字木架，可以消灾却病，若无十字木架，即望空礼拜，王添荣照样奉行。嘉庆二十年（1815）李多林被捕，王添荣害怕，自行悔过出教，开斋吃肉，不再习教念经。"道光十八年二月内，该村瘟疫流行，王添荣因家中老幼患病，忆及当年所诵天主教经能消灾却病，遂于旧帐薄内寻出经本，做就十字木架一个，令王浩早晚随同礼拜，念经吃斋。其家瘟疫即愈，唐政等各家闻知，先后寻向王添荣，求其传授，冀免瘟疫。王添荣即照经本语句，口授与唐政等念熟，未给十字木架。唐政等各自在家茹素诵经，望空礼拜。"[192]

　　这些奇事发生后，至少当事者全家都会要求受洗，进而附近目睹此事的亲戚邻居也会陆续入教。当然，"传教士们在这一点上，与他们试图争取到自己一方来的社会阶层的心理相吻合。他们相信魔鬼附身的真实性和洒圣水的有效性"。[193]

　　由此可见，平民入天主教一般具有功利性，祈求消灾祛病，保得家宅平安，希望能借此消除现实的苦痛。在任何灾难面前，所有非宗教的方法被证明无效时，人们往往只得求助于超自然的力量。这种功利的必要需求非常实际，对民众有较强的吸引力，往往是那些一般偶然性政治事件对平民生活的短暂影响所无法比拟的。

### （二）信奉天主教来世天堂福运

　　天主教认为人自出生就背有罪孽，现世不值得留恋，末日审判终要进行，信天主、行为合格者可得救入天堂，得到美好的生活，主不宽恕的人则入地狱。现实生活只是通向美好未来的一个过渡阶段。信徒要在自己努力和教会

---

191 道光十八年十二月二十七日《闽浙总督钟祥等奏报审拟李龄安等习教案折》，《档案史料》（第三册），第 1239 页。

192 道光二十年三月二十八日《陕西巡抚富呢扬阿奏报访获传习天主教等案审明定拟折》，《档案史料》（第三册），第 1257-1258 页。

193 [法]谢和耐：《中国与基督教：中西文化的首次撞击》增补本，第 71 页。

引导下和上帝进行沟通交流。嘉庆二十年（1815），湖南审讯被捕的天主教徒时，他们供称外籍神父"蓝月旺向称学习天主教可以生前获福，身后成仙，不可背悔"。[194]嘉庆年间潜入内地的外籍神父徐鉴牧（李多林），也曾对天主教徒宣传说："世界穷末，万物被火烧尽，星宿坠落，日月失光，耶苏再来判断祸福，劝人入教，即能趋善避恶，死后可登天堂。"[195]

在这种学说的影响下，部分平民百姓为求死后的福运，开始信奉天主教。嘉庆二十二年（1817）四川被捕的天主教徒陈庭柯等坚称"但为死后求福，并无别情"。[196]同年于京城拿获的天主教徒李邵氏供称："当日男人曾与我说过，能守天主教规，身后必升天堂，又说圣水瓶内的水可以淋洒辟邪的话，我此回实不愿出教。"[197]嘉庆二十四年（1819）在湖北谷城县拿获的大批天主教徒，均系随祖父相沿传习天主教，刘克来（刘方济各）神父来此处后，学习中国语言，讲解西洋经典，"随各信奉，希图求福，即称刘方济各为神父或称刘爷，每月斋期四日，届期斋集天主堂内，听刘方济各讲经一次，名为坐瞻"。[198]

道光十五年（1835），直隶宣化府逮捕了温学展等天主教徒，他们虽于嘉庆二十二年（1817）间自行赴县投首取结，悔改出教，但仍"复惑于邪说，生前可以邀福消灾，死后能免轮回，仍各潜行习教"。[199]

嘉庆十七年（1812），贵州一起教案的审讯结果，集中体现了为生前消灾、死后求福的平民成为天主教徒的情景：

> "顾占鳌与廖庭级并在逃之张大鹏、曾老大彼此交好，顾占鳌
> 贩卖布疋生理。嘉庆五年，川民胡世禄来黔传习天主教，敛钱惑

---

194 嘉庆二十年九月二十四日《护理湖南巡抚印务布政使翁元圻奏报访获西洋人潜入内地传教及习教各犯查讯大概情形折》，《档案史料》（第三册），第1060页。

195 嘉庆二十二年十一月二十三日《署理四川总督成都将军德宁阿奏报拿获传习天主教人犯审明定拟折》，《档案史料》（第三册），第1104页。

196 嘉庆二十二年三月二十五日《四川总督常明奏为拿获天主教人犯审明定拟折》，《档案史料》（第三册），第1091页

197 嘉庆二十二年十二月十六日《巡视东城御史恒安汪彦博奏报访获习天主教之李邵氏等请交刑部办理折》，《档案史料》（第三册），第1107页。

198 嘉庆二十四年十一月初七日《河南巡抚琦善奏为续获天主教人犯周观等审明定拟折》，《档案史料》（第三册），第1162页。

199 道光十五年十二月十六日《直隶总督琦善奏报审拟宣化府赤城县传习天主教人犯情形折》，《档案史料》）第三册），第1202页。

众，黔民罗忠、冯万粹、冷世爵、刘文元、周洪魁、吉文友、吴林、韩潮贵、聂胜朝、曾福听从入伙，顾占鳌与罗忠间壁居住，走至罗忠家探望，见罗忠有天主教经卷，向借两本回家阅看，并未入教，顾占鳌旋即出外贸易，未将所借经卷送还，……十五年二月，顾占鳌贸易回归，因病家居，取经阅看，见所载俱系劝人为善，时时诵习，可以获福免灾，顾占鳌即私自在家诵习数月，病即痊愈，遂敬信不疑。八月，廖庭级至顾占鳌家探望，顾占鳌将经卷给与，令廖庭级携回诵习，廖庭级亦惑于经内之说，在家持诵。张大鹏、曾老大闻知，亦先后向顾占鳌借阅诵习。十六年五月，廖庭级等至顾占鳌家闲坐，顾占鳌以经内所言，传习一人即为一功，若满百人，死后即登天堂，起意商同廖庭级等，邀人入教诵经。廖庭级等应允。顾占鳌因素好之周正教住处偏僻，房屋宽敞，只有邻佑朱必荣一户，欲在周正教家设立经堂，随往邀周正教、朱必荣入教，周正教等允从。顾占鳌书写天主牌位，挂于周正教家内。廖庭级邀约刘开泰、李庭发二人，张大鹏、曾老大邀约张德旺、李老三、王耀庭、戴王山、陈品、王忠王入教，一共十四人，自六月半起，每月七日，偕至周正教家诵经一次。顾占鳌、廖庭级、张大鹏对众讲解旋经"。200

顾占鳌因诵习天主教经文病愈，解除了病痛的苦楚，对天主教笃信不疑。随后，为求死后能登天堂，开始传教，并聚众念经，而这正是嘉庆年间天主教徒的大忌，轻则流放，重则处死。

不过，这种治病消灾求福的心态在许多宗教信仰中极为常见，求菩萨保佑，求妈祖显灵，蕴含的都是趋利避害的因素。天主教在此似乎与其他民间信仰已无太大差异。

## 二、神奇的仪式

天主教的一些仪式因与中国习俗大为不同，在世人看来比较奇怪，成为他们眼里的迷信活动，充满了神秘色彩，吸引了部分民众的视线。在天主教一贯排斥迷信活动的情况下，不能不说是其在中国发展时一个颇有意味的现

200 嘉庆十七年三月初五日《贵州巡抚颜检奏报审拟顾占鳌等设堂传习天主教案首从各犯折》，《档案史料》（第三册），第977-978页。

象。乾隆十九年（1754），江苏被捕的天主教徒供称："张若瑟遇入教的人，先把一钟像盐味的东西抹一匙在人口里，又把一杯水画了咒在头上画一十字，还有一宗油搽在人身上，那人便甘心入他的教，不知下有甚么药在里头。"[201]乾隆十五年（1750），张甄陶在《论澳门形势状》中说，"其所用十字水钱，不过铅汞煎錬，若得华人目睛点入，即可成银，都无消耗。凡奉教之人临死，则夷人以布幂其面，喃喃持咒忏悔，实乘间窃其睛以去。点铅之外，杂之药物，别有奇功，用之不穷，术由于此，事颇秘密，民为所愚。"[202]乾隆五十年（1785）教案时，湖广有"何神父西名拉玛特卒于某教友家，某教友掩匿不敢敛葬。后有邻村教友，来索何神父尸，声言系伊至戚，市棺殓葬，葬时闻空中作乐，悠扬可听，外教者二家，为之感动，立即信主回头。"[203]乾隆五十年（1785）正月，李多林神父自首，路上有好事者，"多设教内被诬之端为问，即是风闻教民夜集，及诸有玷声名，与其挖取死者之目等事"。[204]

此外，当天主教徒死亡时，一般都会按照天主教的礼仪举行葬礼。禁教时期，不按中国习俗举办葬礼，比较冒险，因为"没有什么场合比葬礼更能引起天主教徒和当地习俗之间的紧张了，那将使基督教徒和非基督教徒的亲戚及熟人聚在一起"[205]，若引起教外人士的不满，极易引发风波。然而，神职人员一般会坚持这样做，并"向那些出席死者葬礼的不信基督的亲属或邻居宣讲信仰之真谛。一名基督徒的死亡往往会导致数名偶像崇拜者的归化"。[206]湖广谷城地区的天主教徒，成群结队地探望病人，连续几个通宵守在行将去世的人身边，以及为过于贫穷的死者捐献丧葬费用，这些善举给偶像崇拜者留下印象，后者中的一些人就是因此而被天主教吸引的。[207]1779 年，陪同

---

201 乾隆十九年四月二十二日《两江总督鄂容安江苏巡抚庄有恭奏报拿获传教西洋人张若瑟等折》，《档案史料》（第一册），第 215 页。

202 （清）张甄陶：《论澳门形势状》，（清）魏源、贺长龄辑：《清经世文编》卷 83《兵政十四·海防》，中华书局，1992 年缩印本，第 2057 页。

203 萧若瑟：《天主教传行中国考》，第 395-396 页。

204 《真福列传》，第 14 页。

205 Robert Entenman, *The Problem of Chinese Rites in Eighteenth-Century Sichuan*, p.129.

206 《耶稣会传教士纽若翰（Neuviale）神父致同会布里松（Brisson）神父的信》，[法]杜赫德编：《耶稣会士中国书简集》（四），第 276 页。

207 《耶稣会传教士河弥德神父致布拉索神父的信（1759 年 8 月 20 日）》，[法]杜赫德编：《耶稣会士中国书简集》（五），第 64 页。

艾若望神父传教的中国教士迪阿梅尔（M. Duhamel）记述道，基督徒当着大批异教徒及死者当官的兄弟之面公开举行了基督教葬礼，给百姓留下深刻印象，因对这种仪式很感兴趣，不少人要求学习基督教。八天后，有七八个人要求入教，尤其是死者的家人，他们首先入了教，"我已经为死者之妻和他两个已婚的儿子施了洗。两个儿媳准备于不久后接受这一恩惠"。[208]

## 三、十字架显灵

一些神奇的现象，例如空中出现的十字架等，正如中国民间所谓的"菩萨显灵"一样，象征着"上帝显灵"，符合民众期待现实中存有一股神秘力量帮助自己改善今世苦难的愿望。早在康熙年间，湖广地区的安陆县、菜基村曾有"十字架"显现于空中。[209]其后，"在 1718 年、1719 年和 1722 年间，于中国的三个不同省份的天空，出现了大明星簇拥的光芒四射的十字架天象。这一景象吸引了所有人的目光，在长空中持续了相当长的一段时间，以至于人们有充足的时间来研究它。人们在浙江省省会杭州（Hang-tcheou）城内将此景象雕刻在木板上，从该版拓下的拓片在整个中华帝国中流传"。[210]"在整个中华帝国中流传"这种说法也许含有传教士夸张的意味，不过，"显灵"现象却肯定能触动人们的好奇之心，对天主教有所留意，间接扩大了天主教的影响。

王致诚神父拒绝乾隆帝委任其为官员后，流传着这样一种说法："这位可爱的神父曾在天空中见过好几个闪闪发光的十字架，当神父认为这些十字架不是仅仅为他一个人而闪现，并叫其他人也来观看这一景象时，这些十字架突然消失了。人们把王致诚神父得到的非同寻常的厚待归因于上帝对其仆人非常满意，并愿意以这种幻象来作为对王致诚神父功德的先期奖赏。"当然，"这一虔诚的传说只能对普通民众产生影响。我们信奉基督教的文人几乎都觉得这一传说未免轻率，并会使许多原本可信的事情也变得疑窦丛生。一位葡萄牙东方传教会神父手下的教理讲授者就曾来到我们教会，并严肃地

---

208 《艾若望先生对其在中国四川省遭受的迫害的叙述》，[法]杜赫德编：《耶稣会士中国书简集》（六），第 170 页。

209 详见《湖广圣绩》，[比]钟鸣旦、杜鼎克编：《耶稣会罗马档案馆明清天主教文献》（第十二册），（台北）利氏学社，2002 年，第 425、428 页。

210 《巴多明神父致法国科学院院长德·梅朗先生的信》，[法]杜赫德编《耶稣会士中国书简集》（四），第 64 页。

请我们教长神父向他证明此事的真实性"。[211]这说明，教会内部对这种"显灵"亦持谨慎态度。

禁教末期，这种景象又出现了。1840年，湖北董文学神父受绞刑时，"天空忽显一光明大十字，历数日夜，武汉三处教友，皆同时目睹，即多数外教人，亦见而愕然，于是相告曰，曷观天主教所敬之圣号乎，吾等盖亦弃偶神而信奉天主教乎"？[212]此时，国内矛盾愈发尖锐，人民生活困难，内外交困中，各种民间宗教多被民众视为救命稻草，天主教也不例外。1858年5月，外国教士迁董神父尸首时，"亲见武昌多教内外人，采掘董真福墓上之草根煎服，以为神方，病人得霍然者，不胜枚举"。[213]

上述迹象，夸大其词也好，"妖言惑众"也罢，均从一个侧面表明，正是一些颇具迷信色彩的事件，超自然的力量，触动了平民百姓那微不足道的敏感神经，宗教成为他们心中的一股支持力量，在他们面对外界政治、经济压力时，由此获得更多的精神慰藉与麻醉，从而推动他们入教。

## 小 结

清廷禁教前后，天主教徒的人数相差不大，中间曾有过降低，随后又有恢复。但与清朝总人口的大量增长相比，华籍天主教徒的数量并未有显著增长，在总人口中所占的比例逐渐降低。在禁教这一非常时期，清廷对天主教的打压取得了一定成效。不过，也说明家族内部代代相传的这种传播方式保证了天主教徒的绝对数量维持在一个相当水平，这与潜入内地传教的外籍教士的努力有关，也与华籍天主教徒自身的传教活动密不可分。

不过，此段时期内，中国上层社会中的天主教徒数大为减少，平民成为信教者的主体。由于缺乏教职人员的教导以及自身文化水平有限，他们加入天主教的原因沾上了一些迷信的色彩，各类神异事件对他们入教的影响不容忽视。

---

211 《钱德明（Amiot）神父致本会德·拉·图尔（de la Tour）神父的信（1754年10月17日于北京）》，[法]杜赫德编：《耶稣会士中国书简集》（五），第44-45页。

212 成和德：《湖北襄郧属教史记略 刘董二位致命真福合传》，第56页。同时还记载了一患病刘姓者，梦见董神父显灵，家人找到会长胡章义等，并请神父为其付洗的事例。

213 成和德：《湖北襄郧属教史记略 刘董二位致命真福合传》，第58页。另天主教台湾地区主教团宣圣委员会主编：《中华殉道圣人传》，第137页。

# 第三章  华籍神职人员的传教活动[1]

清代禁教时期，外籍传教士的工作环境日益恶劣，他们清晰的认识到在中国的"传教区正处于破败之中，已几近于毁灭"。[2]在此种情况下，不仅人数大量减少，而且在华行动必须小心翼翼，传教"往往在一孤立的村庄，甚至在船上，暗地进行"。[3]此时来华的外籍传教士们，只能秘密潜入内地，东躲西藏，在精神高度紧张的生活中开展传教工作：

> "初至中国海口也，则深藏船舱，不敢露面。至夜深人静，则改入教友之小船。黎明，开船入河，仍深藏舱内，往往数月不敢出。夏日溽暑，蒸热难堪。及过关卡，则扮作病夫，蒙头盖脑，僵卧不起。若被人觑破，则出钱运动，买人不语，不能，则潜身逃脱，及至传教地方，藏于热心教友家，昼则隐伏，夜则巡行。所遇艰险，所受困苦凌辱，多为后人所不及知，无从记载。"[4]

雍正年间，白多禄神父便如上文这般昼伏夜出，在福建度过了 6 年[5]。外籍传教士们不仅须谨慎行动，而且居无定所。南怀仁主教（又名荩德国 Msgr.

---

1 鉴于由神父委任的传道员担任了大量传教工作，他们在禁教时期的传教活动与神职人员的工作有相似之处，遂将传道员的传教活动与本章神职人员的传教活动一起论述，不再另起篇章。

2 《耶稣会传教士冯秉正神父致同耶稣会某神父的信》（1755 年 10 月 18 日于北京），[法]杜赫德编：《耶稣会士中国书简集》（四），第 103 页。

3 [法]穆启蒙编著：《天主教史》（卷三），侯景文译，（台北）光启出版社，1975 年，第 269 页。

4 萧若瑟：《天主教传行中国考》，河北献县天主堂，1937 年排印本，第 372-373 页。

5 天主教台湾地区主教团宣圣委员会主编：《中华殉道圣人传》，第 40 页。

Gottfried von Laimbeekhoven）一开始"一年之中旅行十一个月，八个月在水上，三个月在山上"。随着全国禁教形势的日益紧张，他感叹到："人们已不敢在他们家中收留我了，在这样辽阔的省分，我竟连一家都找不到，使我可以在那里略事休息。两年以来，除了逃亡以外无法休息。"[6]乾隆初年的刘二教案后，各地贴满了辟基督教的告示或揭贴，在陕西省工作的外籍神父杜林（Gabriel de Turin）带领其最忠实的信徒从一座大山中退到了另一座山中，几日后，化装成穷人，来到另一传教区，"他在那里停留的整个时间都是藏匿的，一大清早便去作弥撒，在一天的剩余时间内从不出房间。他自山东省而至北京，因为刑部的命令下达之后，其住院的所有地方均贴满了辟基督教教法的告示，其新信徒们对此感到极端害怕，其中没有任何人敢于在其家中接待他"。[7]而在湖北工作的嘉类思（Du Gad）神父只能于傍晚或夜间听忏悔，为望教者施教或举行洗礼，"一旦当天快亮时，他就必须重新上其船，他几乎始终都在船上居住，尤其是白天更为如此"。[8]同省的钮若翰（Neuviale）神父则"退避在一个秘密的地方，每天都被关在那里的一间由稻草覆盖的草棚子中"。[9]

1800 年，刚至澳门的蓝若望神父，说在这里"独是传教，原非易事，必须格外小心隐藏，勿使人知。盖西洋人，除通晓西艺西学，奏闻乾廷，奉召进京供职外，余俱禁止，不准擅自进中国，逗留内地，然亦不得不进内地，而举止动静，尤防外教人识破。倘认出为西洋人，虽囚死在囹圄之中，亦算恩赐矣"。[10]

相比之下，华籍神职人员开始在天主教的传播活动中扮演重要角色。"天主教社区保持的一个重要因素就在于培养能服务于他们的本地神职人员，以及他们在其中所扮演的角色"[11]。"虽雍正朝，与乾隆初年，西洋神父稍稍隐

---

6　[法]穆启蒙编著：《天主教史》（卷三），第 272-273 页。

7　《中华帝国 1738 年的宗教形势》，[法]杜赫德编：《耶稣会士中国书简集》（四），第 188-189 页。

8　《耶稣会传教士君丑尼（Loppin）神父致波兰王后——洛林女公爵告解神父拉多明斯基（Radominski）的信》，[法]杜赫德编：《耶稣会士中国书简集》（四），第 267 页。

9　《耶稣会传教士钮若翰（Neuviale）神父致同会布里松（Brisson）神父的信》，[法]杜赫德编：《耶稣会士中国书简集》（四），第 273 页。

10　《真福蓝若望行实致命纪略》，北京，1905 年版，第 6-7 页。

11　Nicolas Standaert (ed.), *Handbook of Christianity in China,* Volume one: 635-1800, Leiden, Brill, 2001. p. 565.

晦，于往来行教诸事，多赖中国神父为之。""圣教窘难之际，西士无多，所赖以施行圣事，坚固教友信德者，中士之力居多。如江南自耶稣会灭后，西士罕入境，五十余年来，照顾七万余教友，亦惟赖中国神父十余人之力耳。他省大略相同。"[12]"其他各处，西教士均难立足，皆由中国神父主持，在这样艰险的情形下，继续进行工作"[13]。可见，此段时期内，天主教在中国的传播多依赖于华籍神职人员。

# 第一节　华籍神职人员概述

## 一、华籍神职人员的传教优势

禁教时期，外籍传教士们的公开活动自然风险颇大，相比之下，华籍神职人员具有较大优势。首先，外国人与中国人面貌差异太大，容易被发现，华籍神职人员则无这种担心。"其时惟中国神父，尚易隐藏，自教难大起以来，所赖以施行圣事，扶持教友信德者，中国神父之力居多。就中尤著名者有何天章、龚尚贤、樊守义、程儒良、罗秉中、高若望、陈圣修、沈东行诸人。"[14]巴多明神父赞扬说，高若望神父"是一位智力出众，热心明智，为人谦和，令人钦佩的教士。但愿天主在中国人中多多选拔像高神父那样的人才！"[15]

雍乾时期，樊守义神父"因其同为中国人，故即在配发之地，亦易于探视苏努家族，北京教士所募得的救济款项，亦能经由樊氏之手，携往流徙处所，亦予以鼓励，且为之施行圣事"，并在回归途中"必探视沿途遇见的教友"。[16]再如中国耶稣会士高（Kao）神父，应胥孟德神父之请被派至湖北木盘山。"这位神父还不到三十岁，头脑清晰，他的虔诚、谨慎、谦虚更是值得赞扬。……将巡阅这个省的所有教区，他不会有任何危险。"[17]1754 年左右，

---

12 萧若瑟：《天主教传行中国考》，第 384、407 页。

13 王治心：《中国基督教史纲》，（台北）文海出版社，1970 年，第 143 页。

14 萧若瑟：《天主教传行中国考》，第 376 页。

15 [法]费赖之：《明清间在华耶稣会士列传（1552-1773）》，第 893 页。

16 方豪：《中国天主教史人物传》（下），中华书局，1988 年，第 34 页。另，[法]费赖之：《在华耶稣会士列传及书目》，冯承钧译，中华书局，1995 年，第 681-682 页。

17 《耶稣会传教士巴多明神父教本致本会杜赫德神父的信》（1734 年 10 月 15 日于北京）[法]杜赫德编：《耶稣会士中国书简集》（三），第 153 页。

在北京，另一位中国耶稣会士高（Kao，高类思）神父，为 133 名成人和 197 名儿童行了洗礼。[18]

其次，雍乾禁教的大部分时间里，官方一直未认识到有华籍神职人员的存在，只把他们当成一般的天主教徒来对待。于是，他们不是朝廷的重点防范对象，得以隐藏身份，四处传教。"这些华籍耶稣会士们一直在北京地区、特别是从北京城外到长城一带，以及湖广等其他地区活动。他们因为是天主教徒而被逮捕，但是直到 1784 年，政府当局尚未开始对华人神父进行迫害。"[19]

第三，有些华籍神职人员还具有一定的身份和地位，这一点对保护天主教的传播事业颇为有利。如华籍神父苏宏孝、朱彼得。在服务于宫廷的天文学家、遣使会士德里格的帮助下，他们曾获"天文生"的名衔，这给了他们一种属于低级士大夫成员的合法身份，使其在对天主教徒的搜捕中拥有了潜在的保护屏[20]。

而且，华籍神职人员与传教对象同为中国人，了解并熟悉中国的风俗习惯。这也使得他们在传教过程中，与民众的沟通更为方便，更能帮助中国天主教徒理解教义。故而在禁教时期发挥了重要作用，推进了天主教传播的本地化进程。所以，法国耶稣会士宋君荣神父曾高兴地说："从中国神父向我们许诺的希望，以及我们同会基督徒们的热忱来看，我们完全有理由相信，无论是在京师还是在该省，我们在未来的几年间，便可以拥有十万名基督徒。从现在执政的皇帝元年起，每年只能使一千五百多名弃婴领洗。而在过去，当一切都很平静时，资助很多，每年可以使得三万多名这样的儿童领洗礼之圣宠。我们希望这项美好事业很快就能以同样的成功得到恢复。"[21]

## 二、华籍神职人员的增多

由于外籍教士的缺乏，培养本地神职人员的工作越来越重要，人员开始逐渐增多。雍正年间，北京传教区的神父共有 13 人，包括 3 名中国人，其中

---

18 《钱德明（Amiot）神父致本会德·拉·图尔（de la Tour）神父的信（1754 年 10 月 17 日于北京）》，[法]杜赫德编：《耶稣会士中国书简集》（五），第 53 页。

19 Nicolas Standaert (ed.), *Handbook of Christianity in China*, Volume one: 635-1800, pp. 463-464.

20 Robert Entenman：《18 世纪四川的中国籍天主教神职人员》，第 43 页。

21 《宋君荣神父致凯伦（Cairon）神父的信（1741 年 10 月 29 日于北京）》，[法]杜赫德编：《耶稣会士中国书简集》（四），第 252 页。

1 名为司铎，另外 2 名为见习修士。[22] 雍正禁教之初，北京"奉教之人，有病危者，惟中国司铎罗陈二人，密付终礼而已"。[23] 到雍正六年（1728）时，留在北京的教士有外籍主教 1 位，神父 6 位，其中有华籍神父 3 位。同时，隐匿地下的教士有南京潜居主教 1 位，耶稣会神父 7 位，方济各会 1 位；陕西、山西、湖广、四川潜居主教 1 位，其中有中国神父 3 位。[24]

　　1743 年左右，北京有"5 名中国耶稣会士和司铎，以方便那些西洋人，因为他们无法在不冒险的情况下活动"。[25] 1769 年左右，汪达洪神父说"为了扩大在周围地区的传教活动"，他们有了 3 位中国教士。[26] 乾隆三十八年（1773 年）时，全国神父已达到 83 位，其中外籍 49 位，国籍 34 位。乾隆四十六年（1781 年），又有 3 位中国修生晋升铎品，他们是朱荣（赵斯定）、蒋若翰、杨安德，被分配到四川、贵州去传教。[27] 1750 年左右，法国钱德明神父说，"中国耶稣会士高神父在他于我们法国传教区辖县中的多次旅行中，曾经为 2 006 人领圣体，为 91 个成年人和 18 个基督徒的儿童举行洗礼"，而"我的旅伴刘神父，也是曾在巴黎路易大帝学院生活过的中国人中最年长者，一年半以来便在湖广省工作，他非常虔诚，其收获并非甚丰"。[28] 直至 1784 年蔓延全国的大教案发生，搜拿湖广传教士时，"四川亦拿获四名。凡系中国司铎，皆发伊犁，充当水军"。[29] 嘉庆八年（1803）四川会议时，四川教区有 16 位华籍神父参加，11 年后，增至 27 位，平均每年增加 1 位华籍神父。[30]

22　《耶稣会传教士巴多明神父致同一耶稣会中尊敬的某神父的信（1754 年 10 月 29 日于北京）》，[法]杜赫德编：《耶稣会士中国书简集》（四），第 122 页。

23　[法]樊国梁：《燕京开教略》（中篇），第 385 页。

24　张泽：《清代禁教期的天主教》（增订本），第 29 页。

25　《耶稣会士和中国宫廷画师王致诚修士致达索（d'Assant）先生的信（1743 年 11 月 1 日于北京）》，[法]杜赫德编：《耶稣会士中国书简集》（四），第 303 页。

26　《汪达洪（Ventavon）神父致布拉索神父的信（1769 年于中国）》，[法]杜赫德编：《耶稣会士中国书简集》（五），第 149 页。

27　张泽：《清代禁教期的天主教》（增订本），第 120 页。

28　《耶稣会传教士钱德明神父致同会阿拉尔（Allart）神父的信（1752 年 10 月 20 日于北京）》，[法]杜赫德编：《耶稣会士中国书简集》（四），第 381-382 页。此处的华籍神父高神父名为高若望，刘神父名为刘保禄。

29　[法]樊国梁：《燕京开教略》（下篇），第 399 页。

30　天主教台湾地区主教团宣圣委员会主编：《中华殉道圣人传》，第 93 页。

　　禁教前后中外神职人员的数量对比非常明显，1700 年（最高数字的一年）左右，中国有 122 位外籍传教士，只有 4 位是中国神父；1810 年剩下 31 位外籍传教士，但中国神父却有 80 位之多。[31]另外一份统计称："全国各地的传教，从 1707 年高峰时期的 107 位（耶稣会 59、方济各会 29、多明多会 8，巴黎外方传教会 15、奥斯定会 8），降至 1810 年的 31 位。"[32]说明 1810 年时，全国有外籍教士 31 位，华籍神父 80 位。

　　由于遣使会接管耶稣会的传教工作，这时的华籍神父中，大多为遣使会士。董文学神父初到中国时，也就是道光十五年（1835）左右，"当时遣使会会士，管理我国东境七省教务，其余班国多明我会士摄理一省，传信部所遣派之方济各会士，分理四省，外地传教会士，分理三省，又有两省境内，以西铎不能逗留，由华铎前往传教。归澳门主教节制。全国统计约有华铎八十员，西铎四十员，其中四分之三皆自近十年新入中国者。内仅有二三员谢世矣，教友总数，则不及二十万"。[33]咸丰元年（1851），宁波会议召开之时，"几乎所有中国神父都是遣使会士，会议决定与以更大的自由，不愿入遣使会者，只要有相当资格，亦可升神父"。[34]弛禁之后，华籍神父数量显著增加，"1886年，中国神父有 320 人，1900 年，有 470 人，1923 年，有 1082 人"。[35]

　　禁教开始后，天主教在中国的传播遭受严重打击，而随着时间的推移，华籍神职人员也先后被捕不少，但是，各地仍有不少华籍神职人员在活动。与看上去就是外国人、容易成为驱逐目标的欧洲传教士们不同，华籍神职人员来自于天主教社团的内部，熟悉他们所在社会的规范和文化，由此，他们慢慢成为维持和发展中国天主教会的主体。他们或者帮助外籍传教士传教，或者自己传教，使得天主教在中国的传播并未因当时严峻的形势而中断。

---

31 燕鼐思：《中国教理讲授史》，第 116 页。另见[法]P. Octave Ferreux C. M.，《遣使会在华传教史》，第 159 页，"当时中国全国有一百二十位神父，四十位为客籍传教士，八十位国籍神父中，五十位为遣使会士。"

32 Kenneth Scott Latourette: *A History of Christian Missions in China*, New York, 1929. pp.162-3,174; pp.128, 180.

33 成和德：《湖北襄郧属教史记略 刘董二位致命真福合传》，第 40 页。另见张泽：《清代禁教期的天主教》（增订本），第 192 页。

34 [法]P. Octave Ferreux C. M.，《遣使会在华传教史》，第 199 页。

35 燕鼐思：《中国教理讲授史》，第 155 页。

## 第二节　华籍天主教神职人员的培养

清廷禁止天主教后，培养本地神职人员以维护教会发展的任务开始提上日程，耶稣会士在他们寄回欧洲的信件中对此事作了以下描述：

> "传教士为了不过于引人注目，被迫穿上在该国流行的服装。
> 然而，虽然他们在仿效中国人的举止、风度、步态以及所有中国人
> 特有的特征方面颇具才能，但人们往往能够把他们区分出来，而这
> 可能是迄今为止在异教徒归信方面存在的一个非常大的障碍。为了
> 去除这种会被人认出的不便之处，传教士们尽其所能地培养当地的
> 教士。传教士们在这些人年幼时就培养他们，教他们学习拉丁语，
> 并逐渐地教他们一些教会神职方面的知识。当这些人达到一定的年
> 龄时，传教士们就让他们充当讲授教理者，并在他们年届四十之前
> 对其进行考验，若有在年届四十时始终经得起考验者，则任命他们
> 为教士。巴黎外方传教会在暹罗王国的首都设有一个神学院。一些
> 中国孩子就是被人送到此处接受教育，并被培养成为福音的使者。
> 人们通常把他们培养成非常好的人。这些中国的教士由于不易被人
> 认出，所以能够取得比欧洲人大得多的成果。"[36]

不管外籍教士如何努力、乔装改扮，始终不可能改变自己的样貌，完美地隐藏自己，而来自官方的搜捕又日趋严厉，必须尽快培养出合格且足够的本地神父来开展传教工作。

### 一、华籍神职人员培养缘起

自明末天主教入华以来，华籍神职人员的培养便面临很多困难，欧洲教会在培养本地神职人员问题上一直犹豫不决。吴历（吴渔山）于康熙年间晋铎后曾坦言："教皇命我为司铎何意乎，恐大西洋人在中国，或有致命之日，则中国行教无人也。"[37]此话不幸言中，随之而来的禁教，外籍传教士举步为艰，这项工作的必要性立即突显了出来。

---

36　《一封发自澳门的信（1754 年 9 月 14 日于澳门）》，[法]杜赫德编：《耶稣会士中
国书简集》（五），第 18 页。

37　陈垣：《吴渔山年谱》，《陈垣学术论文集》（第二集），第 308 页。

### （一）培养华籍神职人员的困难

培养华籍天主教神职人员不是件一帆风顺的事，诸多条件限制了此事的进行。就在国外教会对此达成意见后，国内的环境却日益困难起来，妨碍了此项工作的开展。

首先，欧洲教会一开始并不情愿培养本地神职人员。虽然早在1589年，耶稣会只有80名中国教徒时，利玛窦等人就曾考虑过吸收中国教徒加入耶稣会。"在到达中国的第一个十年中，传教士们所面临的问题是如何建立一支本土的神职人员队伍。"[38]范礼安神父曾请求总会长核准四名中国修士领受神品，"因为他们是本地人"，不会有"逐出中国的危险"[39]。1594年，范礼安神父不顾阻挠，在澳门成立一座修院，收容中国和日本的学生。此后，请求设法在中国内地建立华人修院。[40]第一批考虑吸收的对象多为澳门人，让他们学习拉丁文、哲学等等。1597年，传信部派了32名传教士来中国，目的"是在中国设立修道院，以培植本地神职人员"。[41]不久，1608年，江西成立南昌公学，先为年轻人教授拉丁语，然后送他们去澳门深造。[42]1684年，伊大仁（Bernardino della Chiesaofm）祝圣华籍神父罗文藻为主教，也祝圣本地神父作浙江省的传教士。[43]但是，罗马当局对中国人担任圣职这件事却多方阻挠[44]。中外语言的巨大差异便是其中的一大障碍，教会担心中国人以中文施

---

38　Nicolas Standaert (ed.), *Handbook of Christianity in China*, Volume one: 635-1800, p. 462.

39　P. D'Elia S. J.,《初期耶稣会士培植中华圣职之努力》，施安堂译，罗光编：《天主教在华传教史集》，（台）徵祥出版社、光启出版社等，1967年，第309页。

40　P. D'Elia S. J.,《初期耶稣会士培植中华圣职之努力》，第312、316页。

41　[法]P. Octave Ferreux C. M.,《遣使会在华传教史》，第80页。

42　François Bontinck, *La lutte autour de la liturgie chinoise aux XVIIe et XVIIIe siécle*, Louvain, Nauwelaerts Paris, Bétarice-Nauwelaerts, 1962. p.232. 转引自金国平、吴志良：《吴历"入嚳不果"隐因探究》，耿昇、吴志良主编：《16-18世纪中西关系与澳门》，商务印书馆，2005年，第94页。

43　沙法利：《在中国传教区的意大利方济会士》，韩承良译，《纪念孟高维诺总主教来华七百周年国际学术会议文集》，（台北）思高圣经学会出版社，1995年，第138页。

44　徐如雷：《简述鸦片战争前天主教来华各修会的矛盾》，《宗教》1989年第2期，第65页。另，Nicolas Standaert (ed.), *Handbook of Christianity in China*, Volume one: 635-1800, p .462,"第一种解决办法是葡萄牙的耶稣会士们在澳门所倡导的。他们的想法是挑选有潜质的年轻人，教授他们拉丁文，依照欧洲神学院的方式让他们

行圣事，天主教将陷于不可思议的危机之中。[45]意大利、葡萄牙、西班牙等神职人员们也比较轻视华籍神职人员。他们说："中国人夜郎自大、反复无常、忘恩负义。那就是为什么不该授予他们圣职的理由。""中国神父跟欧洲神父不同，中国神父是你不驱赶着他们做，他们就不想做什么的。"[46]

而即使是本地神父，一开始也对此事抱有怀疑。华籍主教罗文藻在祝圣了三位中国神父（即：刘蕴德、吴渔山、万其渊）之后，似曾对他们说："你们荣膺铎品，正如我之荣膺主教爵衔，其可取之处，因为我们都是中国人，又是本地教友，因而获此殊荣；若是我们这些人生长在西方，即使够格，你们之入耶稣会，正如我之入多明我会，也只配司阍而已。"[47]在这般意见的左右下，华籍神职人员的培养显得有些缺乏来自教会内部的支持。

其次，在中国本土寻找合适的人选亦非易事。对中国人来说，通过科举走上仕途才是"光宗耀祖"的大事，长辈们轻易不会同意让自己的孩子去学习于功名无甚用处的拉丁语、神学之类的"旁门左道"，甚至成为不能成家立业、传宗接代的神父。于是，从知识分子中培养神父困难重重。虽然穷人的孩子或孤儿也能成为候选人，但显然他们不如前者有威信，文化底蕴不够，宣扬教义时所面临的难处也较多。1686年10月28日，伊大仁（Bernardo della Chiesa）在致西博（Cibo）枢机函中说道："至于圣职部要为本地人晋铎的主要目的，这太难达到了！……培养中国年轻人有如下困难：1、很难找到培养

---

　　在澳门研修。这一方法一直受到北京教士们的反对，经过多年，却收效甚微。"
另，[法]费赖之：《在华耶稣会上列传及书目》，第110页："一六一四及一六一五年时，中国日本区长卡尔瓦略命玛诺巡视当时业已存在之诸传教所，宣布不久撤消之戒条，以算术或其他科学教授华人，惟福音不与焉。"

45 金国平、吴志良：《吴历"入嚣不果"隐因探究》，第99页，"神职人员的本地化乃天主教在华生存、将来发展的关键步骤，具体措施是加速培养本地神职人员，使他们有机会出任主教和神甫。按照教会的传统，神甫必须使用拉丁语做圣事，而华人学习拉丁语有困难，因此成为神职人员本地化的一大障碍。如果批准以汉语作仪式，培养本地神甫便事半功倍了。"

46 Cary-Elwes Columba, *China and the Cross, Studies in Missionary History*, Longmans, Green and co. 1957. p. 176. 另见陈介夫、谢凡：《中华圣职培育简史》，罗光编：《天主教在华传教史集》，（台）徵祥出版社、光启出版社等，1967年，第335页，称反对最利害的为澳门葡萄牙人，"一方面根据印度的传教经验，另一方面不明中国事理，或其他种种原因，对中国人一般的看法多抱成见。谓中国人好高自大，意志不坚定，故反对中国领受圣秩"。

47 [法]费赖之：《明清间在华耶稣会士列传（1552-1773）》，第463-464页。

对象；2、培养费用很高，我的经费无法维持；3、这是会引起风波的事；4、在当地要找到一个学成之后而放弃婚姻的人难于上青天；5、这些培养对象，如同所有基督徒，家境贫寒，即便晋铎后，也缺乏生计。"[48]

### （二）培养华籍神职人员的必要

尽管困难，外籍传教士在中国的传教过程中仍然比较关注培养华籍神职人员。1641 年，利司铎（利类思）在四川传教之时，曾"在新奉教中先选三十人，为之付圣洗。另外教训伊等圣教道理，使其信根坚定，道理洪通，将来为他方之传教先生，作四川圣会之栋梁，匡助传教"。[49]1667 年上半年，在京的利类思、安文思和南怀仁神父致函在广州的各位神父，提出了本地化的 9 条看法，即"保存和发展本（中国）基督教社团之要点"，其中包括：

> "1、为保存和发展本基督教社团，我们认为，必须如同各位使徒和圣人在所有传播我们圣法的国家的做法那样，选择当地人培养神甫和传道员，因为如果没有本地人，很难保存基督教社团，更不用说扩大它了。这在远离欧洲、对外国人封闭的中华帝国尤为重要。即便国王允许欧洲司铎传教，此次风云过后，要皈依民众，也有必要这样做。2、可从中国内地的居民、澳门和马尼拉，选择神甫及传道员的人选。3、鉴于学习拉丁文的巨大困难，司铎不必学习拉丁语，只要是华人文士便可，为此，最好各位神甫提出自己所了解的具备这个条件的人选。4、首先设法为有能力司铎的修士生晋铎。……5、请求教宗批准，起初时，在神甫的晋铎中豁免进行教皇简谕和其他的祷告。听说本副省曾获得教宗的准许，可以用汉语作弥撒。6、此事的开始时，维持这些神甫和传道员的费用最好由本副省负责，因为一旦他们安排进去了，便无此必要了，因为基督徒会瞻养他们。7、宜派遣一、两个神甫前往马尼拉，在有可能的情况下，设法在该城成立一所华人神学院。"[50]

---

48 《中国方济各会会志》第 5 卷，第 118-119 页。转引自金国平、吴志良：《吴历"入澳不果"隐因探究》，第 100 页。

49 [法]古洛东：《圣教入川记》，第 4 页。

50 耶稣会罗马档案馆（ARSI），汉和档（Japonica-Sinica）124，122r-v。转引自自金国平、吴志良：《吴历"入澳不果"隐因探究》，第 96-97 页。

此时，外籍传教士已经看到本地神职人员所拥有的优势。康熙年间，杨光先发动"历法之争"之后，外籍教士认识到他们随时可能被驱逐出境，或是被捕牺牲，培养华籍神职人员迫在眉睫。为此，他们提出了具体的培养方法，例如适当减少外语压力，建立学院的地点以及经费开支等，请求得到教会支持。半个世纪后，清政府果然开始禁教。

禁教之后，越来越多的传籍教士愈发意识到培养本地神职人员的迫切，必须"任命中国土本神甫以便当迫教波及中国全境时能继承教会的事业"。为此，傅圣泽神父指出，不仅应为中国人授予神品，必要时还应升为主教，因为：

> "（1）这是早期教会先驱们的政策，而该政策促进了基督宗教在欧洲的传播；（2）中国需要本地神甫，因为经过一百四十年的传教努力之后，基督宗教仍未在中国扎根；（3）应当任命一些主教，否则教会的事业将难以为继，日本正是前车之鉴。"

同时，傅神父也驳斥了反对任命中国人为神职人员的意见。[51]道光年间，遣使会秦噶哔神父在其《1846年的中国形势》中，总结了传教收效甚微的原因，其中一项便是缺少一支本地神职人员队伍，因为欧洲神父"永远无法达到清楚地运用当地语言的水平"；"若无土著神职人员，那么宗教就几乎完全被剥夺了举行公开礼拜仪式的权利"；"司铎们都是外国人，顺理成章的后果便是，宗教显得如同是一种外来教法，是被敌人运用的一种入侵手段……这种将宗教奉为一种外来教法的成见，形成了它传入该国的最大障碍"，等等，声称"如果传教区只有外国司铎，无论它们显得多么繁荣和辉煌，也只会永远都处于一种脆弱和无根基督教教团的状态"，并对种种反对培养本地神职人员的借口进行了讨论，认为"在人们对中国司铎的所有指责中，在人们为排除于所有教士级别上接受他们的借口之同时，任何一种责备都不是结论性和无可争辩的。因此，任何企图推进传教区事业的传教士，都应该在其主要职责中，注意培养一支土著神职人员"。[52]可见，无论是否禁教，培养本地神职人员都非常必要而且迫切，这已在部分外籍教士中达成了共识。

51 [美]魏若望：《耶稣会士傅圣泽神甫传：索隐派思想在中国及欧洲》，吴莉苇译，大象出版社，2006年，第263-264页。

52 [法]雅克玲·泰夫奈：《西来的喇嘛》，耿昇译，山东画报出版社，2003年，第228-235页。

何况，此段时间内，外籍传教士人数的不断减少，不仅仅与朝廷禁教有关，亦与其本身的发展关系密切。"西班牙方济各会士因人员缺乏，不得不于一八一三年全部放弃传教区，遗缺由他们的意大利同会会士在中国神父协助下递补，以维持传教事业。十八世纪下半期，巴黎外方传教士到达中国的人数增多，但最后竟因该会在法国形势恶化，后继无人，致使在中国的人数再度下跌。一七七三年，耶稣会被取缔以后，缺额更为增多。为弥补耶稣会士的空隙，首批遣使会会士于一七八五年抵达北京。"这种情势下，要维持在华传教事业，不得不比往昔更为努力的培养本地神职人员。[53]

不管教会以及其他某些欧洲教士的态度如何，在华的一些外籍教士早已开始实施培养本地神职人员的计划。禁教前夕，四川的穆主教写信给第二位教廷钦使嘉乐说："既然阁下愿意我说出如何发展教务，及我在二十二年在中国传教的经验，我没有找到比培植青年人陞神父更容易及更需要的事。"[54]禁教之初，马国贤神父因"目睹中国教难，深信唯有培植多数中国神父，才能够使中国公教继续存在"[55]。

在外籍传教士屡被监禁、驱逐的情况下，罗马传信部也开始认识到要培养本地神职人员，因为"中国神父可以起到维持教务的作用"[56]。纽若翰神父认为："传信事业发展的快与慢，必然与我们可以供养的教经先生的数目成正比。"[57]于是，马国贤等待了7个月后，"从中国传来的驱逐欧洲传教士的消息刺激了传信部的热情"，终于同意为他的第一批学生殷若望和顾若望安排考试，派往中国传教。这一事件得到全意大利的关注，当年的《那不勒斯公报》热情的报告说："我们满意的获悉：就在天主的葡萄园——中国传教领域内的神工们被剥夺的关键时刻，我们新办学院里的两个中国学生已经作为传教使徒赴中国去了。因为是中国人，他们不是这么容易就

---

53 燕鼐思：《中国教理讲授史》，第 115 页。另见成和德：《湖北襄郧属教史记略 刘董二位致命真福合传》，第 40 页。

54 [法]P. Octave Ferreux C. M.,《遣使会在华传教史》，第 95-96 页。

55 罗光：《教廷与中国使节史》，（台北）传记文学出版社，1983 年，第 171 页。

56 徐如雷：《简述鸦片战争前天主教来华各修会的矛盾》，《宗教》1989 年第 2 期，第 66 页。

57 《耶稣会传教士纽若翰（Neuviale）神父致同会布里松（Brisson）神父的信》，[法]杜赫德编：《耶稣会士中国书简集》（四），第 272 页。

被捉住。我们可以指望他们在为当地同胞的良善与福祉等广大方面取得成功。"[58]

接着，"由于巴黎外方传教会等成员的努力，在十八世纪，对华人神父的任命变得更加频繁"，"神父的候选人不再只是成年的单身男子（大多数是鳏夫），而且还有年轻人。"[59]结果，至1775年，全中国的83位神父中，"外籍四十九，国籍三十四。"[60]18世纪末接替耶稣会事务的遣使会士中，在北京工作的吉德明神父"预料中国神父，在教难时期，是独一可以维持教友信仰的人"，因此把大部分时间都花在培养华籍神父上面。[61]

这段时期内，华籍天主教神职人员的培养之处涉及到国内外。[62]例如，巴黎外方传教会被派往四川发展基督教后，在十八世纪，"他们发展了43名华人神父。信奉天主教的父母将自己年幼的孩子交给这些教士，在教堂服务。43人中的21人在四川或者四川的边界地区接受教育，其他学员则被送到大城府（1767年后这些候选人去了本地治里）"[63]。同在四川的遣使会士穆主教，与其一起工作的有几名华籍神父，有"他亲手培植的，及在巴黎外方传教会的槟榔屿修院所陞的神父"。[64]从中可以看出，仅是巴黎外方传教会和遣使会对四川华籍天主教神职人员的培养，便牵涉到国内四川本地的培植以及赴国外暹罗的圣·约瑟公学的进修等。此段时期，培养华籍神职人员最出名的有圣家书院、圣若瑟修院及槟榔屿的修院。[65]

## 二、国内的培养

外籍传教士们首先考虑的自然是在本地培养神职人员，这要方便顺捷得多。1775年解散耶稣会士之前，有20多个中国神父，不过，这一数字可能不

---

58　[意]马国贤著：《清廷十三年——马国贤在华回忆录》，第133-134页。

59　Nicolas Standaert (ed.), *Handbook of Christianity in China,* Volume one: 635-1800, p. 464.

60　[法]穆启蒙编著：《天主教史》（卷三），侯景文译，（台北）光启出版社，1996年，第268页。

61　[法]P. Octave Ferreux C. M.,《遣使会在华传教史》，第132页。

62　燕鼐思：《中国教理讲授史》，第115-116页，提到为教会培养百余神父的那不勒斯中国圣家书院、暹罗的总学院、四川的一座修院等。

63　Nicolas Standaert, (ed.), *Handbook of Christianity in China*, Volume one: 635-1800, p. 464.

64　[法]P. Octave Ferreux C. M.,《遣使会在华传教史》，第95页。

65　[法]P. Octave Ferreux C. M.,《遣使会在华传教史》，第159-160页。

准确。他们其中的一些人在巴黎接受教育（特别是十八世纪四十年代期间），但这些神父中的绝大多数在中国接受训练[66]。在国内的培养，主要有集中起来在修道院受训以及师徒式私下受训这两种方式。

### （一）修道院的培养

禁教期间，尽管禁止天主教在中国传播，但各地仍秘密修建了一些修道院，便于集中起来培养本地神职人员，补充传教力量，扩大天主教的影响。例如，1795 年，陕西宗座代牧方济会士吴若翰（Giovanni Battista Cortenova of Mandello）主教便在旧家村设立了修院。[67]

据《在华耶稣会士列传及书目》与《在华耶稣会士列传及书目被编》两书所载，此段时期内华籍耶稣会士在国内有确切进修地的情况见表 3-1。

### 表 3-1　华籍耶稣会士国内进修情况

| 进修地点 | 进修人员姓名 |
| --- | --- |
| 杭州 | 张儒良助理修士 |
| 北京 | 沈东行神甫、尚玛诺神甫、仇伯都修士、姚若翰神甫、彭德望（□德望）神甫、贾迪我（□雅谷）神甫、侯钰神学院初学修士、罗秉中神甫、程儒良神甫 |
| 澳门 | 龚尚实神甫、郭天庞神甫、陈多禄神甫、崔保禄神甫、马保禄助理修士、彭若翰神甫、陈圣修神甫、何天章神甫、艾若望神甫、杨方济神甫、李玛窦（□玛窦）神甫* |

【合计：杭州 1 人，北京 9 人，澳门 11 人[68]。其中带*者费赖之书说其在北京入修院，而荣振华书则说马国贤认为其在澳门入修院。】

参考表 3-1，以及其他文献资料，禁教时期，国内设修院培养神职人员之处主要有以下这些地区。

---

66 Nicolas Standaert, (ed.), *Handbook of Christianity in China,* Volume one: 635-1800, pp. 463-464.

67 [荷]金普斯、麦克罗斯基：《方济会来华史（1294-1955）》，第 10 页。

68 [法]费赖之：《在华耶稣会士列传及书目》，第 390-391、413-414、459、762-766、872、960-961 页，及[法]荣振华：《在华耶稣会士列传及书目补编》，第 52-53、107、165-166、278、306、333、375、394、489、532、574-575、598、631-632、640、660-661、729-730、746-747、751 页。

### 1. 北京地区

北京是外籍教士最集中的地方，曾得到皇帝允许建立教堂。即使朝廷开始禁教，此处亦留有多名教士为宫廷服务，北京四堂直至禁教末年才被关闭。如此，传教士们千方百计地开办修院，培养本地神职人员。雍正十一年（1733），出生于北京的华籍神父彭德望进了新创办的北京耶稣会初学院，同年入初学院的还有后来成为神父的沈东行、李玛窦、新张，修士仇伯都。1734年，有陈多禄神父，1735年贾迪我神父、周瑟修士，但"这所初学院存在时间不长，仅几年时间"。[69]

乾隆三十八年（1773），罗马教皇克来门十四世着令解散耶稣会，并于1783年指派法国遣使会来华接替耶稣会的工作。此番来华的遣使会士罗旋阁（Raux，又称罗广祥），"到北京后，对这区域广大，传教士这样少，非常操心；在直隶省外，只有二位昔日的中国耶稣会士，管理这些教友。为此，他的第一工作，就是建立一座修院，任吉神父为院长，起初就有十五位左右修士"。[70]罗旋阁神父于嘉庆六年（1801）逝世之前，"曾为三千余名改宗者施行洗礼，创建一修道院（曾培养出十七位杰出的本地神职人员），及数间学校（包括几所女子学校）"。[71]这所修院由吉德明神父（Ghislain）主管，"所出才德兼优之司铎甚多。其最著者，有薛公（山西人）与韩公（顺天府固安县塔儿阖村人），为主贤劳，不遗余力，盛德之名，至今称焉"。[72]嘉庆二十五年（1820），

---

69　[法]费赖之：《明清间在华耶稣会士列传（1552-1773）》，第900、901、902、905页。

70　[法]P. Octave Ferreux C. M.，《遣使会在华传教史》，第124页。另见[法]樊国梁：《燕京开教略》（下篇），第400页，罗尼阁神父曾在北京地区"建修道院一所，专为选拔本地人才"。

71　杨森富编：《中国基督教史》，（台北）台湾商务印书馆，1978年，第166页。另吴宗文：《遣使会在华传教史》，罗光编：《天主教在华传教史集》，（台）徵祥出版社、光启出版社等，1967年，第143页，"吉神父专心培植本地神职人员，成绩令人满意，竟有十七位神父"，但同文第154页却称，"吉神父格外专心培植我国神职人员，其中升神父者十九名，三位辅理修士"。

72　[法]樊国梁：《燕京开教略》（下篇），第400-401、405页。另参见[法]P. Octave Ferreux C. M.，《遣使会在华传教史》，第144-146页，"国籍遣使会士薛玛窦为会长，以便继续管理修院及教友"，1829年在西湾子，薛神父"是独一负责人，乃与八位修士一齐居于此地"，随后，"薛神父专心传教，乃将八位修士遣至澳门"；吴宗文：《遣使会在华传教史》，罗光编：《天主教在华传教史集》，（台）徵祥出版社、光启出版社等，1967年，第154-155页，"薛玛窦神父曾管理遣使会

该院因北京不宁，迁至澳门。[73]吉德明神父在此培养的华籍神父可参见表 3-2。

表3-2　吉德明神父在京培养的华籍神父[74]

| 姓　名 | 出生时间 | 籍贯 | 晋铎 | 去世 | 主要情况 |
|---|---|---|---|---|---|
| 王保禄 | 1751 | | | 1827 | 中国第一位遣使会辅理修士（1790 年发愿），帮助管理会院；数年间伴同神父视察教徒；协助外省与北京联系。嘉庆七年（1802）在湖广同刘克来神父一起；嘉庆十年（1805）在澳门；嘉庆十四年（1809）与刘神父一起。 |
| 李若瑟 | | | | 1827 | 原从回教，先后在湖广、无锡传教 |
| 张若瑟 | | 北京 | | 1833 | 父母习教，先后在湖广、无锡传教 |
| 张若望 | | | | 1803 | 在湖北传教 |
| 韩若瑟 | 1772 | | 1798 | 1844 | 初学院副院长，在河南宣城传教 |
| 陈斯德望 | 17? | | ? | 1826 | 在教区传教，出会。 |
| 腾保禄 | 1771 | | 1801 | 1803 | 在修院教书。 |
| 沈西禄 | 1769 | | 1800 | 1827 | 在蒙古及江西传教 |
| 宋保禄 | 1774 | 河南开封 | 1803 | 1854 | 直至1820年与刘克来神父一起，狱中坚持信仰。 |
| 王茂瑟 | 1777 | | 1804 | 1814 | 代理巴修士管钟，在北京传教。 |

全国的事业，他的德行学问，及办事能力，孟振生主教亦称赞不已。韩若瑟神父曾为初学院副院长，以德行著名。邓保禄神父擅长拉丁文，曾在修院教书多年外，其余都是各处跋涉，到处传教。宋保禄神父多年为真福刘公的同伴，刘神父对他非常赏识，后曾为信仰坐监。沈方济神父为真福刘公在监狱中的同伴，后充军至伊犁"。

73 张泽：《清代禁教期的天主教》（增订本），第 181 页。

74 据[法]P. Octave Ferreux C. M.，《遣使会在华传教史》，第 127-128、133-135、139、143 页；成和德：《湖北襄郧属教史记略 刘董二位致命真福合传》，第 3-5 页；嘉庆二十四年十一月二十一日《湖北巡抚张映汉奏报遵旨审明定拟传习天主教西洋人刘方济各南弥德案内各犯折》，《档案史料》（第三册），第 1163 页汇成。

| 贺（或何）依纳爵 | 1781 | | 1808 | 1844 | 1808 年至湖北茶园沟，1820 年逃至北京，先后于蒙古西湾子、河南传教，1830 年被捕、充军，于充军地逝世。 |
|---|---|---|---|---|---|
| 薛玛窦 | 1780 | | 1809 | 1860 | 在北京传教，1819 年为传教区会长，1829 年在西湾子。 |
| 沈谷瑞（方济） | 1780 | 北京直隶 | 1808 | 1825 | 1808 年至湖北茶园沟，在河南传教时被一教民以 20 元出卖，与刘方济各（克来）一齐被捕，充军在伊犁，疑在 1825 年回教作乱时遇难。 |
| 陈安当 | 1778 | | 1809 | 1835 | 在湖北、江西传教。 |
| 姚若望 | 1785 | | 1811 | 1813 | 在北京教区传教。 |
| 林文生 | 1779 | | 1815 | 1836 | 在蒙古传教。 |
| 高多默 | 1782 | | 1813 | 1832 | 在蒙古传教。 |
| 艾达尼老 | 1785 | | 1817 | 1849 | 在湖北、河南、江南传教。 |
| 甘若望 | 1764 | | 1811 | 1814 | 在北京传教。 |
| 杨安多尼 | 1776 | | | 1817 | 辅理修士，在北京工作。（1796 年发愿） |

【此表共计有华籍神父 19 人，辅理修士 1 人[75]，他们的传教之处包括北京、蒙古、湖北、江西、河南、江南等地。】

乾隆五十三年（1788）时，"北京教会已有读拉丁文者十五人"[76]。虽然 1659 年，教宗亚历山大七世已同意可以祝圣那些不懂拉丁文的中国人为神父，但拉丁文毕竟是天主教的礼仪用语，北京教会此时有 15 人可以读拉丁文，而

---

[75] 据张泽：《清代禁教期的天主教》（增订本），第 180 页："吉德明神父（他死于道光六年）培植我国神职人员，其中升神父者十九人，另外有三位辅理修士"，与表 3-1 的神父纪录相同，两份资料有两位辅理修士的出入，此二人尚待考证。

[76] 方豪：《拉丁文传入中国考》，《方豪六十自定稿》（上册），（台）台湾学生书局，1969 年，第 12 页。另见陈介夫、谢凡：《中华圣职培育简史》，载罗光编：《天主教在华传教史集》，（台）徵祥出版社、光启出版社等，1967 年，第 344 页，1788 年时，吉德明神父领导的修院有青年修生十五人，"根据一八〇〇、一八〇三、一八〇四年，'遣使会大事录'此数一直无大变动，据 Villa 神父报告称：'对于在院的十多位修生，我们寄于莫大的希望，如无迫切与显著的需要，我们不拟再增加学生人数，因我们人手太少，不足敷用。'"

当时从欧洲学成回国并在北京工作的中国人则不可能在其中占半数以上[77]，这说明，北京教会在这段时期内为本地神职人员的培养作出了一定贡献。

嘉庆十六年（1811），陕西逮捕了天主教徒张铎德，其供词如下：

> "年四十岁，兴平县人，父母俱故，并没有弟兄妻子。乾隆五十七年，有已故湖广李姓给我西洋字书信到京城天主堂，李习念经，晓得经内道理。嘉庆四年，经南堂大人汤士选考取四品，西洋以品多者为贵。六年，汤士选以我文识甚好，考得七品，并没执照，给了十两银子、二十千钱，叫我往山西寻西洋监牧路先生，派我执事。我带了天主经卷书籍寻至平遥县城内安洪道家，经见了路先生。他是西洋人，教名亚禄依斯伍斯恭撒格，在那里传教，人人都尊奉。他有时回西洋堂去，在外没有一定住址。我随同教的讲究经卷，住了四年。十一年，路先生叫我往甘肃各处访问，教中讲解十诫的道理，并给有示谕一纸。十五年十二月二十五日，走到陕西扶风县教友陈洪智家，讲说经理。"[78]

张铎德的此番供词，详细说明了他是如何通过同教的介绍，进京接受训练，考取司祭（七品），派往山西、甘肃传教的经过。

京城北堂被朝廷籍没后，华籍薛神父逃至塞外西湾子，"由薛公寓居西湾子后，此村遂为各处教务之总区。而北京之修道院，亦迁于彼矣"，直至将教务交与孟振生神父。[79]道光二十二年（1842），孟振生神父（Mouly）在蒙

---

77 据方豪：《同治前欧洲留学史略》，《方豪六十自定稿》（上册），第381-383页赴欧洲留学的中国修生表，费赖之《在华耶稣会士列传及书目》以及荣振华《在华耶稣会士列传及书目补编》两书，1788年前回国（包括在澳门进修的人员）并于当时在北京工作的神职人员大概有马功撒、蓝方济、刘保禄、刘道路、崔保禄、杨执德等人。

78 嘉庆十六年二月十三日《陕西巡抚董教增奏呈传习天主教张铎德等人供单》，《档案史料》（第二册），第901页。

79 [法]樊国梁：《燕京开教略》，第406、407页；[法]雅克玲·泰夫奈：《西来的喇嘛》，第49-50页。此外，陈介夫、谢凡：《中华圣职培育简史》，第345页，吉德明神父逝世后，该院院长由Lamiot氏继任，Lamiot因教案撤至澳门后，修院由国籍遣使会士绥马窦（Suè）神父负责维持，"Lamiot氏抵澳后，于一八二○年在澳门重开修院，绥神父因在京时局不靖，把学生送往澳门，但他本人仍不顾环境恶劣，留下二位六品及其他修生四人，领导他们，完成学业。一八二七年，教难剧烈，北京北堂被毁，绥氏逃居南堂；后于一八二九年逃往西湾子，把修院亦迁往彼处。"此处的国籍绥神父应为上文所提到的薛玛窦神父。

古西湾子设立了修院，然后迁安家庄，最后迁至北京。最初，孟神父只留下备修院，有圣召的儿童在此读拉丁文，然后送至澳门。五六年时间里，为澳门的圣若瑟修院准备修生。例如，他所归化的喇嘛凤伯铎禄，"读书用功，又热心事主，乃被遣往澳门修院"。后来，他将小修院迁至不通沟，在西湾子西面一百二十公里，保留大修院大主教堂中。同时，孟神父亦在此亦建了女校。[80]

此外，葡萄牙籍遣使会士福文高（Ferreia）等经总会长批准，也在北京开办了一座初学院，1805 年，来此修道者有 5 人。1813 年时，"葡法同会兄弟所经营之修院和初学，都进行顺利"。[81]

### 2. 四川地区

早在康熙年间，在四川传教的遣使会士毕天祥神父"以中国教会礼仪之争方烈，西蜀去各省较远，相安无事，欲立修院于成都"。[82]继任的穆神父办到了这一点，他创立了一所修院，1721 年，他说："我有八名青年，我教他们拉丁文；年龄最大的为宋保禄，已二十五岁，我陞他小品。"随后，穆神父将宋保禄留在成都，管理教徒修士，教他们读写拉丁文，自己则在外传教，"这些年轻人，都是由父母奉献的；在我们教区及其他传教区中，尚有十五名，他们年龄尚幼；我没有同会士，只我一人，不能收更大的数字"。虽然并不是所有在此修读的学生都能坚持到晋升为神父，但他至少祝圣了三位司铎；苏保禄、许斯德望，二人皆为遣使会士，及教区神父刘若翰，一位六品，十位小品修士，这些人对之后的传教事业都有影响。最后，穆神父派了四位修生，至那不勒斯的圣家修院中去学习。[83]

---

80 [法]P. Octave Ferreux C. M.，《遣使会在华传教史》，第 160、165、166、172 页；吴宗文：《遣使会在华传教史》，罗光编：《天主教在华传教史集》，（台）徵祥出版社、光启出版社等，1967 年，第 155 页。

81 陈介夫、谢凡：《中华圣职培育简史》，第 345-346 页。

82 方豪：《拉丁文传入中国考》，《方豪六十自定稿》（上册），第 11 页。

83 [法]P. Octave Ferreux C. M.，《遣使会在华传教史》，第 95-96 页。另见吴宗文：《遣使会在华传教史》，罗光编：《天主教在华传教史集》，（台）徵祥出版社、光启出版社等，1967 年，第 141 页，"他（指穆神父）一面传教，一面仍不忘自己至中国的最初使命，即创立修院，培植本地神职人员。乃聚集了十余位修士，自己培植他们，升了三位神父，即苏鸿孝与徐德望，为最早的国籍遣使会士，另一位为教区司铎。他又往意国送去四位修士"。此外，Robert Entenman：《18 世纪

此后，华籍神父李安德在四川的凤凰山，法国刘、艾两位神父在云南龙溪（后迁至落壤沟）等地成立小型修道院，以造就传教人材。

18 世纪 50 年代，李安德神父报怨外方传教会培养的中国神父太少了，他说，50 年时间，只为上帝和教会提供了 7 名神父，一想到这就忍不住流泪，而那不勒斯却在 20 年时间里培养了 9 名中国神父。[84]于是，李安德把培养本地神职人员这项工作提上日程。1764 年，他在四川悄悄建立了修道院，"将他的末年献身于栽培有志神父的青年。他把七八位青年召集在成都附近的荒山上的一座屋里教授，名之为'圣诞修道院'，意即仿佛白冷之马栈也。"[85]李安德在这里集中了大致 12 名修生，变流动教学为固定教学。5 年后，此修院被迫关闭，但至少仍有 4 名学生最后被祝圣为神父[86]。

玛尔定·慕雅（Jean Martin Moye）神父刚到四川时，认识到"该省国籍神父很少"，并"认为派送修道生到国外去诸多不便"。于是，"他也和李安德一样，不顾一切困难，决心让他们在中国受栽培；为实行这个计划，他召集了不少的青年。他虽没把这个事业办成，但有外方传教会的同会弟兄们以后重拾旧业：他们在四川和云南的交界处成立了一座修道院；如果这省有教难，便逃到那省去。在三十二年的期间，这座修道院陶成了二十七位国籍神父"。[87]同时，慕雅神父也是创办教会女子学校和培植女老师的开山鼻祖。[88]

上文所说的川滇交界处的修道院，即乾隆四十五年（1780）外籍传教士刘翰墨（Hamel）、艾若瑟（Fanciscus Gleyo）在云南大关县龙台乡凤场（龙溪）

---

四川的中国籍天主教神职人员》，第 40 页说，"1715 年成为四川宗座代牧的穆天尺，授予数人以小品。在 1720 年至 1725 年之间，他祝圣了其中 3 人为神父：他们是苏宏孝、朱彼得、斯特凡徐，后来他们都去了欧洲学习"；陈介夫、谢凡：《中华圣职培育简史》，第 341 页也称，穆神父培养的修生中，最早晋铎者有苏保禄（1722）、苏斯德望（1726）与朱伯多禄（1730），朱铎于晋铎两年后即逝世。

84 [法]沙百里：*The Chinese priest Andrew Li (1692-1775) apostle of Sichuan and the Support he received from French missionaries in Macao*，第 202 页。

85 [法]穆启蒙编著：《天主教史》（卷三），第 270 页；[加拿大]赵玉明：《国籍司铎之模范——四川宗徒李安德》，第 25 页；陈介夫、谢凡：《中华圣职培育简史》，第 341-342 页。

86 Robert Entenman：《18 世纪四川的中国籍天主教神职人员》，第 41 页。

87 [法]穆启蒙编著：《天主教史》（卷三），第 271 页。

88 燕鼐思：《中国教理讲授史》，第 127 页。

建立的修道院。两年后，该院迁至毗邻的宜宾县横江镇落壤沟。在 32 年中，刘神父一直任院长，训练了 27 名中国神父[89]。朱荣、蒋金华、杨安德、袁在德、刘翰佐、刘瑞廷等神父即是此处培养出来的。[90]原籍彭水县的袁在德也是其中的一名。袁在德自幼随父亲搬至宜宾县落难（壤）沟居住。乾隆四十七年（1782），他拜外籍教士冯若望为师，取教名袁若瑟，被授予刻版经本、教衣、念珠、十字架等。乾隆六十年（1795），袁在德知道冯若望再次入川后，往崇庆州地方看望，冯若望（此时更名郭恒凯）见"袁在德能认写西洋纳丁字，兼知宗牧以下各等教首品级，即令袁在德为铎德，嘱其往各处传教"[91]，管理川东川北边境地区教务。[92]其后不久，此修道院即在嘉庆年间被查封[93]。

尽管禁教风波不断，四川这些修道院的建设仍旧加快了培养华籍神职人员的速度，至嘉庆六年（1801），四川已有 16 位华籍神父，约占全国同类数的 20%[94]。

### 3. 湖广地区

湖广地区的教务比较发达，虽然教徒较多，且较为封闭，但对这里培养华籍神职人员的记载却较少。乾隆末年到湖北地区传教的刘克来神父曾"择童子中之热心而聪颖者，授以辣丁文字，以为他日修道圣铎，襄理传教储材之计，更创立一会，定名天神会，以教授儿童要理经言"[95]。1842 年，Rizzolati 主教于汉口附近的柏泉曾开一小修院，不久即被封闭。次年，又于武昌设立修院，修生屡在教案中被捕，释放后，他们分别被送往汉口、武昌、天门，共

---

89 Robert Entenman：《18 世纪四川的中国籍天主教神职人员》，第 41 页；另见刘鼎寅、韩学军：《云南天主教史》，云南大学出版社，2005 年，第 77 页。

90 天主教台湾地区主教团宣圣委员会主编：《中华殉道圣人传》，第 93、98、102、115-116 页。

91 嘉庆二十二年三月二十五日《四川总督常明奏为拿获天主教人犯审明定拟折》，《档案史料》（第三册），第 1089-1090 页。

92 天主教台湾地区主教团宣圣委员会主编：《中华殉道圣人传》，第 98 页。

93 刘鼎寅、韩学军：《云南天主教史》，云南大学出版社，2005 年，第 77 页，"1814年（又有材料为 1819 年），因新教徒告发，清政府立予查封，修道院遂告关闭，院长罗主教（Joannes L. Florens）率修生二人往云南避难，继又前往安南（越南）。"另见陈介夫、谢凡：《中华圣职培育简史》，第 342 页。

94 秦和平：《清代中叶四川天主教传播方式之认识》，《世界宗教研究》2002 年第 1 期，第 72 页。

95 成和德：《湖北襄郧属教史记略 刘董二位致命真福合传》，第 8 页。

计 23 人。随后，修生频频来往于汉口武昌、天门、沔阳、香港之间，至 1856 年时，此处共栽培华籍神父 22 位。[96]

### 4. 广东地区

广东是天主教传入内地的前沿，澳门在中外交流中占有特殊地位，自然成为培训华籍神职人员的重要地点，一些天主教徒在澳门开始跟随外籍天主教徒学习。著名画家吴渔山曾"往澳门，入耶稣会学道，习蜡顶文。七年学成，膺神职"。他于康熙二十七年（1688）"登铎德，行教上海嘉定"[97]。

乾隆五十年（1785）被捕的刘多明我，于"乾隆二十七年前往广东，即在澳门地方跟随西洋人巴拉底诺习教多年"。四十二年（1777）回西安后，"每年得受洋钱代为传教是实"[98]。同年被捕之顾士俶，"籍隶新兴，自祖父俱学习天主教。该犯于乾隆三十年间往澳门卖药，与咈嘣哂国人啰满往来认识，啰满因其虔心奉教，能将经文向他人讲解，令同教人称该犯为神甫"。[99] 此外，还有崔保禄神父等曾入澳门修院学习[100]。

在澳门培养中国神父的场所主要有圣保禄学院和圣若瑟修院（Seminario de S. Jose）。耶稣会一贯重视发展教育，1594 年，耶稣会会长批准在澳门成立一所欧洲式学院，方便耶稣会士在进入中国内地之前在此学习汉语及中国文化等，同时，也是"为了使耶稣会及其基督教能在日本进一步发展而为日本教会设立的一所学院。由于学院设在澳门，客观上也为耶稣会培养入华传教士创造了条件"。[101]圣保禄学院的学生一是欧洲来远东的传教士，学习中文，

---

96 陈介夫、谢凡：《中华圣职培育简史》，第 352-353 页。

97 陈垣：《吴渔山与王石谷书跋》，《陈垣学术论文集》（第二集），第 228 页；徐珂编撰：《清稗类钞》（第四册），中华书局，1984 年，第 1957 页。

98 乾隆五十年正月十二日《福康安奏审讯教案人犯分别解京折》，国立北平故宫博物院文献馆编：《文献丛编》（第十五辑），国立北平故宫博物院出版物发行所，1933 年再版，第 6 页。

99 乾隆五十年三月十五日《两广总督舒常广东巡抚孙士毅奏报审明习天主教各犯分别定拟折》，中国第一历史档案馆编：《清中前期西洋天主教在华活动档案史料》（以下简称《档案史料》）（第二册），第 706 页。

100 [法]费赖之：《在华耶稣会士列传及书目》，第 872 页。

101 邹振环：《圣保禄学院、圣若瑟修院的双语教育与明清西学东渐》，耿昇、吴志良主编：《16-18 世纪中西关系与澳门》，商务印书馆，2005 年，第 323 页。Fr. Manuel Teixeira：《耶稣会士于澳门开教四百周年》，徐牧民译，（澳门）Tai Wah Book Co. 1964，第 20 页："圣保禄修院是训练往中国，日本东京，支那传教的教士中心。"

熟悉中国文化；二是中国与日本等东方国家的天主教徒，学习拉丁语、天主教义等，以便日后能祝圣为神父，赴内地担任传教职责。可以说，外国人在此学习是接受中国文化的过程，而华人在此学习则是接受西方文化的过程，集中体现了中西文化交流的特色。

禁教之前，一些著名的中国士人曾在此学习西学，如广东新会人钟鸣礼（1562-1622）、康玛窦（？-1620）、江苏常熟人吴历（1632-1718）、上海华亭人陆希言（1631-1704）、广东香山人郑玛诺（1633-1673）、还有澳门人黄明沙（1568-1606）、游文辉（1575-1630）、徐必登（1580-1611）、钟鸣礼（1581-1621？）、石宏基（1585-1645？）等。禁教期间，河北人蓝方济（1729-1796）亦在此进修。[102]

圣若瑟修院主要是培训本地神职人员。澳门文德泉神父认为，18 世纪"值得纪念的事便是一七二八年创立圣若瑟修院，训练中国神职人员"。[103]林家骏神父亦说："圣若瑟修院创办之初，只可算是圣保禄书院的分院，专为培植中国传教士用，因此华人便俗称它为'三巴仔'，而称前者为'大三巴'。"[104]

"耶稣会院现存文献记载：1722 年乔治先生在岗顶建两所房舍，他死後，把房子送给耶稣会士，改为圣约瑟会院，1732 年再命名圣约瑟修院。"[105]法国胥孟德神父（Labbe, Joseph）于"1728-1731 年在澳门为中国副省专设的圣若瑟神学院的创始人"。[106]1762 年，耶稣会士被驱逐出澳门，圣保禄学院与圣若瑟学院同时关闭。[107]乾隆四十九年（1784），葡萄牙遣使会士北京教区主教汤士选（D. Alexandre Gouveia）改澳门耶稣会若瑟院为本会修院，即为全

---

102 刘美冰：《双语精英与文化交流》，（澳门）澳门基金会，1994 年，第 20 页。

103 Fr. Manuel Teixeira：《耶稣会士于澳门开教四百周年》，徐牧民译，（澳门）Tai Wah Book Co. 1964，第 8 页；Fr.Manuel Teixeira, *The Church in Macau*, R. D. Cremer: *Macau 1Origins and History*, UEA Press Ltd, Hong Kong, 1987, p. 42.

104 林家骏：《澳门教区历史掌故》，（澳门）澳门主教公署，1982 年，第 19 页。

105 林家骏：《澳门教区历史掌故》，（澳门）澳门主教公署，1982 年，第 21 页。Fr. Manuel Teixeira：《耶稣会士于澳门开教四百周年》，第 28 页："Jotge Miguel 两所房子于一七二八年变成圣若瑟会院，于一七三二年称为圣若瑟修院，按照证书：'今天一七二八年二月二三日（中国）副省的神父按副省长 João de Sá（签名）命令由圣保禄迁往圣若瑟新舍。Luis de Sequeira 副省管账。'"

106 [法]荣振华：《在华耶稣会士列传及书目补编》（上），第 341 页。

107 Fr. Manuel Teixeira：《耶稣会士于澳门开教四百周年》，第 13 页；[瑞典]龙斯泰：《早期澳门史》，第 50 页。

国遣使会硕果仅存之修院，"国内欲求拉丁文深造者，咸集于此"。[108]此时的圣若瑟修院被里斯本的宫廷改为"布道团修院"，并于1800年确定由议事会支付其费用。《早期澳门史》记述了圣若瑟修院复办的目的、培养神职人员的情况、学习的内容，以及其中华人的人数：

> "这一学术机构的首要目的是向中国提供热心传道的教师。年轻的中国人，数量不超过12名，被接纳进入修院，获取必须的知识。……候选人得到第一个圣职一般需要十年时间。那些使命尚不甚清楚的人，则需等待更长的时间，或者离开修院。其他人，需要提出申请的，或是因为行为不端而被记录在案的，则被送走。教师讲解葡文和拉丁文语法、算术、修辞学、哲学、神学等等。……1815年，有八名年轻的中国人……1831年，修院中有七名年轻的中国人"。[109]

1784年，圣若瑟修院复办时，只有8名学生，经过一段艰苦努力后，学生人数大增，1829年，中国籍会士薛玛窦（Matthew Sue）仅从内蒙西湾子一地就派了8名修生到澳门。[110]嘉庆十七年（1812）的教案发生后，北京修院被取缔，"修生们都被遣送回家；遣使会的修士们也都跑到澳门去修道，不久会外修生也去了"。[111]例如直隶威县人金世达，嘉庆十二年（1807）赴北京，"就东堂读书，越五年至澳门"。此外还有北京人张绍台、松江娄县人沈温辉及其两位叔父、直隶广平府威县人金逸云、崇明川沙人沈邦彦等在澳修道、晋铎。[112]至道光年间，"澳门遣使会修院共栽培出了三十三中国神父，

108 方豪:《拉丁文传入中国考》《方豪六十自定稿》(上册)，第11页。另见[法]P. Octave Ferreux C. M.,《遣使会在华传教史》，第160页，"圣若瑟修院，乾隆四十九年(一七八四)，由汤士选主教Gnuvea设于澳门，由葡籍遣使会士管辖，……直至道光二十二年(一八四二)，所有的北方修士都在澳门"；以及张泽:《清代禁教期的天主教》(增订本)，第137页，"在澳门的葡萄牙遣使会神父也成立了一座专为培养中国传教神父的圣若瑟公学，在那里出了不少遣使会的中国神父。"

109 [瑞典]龙斯泰:《早期澳门史》，第51页。

110 [法]P. Octave Ferreux C. M.,《遣使会在华传教史》，第146页。

111 [法]P. Octave Ferreux C. M.,《遣使会在华传教史》，第160、166页；张泽:《清代禁教期的天主教》(增订本)，180页；

112 张泽编著:《中国天主教历代文选》，内部资料，2003年，第128、130页；张泽:《清代禁教期的天主教》(增订本)，第180-181页；方豪:《中国天主教史人物传》(下册)，第244、248页。

其中有杨、柯两位神父回到北京传教"。[113]

巴黎外方传教会在澳门未建修院，仅在大三巴教堂内设有代理处和司库，一般派修生至东南亚的圣·约瑟公学学习。嘉庆十年（1806）至嘉庆十三年（1809）间，巴黎外方传教会在四川的徐德新主教鉴于四川本地的修院（指落壤沟修院）简陋，圣·约瑟公学暂时关闭（1807 年重新修建），为造就人才，求得澳门办事处允许，从四川陆续派了 10 人到澳门学习。[114]

除以上几个地区的修道院之外，国内其他地方也有秘密建起的修院。1729年，传信部委托费来士神父（Garretto de Ferrese）在山西教育青年，"修院儿童只三人，即十一岁、十二岁，最大者十五岁"，旋因教案无法顺利进行，送至欧洲或北京学习。1802 年，在山西邱家村（Kieu-Kia-Tsum）建立了一座修院，李雅各神父为院长，开学时有 7 名修生，1819 年首位在此祝圣者为于巴尔纳巴，24 岁，此后有严伯尔纳定（1822）、王雅各（1824）、贺（译音）若瑟（1825）和鲁若望（1826）。禁教的情况下，该修院自然也是时开时关，直至停办。[115]

1813 年，福建溪填（Ke-Sên）的修院开办，有学生 12 人。1813 至 1829年间，该院共祝圣本地神父 7 人，1834 年迁往马尼拉。[116]1838 年，Rameaux主教在浙江南城建立修院，曾迁至儿江，又返回南城，有修生 14 人。另外，浙江嘉兴府车辐滨的修院也曾迁往定海、宁波，咸丰元年（1851）左右，"宁波的修院，已有十二名修生，由国籍遣使会士李安德管理"。[117]1843 年，江南佘山附近张朴桥的"圣母无玷圣心院"开办，第一批学生共有 22 人，随后迁往上海附近的黄塘、浦东张家楼、董家渡等，最后与徐家汇的徐汇公学合并[118]。1847 年，山东主教罗类斯（Ludovico de Besi）在十二里庄建立修院，

113 张泽：《清代禁教期的天主教》（增订本），第 189 页；[法]樊国梁：《燕京开教略》（下篇），第 406 页。

114 张泽：《清代禁教期的天主教》（增订本），第 138 页。

115 陈介夫、谢凡：《中华圣职培育简史》，第 348-349 页。

116 陈介夫、谢凡：《中华圣职培育简史》，第 356 页。

117 陈介夫、谢凡：《中华圣职培育简史》，第 354 页；[法]P. Octave Ferreux C. M.《遣使会在华传教史》，第 183 页。

118 陈介夫、谢凡：《中华圣职培育简史》，第 356-357 页。另见郎汝略：《山东、济南修院简史》，赵庆源译，《恒毅月刊》第 24 卷第 11 期，1975 年 6 月，第 29-30 页，"修院成立于一八四三年二月三日；院址是在上海附近的 Dschang pu tchiau（译音：张浦桥）；开学时共有修生二十二名，年纪在十三至十八岁之间；其中十七

托江类斯（Aloysius Moccagatta）神父管理，江神父重建新院后命名为"圣母无原罪修院"，有 8 名修生。1849 年，江神父升为主教，由顾立爵（Eligius Cosi）神父任修院院长，修生人数增至 15 人。1851 年，山东第一位华籍神父胡玛窦领受铎品。[119]

而在江西地区，1841 年遣使会的古伯察神父到达吉安时，"矶头村"有 1/3 的居民为天主教徒，那里"有一座真正的小教堂、一座本堂神父住宅、一所孩子们于其中以震耳欲聋的唱诗方式上课的真正学校。在他们之中，有四名青年人将被送往澳门修院"。[120]咸丰二年（1852），田嘉璧主教 Delaplace 痛心于"神父未受过适当的培植"，于是，"在九都造了一堂，与他教区内的十位神父住在一齐，每日讲解伦理神学；付圣事，遣使会会规，神父的德行等"。[121]

### （二）私相收授的培养

国内培养本地神职人员的主要方式是在修道院等固定场内进修，但此外，传教士们还会利用各种机会私底下培养本地神职人员，正如师傅带徒弟般进行训练。暗地里到处活动的传教士们，每到一处，都会异常忙碌："训练望教的。给他们授洗，教训教友，举行婚配，听告解，与传道员（华北多称会长，即教团的领袖人物）长谈，讨论应行事宜，调解争端及家庭间的不睦；此外还当训练代替神父继续活动的人员"[122]。当时方启升主教（Francesco Saraceni）所培养的华籍教徒中，王多默（Thomas Wang）于 1745 年 9 月从李爱哲主教（亦名李奥哲 Engenio Piloti）手中晋铎。[123]

---

名来自江南，五名来自山东。……当年七月将修院迁至离上海更近的 Huang tang（译音：璜塘）去了。……一八四四年十一月间修生的数目已到了三十二名，其中来自山东者即有六名。"

119 陈介夫、谢凡：《中华圣职培育简史》，第 350 页。另见 Rer. Dr. Otto Maas O.F.M., "Franciscans in the Middle Kingdom, A Survey of Franciscan Missions in China from the Middle Ages to the Present Time", in *Collectanea Commissionis Synodalis*, Volumen II, Digest of the Synodal Commission, Majus, 1938. p.462. 1848 年前后，山东主教江类斯（Moccagatta）"很早就开始组织了一所神学院，以增加本地神父的数量"；以及郎汝略：《山东、济南修院简史》，赵庆源译，《恒毅月刊》第 24 卷第 11 期，1975 年 6 月，第 30 页，此处的第一位华籍神父是胡文孝，于 1851 年 4 月 19 日晋铎。

120 [法]雅克玲·泰夫奈：《西来的喇嘛》，第 42 页。

121 [法]P. Octave Ferreux C. M. 《遣使会在华传教史》，第 185-186 页。

122 [法]穆启蒙编著：《天主教史》（卷三），第 269 页。

123 [荷]金普斯、麦克罗斯基：《方济会来华史（1294-1955）》，第 10 页。

外籍教士们或者从儿童入手，比如在湖广地区"细心地教育着孩子。这些孩子每隔几个月定期前来参加考试。大考在每年的年底。1758 年大约有 350 名男女儿童参加。[124]

或者私下收徒，待对方条件成熟后为其晋铎。嘉庆十九年（1814）九月，刘汉作在四川崇庆州遇神父徐鉴牧（李多林），拜其为师入教，取名刘保禄，留心学习，不久，徐鉴牧见刘汉作能认习西洋辣丁字，兼知宗牧以下各等教首品级，令其出外传教。[125]同年，徐鉴牧在四川遇见曾跟他学习天主教的罗恺，"嘱令不可改悔，罗恺应允复习，徐鉴牧即封罗恺为铎德，并给与经卷、念珠，令往各教友家访询同教之人"，罗恺即赴永川县、荣昌县、大足县等处访询教友。[126]

有的时候，传教士们还会因为无力兼顾，把原本自己培养的人员送往其他地方进修。例如在北京的传教士蒋友仁神父，受长上委托培养希望成为神父和传教士的中国年轻人。于是，他致力于培养杨德望和高类思两神父从事布道的学习和工作，使之成为两名充满虔诚、知识和智慧的传教士。随后，又培养了 6 名新信徒担任传教工作。但当他工作繁忙时，便赶紧把他们送到了欧洲。[127]

## 三、国外的培养

中国人赴国外进修并不是禁教之后，急需本地神职人员时才开始的。早在明崇祯年间，福建人罗文藻曾至菲律宾圣多玛斯大学攻读，此后还成为华人中首位膺主教任者[128]。广东香山墺人郑玛诺，"自幼往西国罗马，习格物穷理超性之学，并西国语言文字，深于音学，辨析微茫。康熙十年辛亥，来

---

124 《耶稣会传教士河弥德神父致布拉索神父的信（1759 年 8 月 20 日）》，[法]杜赫德编：《耶稣会士中国书简集》（五），第 64 页。

125 嘉庆二十二年十一月二十三日《署理四川总督成都将军德宁阿奏报拿获传习天主教人犯审明定拟折》，《档案史料》（第三册），第 1104 页。

126 嘉庆二十三年十一月十六日《四川总督蒋攸铦奏报拿获沿习天主教人犯审明定拟折》，《档案史料》（第三册），第 1122-1123 页。

127 《一位在华传教士的信（1775 年于北京）》，[法]杜赫德编：《耶稣会士中国书简集》（六），第 71、72 页。

128 徐宗泽：《祝圣吴渔山司铎之罗文藻主教》，《圣教杂志》1937 年，第二十六卷第八期，第 483-485 页。另见[法]P. Octave Ferreux C. M.，《遣使会在华传教史》，第 111 页；陈介夫、谢凡：《中华圣职培育简史》，第 336 页。

京"，他"似为葡人重启中欧交通后，中国第一人曾至欧洲者"[129]。郑玛诺于1645年被澳门教区选中，随同陆德神父赴罗马进修，分别于圣安德勒初学院、罗马公学、波仑亚耶稣会神学院、葡萄牙因不拉大学等处攻读修辞学、逻辑学、物理化学、音乐、神学等，是第一位中国耶稣会神父。1668年，郑玛诺返回澳门。读完一年中文后，被派至广州。受杨光先教案影响，当时的外籍传教士都被囚禁，因为郑玛诺和修士António Fernandes都是中国人，他们在广东省到处乔装工作，付洗了900外教人。1671年，郑玛诺乔装陪Claudio Filippo Grimaldi和德国人Christian Heidtrich神父到达北京，1673年去世。他一生共有23年在欧洲留学，被誉为是"一位奇才"。[130]

随着传教形势的日趋紧张，传教士们逐渐意识到：在中国内地栽培本地神职人员"困难重重"，"在中国开办修道院似乎在当时是办不到的"。当时，"有几位神父是在北京和澳门培植的；有时也利用前世纪所给的特许，祝圣不懂辣丁文的成年人为神父，只要他们对神学的知识足够应用便成。"鉴于在国内培养华籍神职人员变得日益困难，为了满足传教工作对本地人员的迫切需要，一些青年被送至国外去完成学业，如"有到暹罗（泰国）的犹地亚京的，那里有巴黎外方传教会神父为远东传教区所立的一座修道院（注：这座修道院以后迁至印度旁地治利（Pondichery 在印度半岛南端东岸），一八零五年又迁至马来亚的槟榔屿（即槟城），至今犹存），有送至纳坡里或巴黎的"。[131]再如乾隆四十九年（1784），陕西搜获的传教士中有一位叫马诺的澳门人。他"自幼往西洋学习经典，仍回广东，有陕西渭南人张多明我接到西安居住，后来又在渭南县杜兴智等家内居住"。[132]总之，向国外派遣华人研读修道并将他们训练成为神职人员，已是当时传教活动中一项比较重要的任务。国外培养华籍神职人员的地点主要有以下一些。

---

129 张星烺编注：《中西交通史料汇编》（第一册），朱杰勤校订，中华书局，1977年，第392页。

130 Fr. Manuel Teixeira：《耶稣会士于澳门开教四百周年》，第43-44页；黄鸿钊：《澳门和天主教在远东的开端》，朱维铮主编：《基督教与近代文化》，上海人民出版社，1994年，第330、332页；另李向玉：《澳门圣保禄学院研究》，澳门日报出版社，2001年，第155-156页。

131 [法]穆启蒙编著：《天主教史》（卷三），第268页。

132 乾隆四十九年十一月十一日《寄谕山东陕西等地督抚著一体严密查拿天主教》，《档案史料》（第二册），第546页。

### （一）赴欧洲意大利、法国学习

明末清初，来华的天主教传教士大多来自葡萄牙、意大利、法国、西班牙等欧洲国家，他们所挑选的有待培养的年轻中国教徒自然是赴欧洲深造，其中，意大利为教廷所在地，是培养华籍天主教神职人员的重要地点。另外，这项事业也得到了在华法国耶稣会士的支持，[133]因而，在欧洲培养华籍天主教神职人员主要集中于意大利和法国。

#### 1. 意大利

中国青年远赴意大利进行天主教的培训及学习的时间比较早，如康熙年间的山西人樊守义，他于康熙四十六年（1707）十二月随艾逊爵神父同往欧洲，赴意大利求学，初至都灵，后至罗马，神学毕业后晋铎，著有《身见录》[134]。

在意大利培养华籍天主教神职人员的地区中，以圣家书院最为出名。马国贤神父（Matteo Ripa）是这一书院的创始人。康熙年间，他在华传教时，"对于培植中国本籍圣职人员，较其他任何西洋教士尤为致力"[135]。他在回忆录中写道：

> "我很清楚这个辽阔的国度是多么地缺乏人手，而欧洲又不能提供。从 1580 年到 1724 年，欧洲送到这里来的传教士数量不足 500 人。我还知道，无论欧洲传教士是多么多，多么热情，但因为语言上难以克服的障碍，不能产生令人满意的结果。在我之前，还没有人能够克服这障碍，让大部分的中国人都听得懂他说的话。因为这个原因，加上其他一些我想不必再说的原因，我坚定地相信在天主的教会里，应该责无旁贷地建立一个宗教团体，专门的目的就是使本地人有能力来行使传教使命。"[136]

对传教人员缺乏的紧迫感，促使马国贤非常留意那些具备神职人员特质的人。1713 年，马国贤在热河给一个 13 岁的孩子做洗礼时，"看出他有某些

---

133 谭树林：《清初在华欧洲传教士与中国早期的海外留学》，《史学研究》2002 年第
　　6 期，第 25 页。

134 [法]费赖之：《在华耶稣会士列传及书目》，第 681 页，及张泽编注：《中国天主教
　　历代文选》，第 118-123 页。

135 方豪：《中国天主教史人物传》（中），中华书局，1988 年，第 344 页。

136 [意]马国贤著：《清廷十三年——马国贤在华回忆录》，第 83 页。

杰出的品格，适合成为神职人员。我就进行各种必须的事情，指导他成为一个基督教的传教士。他是我为此目的培养的第一个孩子"。后来，这名少年跟随马国贤到了那不勒斯。[137] 1714 年，马国贤神父"为了给教会培养人才的缘故"，曾经从古北口带走一个年轻人（即上文所指的孩子）；1719 年，他在同一地方又接受了另外三个男孩，这四个男孩跟他一起到热河开展学习[138]。此后，马国贤便"在其私人寓所中"，对这些中国人"予以教育，不顾其他教士之反对"。[139]

不久，四周其他教士的反对，礼仪之争中他与皇帝立场的矛盾，种种不利因素令马国贤逐渐认识到："在中国传播教义，我个人能够起到的作用是多么的微小，"[140]而且，"中国并不是我想要建立一所成功而繁荣的学校的地方"，[141]遂携谷文耀（籍古北口，二十四岁，马国贤回忆录中名为顾若望）、殷若望（籍河北固安，二十岁）、黄巴桐（籍河北固安，十三岁）、吴露爵（籍江苏金山，十二岁）等四人及他们的老师一名年长信徒同行，回到意大利。1732 年 7 月 25 日，终于在那不勒斯办成了圣家书院。[142]除了他带去的四名学生外，随后他还收到了传信部送来的两名学生[143]。从此，"中国幼童来此院修道者，继续不断"。[144]

圣家书院亦作圣家修院，又名中国学院，或称之为文华书院。这个机构按照马国贤的建议由一个学院和一个教团组成：

> "学院有年轻的中国人和印度人组成，用学校的钱款作花费，培养他们成为合格的职业传教士。教团则是由教士们组成，愿意给学院学生提供必要的指导，没有任何金钱上的报酬。
>
> 学院学生要做五次发愿：第一，安贫；第二，服从尊长；第三，加入圣会；第四，参加东方教会，听从传信部的调遣；第五，毕生为罗马天主教会服务，不进入任何其他社群。

---

137 [意]马国贤著：《清廷十三年——马国贤在华回忆录》，第 77 页。
138 [意]马国贤著：《清廷十三年——马国贤在华回忆录》，第 82 页。
139 方豪：《中国天主教史人物传》（中），第 344 页。
140 [意]马国贤著：《清廷十三年——马国贤在华回忆录》，第 113 页。
141 [意]马国贤著：《清廷十三年——马国贤在华回忆录》，第 83 页。
142 方豪：《中国天主教史人物传》（中），第 347 页。
143 [意]马国贤著：《清廷十三年——马国贤在华回忆录》，第 131 页。
144 萧若瑟：《天主教传行中国考》，第 361 页。

教团成员不必发愿，但是除了参加学院学生的教育外，还要和团体住在一起，履行属于本机构教会的职责。"[145]

学院"最初以专收中国留学生为目的"[146]，但"凡有志来远东传教的西人与土耳其人，均可入院。学生由传信部赡养，毕业后授予学位"。[147]雍正十二年（1734），第一批两位修士殷若望和谷文曜毕业晋铎，同年九月十日一同回国。其后，乾隆六年（1741），吴露爵在此晋升为司铎。1754年，北京的钱德明神父也在信中提及过一位姓寇（Kou）的教士，是一位在意大利培养的中国司铎。[148]据方豪先生考证，禁教时期（1821-1846）赴那不勒斯圣家书院进修的中国修生如表3-3（以抵欧洲入学之年为出国年）。

表3-3　禁教时期赴那不勒斯圣家书院进修的中国修生[149]

| 姓　名 | 籍　贯 | 生年 | 出国年 | 回国年 | 卒年 | 卒地 |
|---|---|---|---|---|---|---|
| 谷文耀，号若翰 | 古北口 | 1701 | 雍正二年（1724） | 1734 | 1763 | 北平 |
| 殷若望 | 河北固安 | 1705 | 同上 | 1734 | 1735 | 湘潭 |
| 黄巴桐 | 同上 | 1712 | 同上 | 1760 | 1776 | |
| 吴露爵 | 江苏金山 | 1713 | 同上 | | 1763 | 罗马 |
| Gab.Belisario | 菲列宾 | 1713 | 乾隆元年（1736） | | 1738 | 那不勒斯 |
| 赵多明 | 四川成都 | 1717 | 乾隆三年（1738） | 1751 | 1754 | 常德 |
| 赵西满 | 湖北江陵 | 1722 | 同上 | | 1778 | 巴东溪沙河 |
| 李若瑟 | 广东顺德 | 1717 | 乾隆四年（1739） | 1755 | 1776 | |
| 郭元性 | 陕西渭南 | 1728 | 同上 | 1751 | 1778 | |
| 蔡文安 | 福建龙溪 | 1720 | 同上 | 1751 | 1782 | 广东 |
| 刘必约 | 四川重庆 | 1718 | 同上 | 1755 | 1785 | 山东 |

---

145 [意]马国贤著：《清廷十三年——马国贤在华回忆录》，第131页。

146 方豪：《中国天主教史人物传》（中），第343页。

147 方豪：《同治前欧洲留学史略》，《方豪六十自定稿》（上册），第398页。

148 《钱德明（Amiot）神父致本会德·拉·图尔（de la Tour）神父的信（1754年10月17日于北京）》，[法]杜赫德编：《耶稣会士中国书简集》（五），第45页。

149 方豪：《同治前欧洲留学史略》，《方豪六十自定稿》（上册），第380-385页。

| 刘成仁 | 四川铜梁 | 1718 | 同上 | 1755 | 1785 | 流徙伊犁 |
|---|---|---|---|---|---|---|
| 张月旺 | 广东始兴 | 1712 | 乾隆十五年（1750） | 1761 | 1782 | 广东 |
| 萧安多 | 湖北松滋 | 1735 | 乾隆十九年（1754） | 1764 | 1766 | 澳门 |
| 刘道路 | | 1726 | | 1758 | 1796 | |
| 吴伯铎 | 广东广州 | 1738 | 乾隆十九年（1754） | | 1763 | 那不勒斯 |
| 曾清贵，字信德 | 陕西临潼 | 1740 | 同上 | 1767 | | |
| 马功撒 | 广东香山 | 1740 | 同上 | 1769 | 1796 | 北平狱中 |
| 戴金冠，字则明 | 广东惠来 | 1735 | 乾隆二十一年（1756） | 1761 | | |
| 严雅谷 | 福建龙溪 | 1736 | 同上 | | 1762 | 那不勒斯 |
| 戴德冠，字则仁 | 广东惠来 | 1737 | 同上 | 1764 | 1785 | 广东 |
| 刘嘉禄 | 陕西城固 | 1742 | 同上 | 1771 | 1820 | |
| 黄多玛 | 广东潮州 | 1741 | 同上 | 1771 | 1772 | Gadibus |
| 蔡若祥 | 福建龙溪 | 1739 | 乾隆二十六年（1761） | 1767 | | 卧亚 |
| 艾亚柯 | 湖北谷城 | 1741 | 同上 | 1765 | 1765 | Gadibus |
| 常纳巴 | 湖北襄阳 | 1741 | 同上 | 1767 | 1797 | |
| 王加禄 | 广东潮州 | 1739 | 同上 | 1766 | | |
| 郭儒旺 | 山西壶关 | 1743 | 乾隆三十一年（1766） | 1775 | 1817 | |
| 刘明我 | 陕西临潼 | 1747 | 同上 | 1774 | 1828 | |
| 郭雅歌 | 山西壶关 | 1747 | 同上 | 1775 | 1779 | |
| 章儒瑟 | 广东潮州 | 1742 | 乾隆三十五年（1770） | 1774 | 1778 | |
| 王儒翰 | 陕西渭南 | 1748 | 同上 | | 1771 | 那不勒斯 |
| 刘恺弟 | 湖南沅江 | 1752 | 同上 | 1775 | 1785 | |
| 殷玛玎 | 四川铜梁 | 1753 | 同上 | | 1774 | 那不勒斯 |
| 王正礼 | 陕西盩厔 | 1754 | 同上 | 1773 | 1819 | |
| 徐格达，字适之 | 甘肃张掖 | 1748 | 乾隆三十八年（1773） | 1778 | 1801 | 流徙伊犁 |

| 陈廷玉 | 同上 | 1752 | 同上 | 1783 | 1829 | |
|---|---|---|---|---|---|---|
| 李汝林 | 河北涿县 | 1754 | 同上 | 1783 | 1802 | 广东 |
| 范天成，字之仁 | 河北景县 | 1755 | 同上 | 1783 | 1828 | |
| 柯宗孝 | 河北 | 1758 | 同上 | 1792 | 1825 | |
| 贺明玉，字文琳 | 四川巫山 | 1759 | 同上 | 1785 | 1827 | |
| 王英 | 陕西渭南 | 1759 | 同上 | 1792 | 1843 | 汉中 |
| 李自标 | 甘肃武威 | 1760 | 同上 | 1792 | 1828 | |
| 严宽仁 | 福建龙溪 | 1757 | 乾隆四十二年（1777） | 1792 | 1794 | 天门七屋垴 |
| 韩方济 | 山西 | | 乾隆五十年（1785） | | 1829 | 那不勒斯 |
| 张玛谷 | 广东始兴 | 1761 | 乾隆五十四年（1789） | 1802 | 1829 | 江西 |
| 裴如汉 | 山东济南 | 1770 | 同上 | | 1804 | 那不勒斯 |
| 朱万禾，字寿官 | 山西祁县 | 1770 | 同上 | | 1812 | 同上 |
| 王保禄 | 山西太原 | 1770 | 同上 | 1802 | 1843 | 太原 |
| 潘如雪 | 北平 | 1773 | 同上 | | 1847 | 那不勒斯 |
| 戴勿略 | 广东惠来 | 1772 | 同上 | | 1832 | 同上 |
| 潘路加 | 广东乐昌 | 1772 | 乾隆六十年（1795） | 1817 | | |
| 严甘霖 | 福建龙溪 | 1774 | 同上 | 1823 | 1832 | 武昌洪山 |
| 钟理珍 | 广东广州 | 1783 | 嘉庆七年（1802） | 1826 | 1851 | 香港 |
| 汪振亭 | 同上 | 1784 | 同上 | 1823 | 1867 | 武昌洪山 |
| 唐多尼 | 同上 | 1785 | 同上 | 1823 | 1830 | 天门七屋塔 |
| 谢斯德 | 同上 | 1786 | 同上 | | 1806 | 那不勒斯 |
| 余恒德 | 陕西城固 | 1795 | 道光元年（1821） | 1831 | 1854 | |
| 陈良 | 山西长治 | 1805 | 同上 | 1831 | | |
| 张保禄 | 山西太原 | 1804 | 同上 | 1831 | 1861 | |
| 王多禄 | 山西长治 | 1804 | 同上 | | 1829 | 那不勒斯 |
| 郭约安 | 山西阳曲 | 1805 | 道光四年（1824） | 1834 | 1884 | 阳曲圪料沟 |
| 王悌达 | 山西文水 | 1805 | 同上 | 1834 | | |

| 田广益 | 山西长治 | 1809 | 道光八年（1828）？ | 1839 | 1885 | 衡阳 |
| 任万有 | 山西太原 | 1810 | 同上 | 1839 | 1852 | 沔阳杨叉湾 |
| 唐永贵 | 甘肃皋兰 | 1810 | 同上 | 1839 | 1861 | 谷城茶园沟 |
| 刘安得 | 山西太原 | 1811 | 同上 | 1831 | | |
| 张蕴华 | 甘肃武威 | 1810 | 道光十二年（1832） | 1850 | 1864 | 上海 |
| 阎玉亭 | 山西榆次 | 1811 | 同上 | 1850 | 1871 | 武昌洪山 |
| 沈静渔，字光辉 | 湖北天门 | 1816 | 道光十四年（1834） | 1850 | | 同上 |
| 罗振铨 | 湖南衡阳 | 1820 | 同上 | 1849 | | 湖南 |
| 王乐瑟 | 山西太原 | | 道光二十年（1840） | 1852 | | |
| 罗振钊 | 湖南衡阳 | 1823 | 同上 | 1852 | | 湖南 |
| 罗振锐 | 河南 | 1820 | 道光二十三年（1843） | | 1874 | |
| 罗达理 | 河南 | 1823 | 同上 | | 1890 | |
| 张天义 | 湖北谷城 | 1826 | 同上 | 1853 | 1895 | 老河口 |

从表 3-3 可以看到，首先，赴那不勒斯进修的中国人籍贯比较分散，包括北京 1 人，古北口 1 人，河北 5 人，河南 2 人，山西 16 人，山东 1 人，江苏 1 人，福建 5 人，四川 5 人，湖北 5 人，湖南 3 人，广东 16 人，陕西 8 人，甘肃 5 人，菲列宾 1 人，无记载 1 人，共 52 人。有意思的是，来自北京的仅有 1 人，从一个方面说明，此时传教士在北京修院培养工作的开展较其他省份顺利，当然，也与北京聚集的传教士比其他省份多密切相关。而来自广东的人数较多，这应与乾隆朝海禁后，仅广州一口通商有关，广东人远比内地其他省份人登上外国船只容易。

其二，这些修生的出国往往形成一定的批次，相同的批次尽可能同去同回，一般四人左右，最多八人（1773 年），最少一人，单独出国者比较少。不同批次之间，相隔时间不定，大多为三四年，最短的一年（1738、1739 年），最长的十九年（1802-1821 年）（具体可参见图 3-1）。

图 3-1　禁教时期赴那不勒斯圣家书院进修的中国修生人数变化

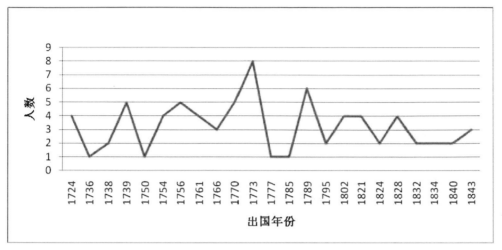

　　乾隆年间，出国的时间间隔并不长，即使是乾隆四十九年（1784）蔓延全国的教案后，第二年（1785）有 1 人出国，1789 年，又有 6 人出国。反而是嘉庆年间有近二十年的中断。也就是说，在朝廷搜捕天主教徒及严禁国人出境的情况下，他们都能成功漂洋过海，若干年后又秘密返回内地。天主教会，或者是天主教徒、传教士也许已有了一套应付海关检查的方法。当然，教案的轻重也反映到出国时间上来，当教案比较严重时，亦无人出国。

　　其三，他们在国外的时间至少 3 年，如王正礼；最多 28 年，如严甘霖；一般多为 10 年左右。虽然个人天分不同，学习进展不同，但也从某个方面反映出，圣家书院对本地神职人员的培养比较慎重，按一定的计划与进程来循序渐进，不可能一蹴而就。

　　第四，修生中有些可能因水土不服、路途劳累，在到达那不勒斯的几年后便逝世，如王儒翰，一年后即去世；有些则留在那不勒斯若干年，直至离世，如潘如雪，在那里的停留时间长达 58 年。目前所知道的是，虽然吴露爵在那里待了 39 年，直至去世，但他是被罗马教廷终身监禁于此的。不过，无论如何，这些在那不勒斯进修十余年，或是居住数十年的修生，与欧洲人势必有所来往，对欧洲人如何认识中国产生了一定影响。而且，这些被"西化"了的中国人，不管其"西化"程度如何，是否会将欧洲文化带入中国内地，对普通百姓的生活有何影响，这是个非常有意思的问题。

　　圣家书院的这些中国修生中，殷若望被宜昌顾学德主教（Gubbels）称为"圣家会之第一华籍司铎"，他与谷文耀于雍正十二年（1734）五月十五日至罗马传信部受试时，主考者枢机主教佩德哈（Cardinal Petra）转身对殷若望说：希望能把他培养成主教。这位年轻神父回答说：还不如让我当红衣（枢机）主教吧。接着拿过枢机主教的权杖，补充说："我说不如当个红衣主教，并不是指穿上像大人您这样的一套外衣，而是为基督的事业，流出我的鲜血，把我自己的黑袍染红。"这一回答受到在场所有人的赞扬，并马上传遍了整个罗马。[150]刘必约、郭元性、赵多明、赵西满、蔡文安等 8 人毕业时，还曾被教皇召至罗马，由枢机主教 4 人对他们加以甄试，由于他们表现优异，教皇大为褒奖，并在教廷全体人员面前，对他们就读的书院盛加称誉[151]。

此外，从其他文献中，也可见到这些留学生的踪影。《方济会来华史（1294-1955）》谈到圣家书院时说："在那儿毕业的教区司铎回到中国各地服务，当中最少有十位在陕西和山西。"[152]其中的蔡若祥，即是乾隆四十九年（1784）大教案中，各省通缉的首犯蔡伯多禄。乾隆四十九年十二月（1785 年 1 月）陕西拏获之刘西满，年四十三岁，城固县人，是祖传天主教。据其供称："十二岁父亲将我托西安人赵士美带至广东，经西洋人李世福带往西洋噫咊哩啞国，在天主堂内从师学习洋字经典，住居西洋十六年，与马诺、曾贵及湖广人赵安德同学相好……至乾隆三十六年由西洋起身，三十八年回至城固，与呢吗方济各、马诺等时通书札。"[153]

乾隆五十八年（1793）来华的英国马戛尔尼使团中，有四位来自圣家书院的华籍司铎安神父、王神父、李雅各神父和周保罗神父。他们可以免费乘坐使团的船返回中国，但要担任使团的翻译。船到澳门后，只有李雅各神父

---

150 [意]马国贤著：《清廷十三年——马国贤在华回忆录》，第 133 页。

151 方豪：《同治前欧洲留学史略》，《方豪六十自定稿》（上册），第 389-390 页。

152 [荷]金普斯、麦克罗斯基：《方济会来华史（1294-1955）》，第 10 页；Rer. Dr. Otto Maas O.F.M., "Franciscans in the Middle Kingdom, A Survey of Franciscan Missions in China from the Middle Ages to the Present Time", in *Collectanea Commissionis Synodalis*, Volumen II, Digest of the Synodal Commission, Majus, 1938. p.459.

153 乾隆四十九年十二月初十日《陕西巡抚毕沅奏报拿获传习西洋教之刘西满等审供解京折》，《档案史料》（第二册），第 615-616 页。此处的刘西满被捕时 43 岁，与上表中的刘嘉禄同姓刘，同为陕西城固人，都出生于 1742 年，并同于乾隆三十六年（1771）回国，而刘西满在西洋 16 年，也就是说，他 1755 年就已离开中国，极有可能与刘嘉禄一样，同于乾隆二十一年（1756）抵达欧洲，因而两者应为同一人。

继续留在使团内，着英国服装，改用英国姓名，在官方场合开展口译工作，直至使团返英时才离开。其余三人均在澳门登陆，离开使团[154]。湖北潜江人郭培声，字连城，圣名伯多禄，于咸丰九年（1859）随徐伯达主教赴意大利，肄业于圣家书院，次年返国，著有《西游笔略》。[155]

根据方豪先生提供的资料，圣家书院自开办至停办，共历 136 年，毕业中国学生达 106 名[156]。而另一份资料则称，有 51 名中国学员在 1732 年建于那不勒斯的神学院接受教育，截至 1800 年，他们中的 35 人以神父的身份回到了中国[157]。

除那不勒斯圣家书院外，道光年间，中国教徒在意大利的进修场所还有罗马，见表 3-4。

表 3-4　道光禁教时期赴罗马进修的中国人[158]

| 姓　名 | 籍　贯 | 生　年 | 出国年 |
| --- | --- | --- | --- |
| 梁（译音） | 广东 | | 道光十六年（1836） |
| 胡（译音） | 湖北 | | 同上 |
| 李乾元 | 山西 | 1820 | 道光二十三年（1843） |

---

154 [英]斯当东：《英使谒见乾隆纪实》，叶笃义译，（香港）三联书店，1994 年，第 18、168、458 页。另，[法]佩雷菲特：《停滞的帝国——两个世界的撞击》，王国卿等译，三联书店，1993 年，第 6、36、56、531、625、637-638 页。而在[英]爱尼斯·安德逊著，《英国人眼中的大清王朝》（费振东译，群言出版社，2002 年）中，1793 年 6 月 20 日在澳门离开使团的只有从欧洲带来的中国人许先生和钮先生两名，其后担任翻译的柏仑白先生被列入"马戛尔尼伯爵的扈从人员名单"，或许因伪装得太好而未被认为是中国人，但其仍于 1794 年 1 月 14 日在使团归国途经澳门时离开，返回故乡，参见第 45-46、213、253 页。

155 张泽编注：《中国天主教历代文选》，第 133 页。

156 方豪：《同治前欧洲留学史略》，《方豪六十自定稿》（上册），第 399 页。但是，陈介夫、谢凡：《中华圣职培育简史》，第 339 页则说："关于中国学生人数，按公学记载均为一百零六人。考一〇六人中，有一名乃菲律宾人，名 Gabrie de Angelo, Balisario，故留学拿坡里圣家公学之中国学生人数，自始至终实数乃一〇五人。"

157 Nicolas Standaert (ed.), *Handbook of Christianity in China*, Volume one: 635-1800, p. 464.但在[法]P. Octave Ferreux C. M.，《遣使会在华传教史》，第 102 页中，提及圣家书院于 1888 年为意大利政府关闭。

158 方豪：《同治前欧洲留学史略》，《方豪六十自定稿》（上册），第 384-385 页。

| 连（译音） | 山西 | 1822 | 同上 |
|---|---|---|---|
| 刘廷贵 | 山西 | 1824 | 同上 |

【合计：广东1人，湖北1人，山西3人，共5人。】

### 2. 法国

法国是最早与中国有文化交流的国家之一，也是培养华籍神职人员的另一重要地点。康熙朝"礼仪之争"时，耶稣会士卫方济和庞嘉宾于1702年奉命前往罗马寻求教廷支持，巴黎外方传教会士梁弘仁亦受命回罗马处理此事。他的随行人员中有两名中国教徒，黄嘉略（黄日升，Arcade Huang）[159]与李若望（Jean Ly）。他们先到达罗马，但1706年至法国时，只剩了黄嘉略一人。[160]他们三人都患有肺病，李若望可能已病逝于罗马。梁弘仁带黄嘉略来欧洲的本意是想把他培养为合格的神职人员，但出于宗教感情，以及天主教在中国受到的挫折，黄嘉略决定"在法国定居，以免我的信仰处于险境，因为在我的国家里，基督教徒们不知道该向谁请求保护"。[161]随后，黄嘉略在此娶妻生子，并在国家图书馆工作，编写《汉语语法》、《汉语字典》，帮助法国学者认识中国，为早期中法之间的文化交流作出一定贡献。表3-3记录的在那不勒斯进修的中国修生中，少数修生在那里去世，除了与李若望一样可能病逝外，或许也是出于与黄嘉略同样的考虑，决定留在当地。

宣化人刘汉良与蓝方济、曹貌禄、陶某、康斐理等4人于乾隆五年（1740）一起随法国耶稣会士吴君自澳门起程，七年到达巴黎，入路易大王学校学习。其中，蓝方济于1753年由诺瓦荣主教者授为司铎，同年与曹貌禄（也于1753年晋授司铎）及陶某返回中国。而刘汉良也于乾隆十五年（1750）与康斐理返回中国，虽然康斐理在途中不幸逝世，但却遗有拉丁文《记行诗》二百首，钱德明称其可与欧洲之大诗人媲美[162]。

之后，杨德望、高类思亦于1751年被派往法国，在拉弗累舍学校学习法文、拉丁文等，之后在路易大王学校习神学。法国耶稣会士被遣逐后，又入遣使会所主持之圣菲尔曼修院完成其学业，法国国务大臣伯尔坦自任此两

---

159 关于他的生平事迹，可参见许明龙著的《黄嘉略与早期法国汉学》，中华书局，2004年，对此有详细探讨。

160 许明龙：《黄嘉略与早期法国汉学》，第20-21、43页。

161 许明龙：《黄嘉略与早期法国汉学》，第46页。

162 [法]费赖之：《在华耶稣会士列传及书目》，第906-908、924-928页。

学子之保护人[163]。这些修生们学习所用的经费，有些还得到了国王的资助，如杨德望、高类思，而且，当他俩穷困时，法国国务大臣也"曾接济之"。[164]

1758年3月7日，法国耶稣会士方守义神父和韩国英神父从洛里昂登船来中国时，同行的有一位年轻的中国人，虽然此人回国两年后便去世，但他应是在法国接受了培训。[165]"道光八年，遣使会派遣四位华籍修生赴法国深造，第二年又遣华修生赴法。"[166]

以上几个事例，大多可参见表3-5（以抵欧洲入学之年为出国年）。

表3-5 禁教时期赴法国进修的中国修生[167]

| 姓 名 | 籍 贯 | 生年 | 出国年 | 进修地 | 回国年 | 卒 年 | 卒地 |
|---|---|---|---|---|---|---|---|
| 康（译音） | | 1728 | 乾隆五年（1740） | 巴黎 | 1750 | 1750 | |
| 刘汉良 | 河北 | | 同上 | 同上 | 1750 | | |
| 蓝方济 | 河北 | | 同上 | 同上 | 1753 | 1796 | |
| 陶（译音） | | | 同上 | 同上 | 1753 | | |
| 曹貌禄 | 广东 | | 同上 | 同上 | 1753 | | |
| 杨德望 | 河北 | 1733 | 乾隆十六年（1751） | 巴黎里昂 | 1765 | 1798 | |
| 高类思 | | 1733 | 同上 | 同上 | 1766 | 1780 | |
| 李若瑟 | 湖北沔阳 | 1805 | 道光八年（1808）？ | 巴黎 | 1832 | 1855？ | |
| 邱（方），字安之 | 广东 | 1808 | 同上 | 同上 | 1831 | 1874 | |
| 赵某 | 湖北枣阳 | 1810 | 同上 | 同上 | 1831 | 1869 | 北平 |
| 吕玛窦 | 江西清江 | 1802 | 同上 | 同上 | 1831 | 1858 | 南城 |
| 谭安多尼 | 广东 | 1808 | 同上 | 同上 | 1831 | 1857 | 泰和 |
| 陈若翰 | | | 同上 | 同上 | | | |

---

163 [法]费赖之：《在华耶稣会士列传及书目》，第970-975页；[法]伯德莱著：《清宫洋画家》，第98-102页。

164 [法]费赖之：《在华耶稣会士列传及书目》，第972-973页。

165 《在北京传教士方守义（Dollières）先生致其兄弟隆维（Longwi）附近莱克西（Lexie）本堂神父的信（1780年10月15日）》，[法]杜赫德编：《耶稣会士中国书简集》（六），第189页。

166 张泽：《清代禁教期的天主教》（增订本），第189页。

167 方豪：《同治前欧洲留学史略》，《方豪六十自定稿》（上册），第381、384页。

表 3-5 所记的中国修生，大致可分为 1740、1751、1800 年三批，与上文的记载大体相似。籍贯分别为：河北 3 人，广东 3 人，湖北 2 人，江西 1 人，无记载 4 人，共 13 人。不过，1800 年的那批留学生情况有一点出入，上文的表述与此表的记载相较，总体人数相同，年代有别。

### （二）赴东南亚圣·约瑟公学学习

远赴欧洲进修路途遥远，所冒的风险比较大，巴黎外方传教会遂将目光投向了亚洲地区，在离自己的传教区四川等处不远的地方建立修院，即圣·约瑟公学。巴黎外方传教会于 1666 年在泰国大城府建立圣·约瑟公学，培养四川等地的修生。但因泰国政局不稳、战乱不止，该修道院时断时续，1767 年，此修道院毁于战火，于是，先迁到越南的洪达特（Hon-dat），后于 1770 年再迁到印度本地治里附近的维朗巴那。由于位置偏远，交通困难，四川等地派往此院学习的修生数量极少。1781 年，该修院关闭，直到 1807 年，巴黎外方传教会在扩大落壤沟修道院的同时，才在马来亚的槟榔屿重新开办，继续招收四川等地区的修生[168]。"四川教区修生先后来此就学者，计有七十八人，可谓多矣。"[169]这所学院主要"为东方和东南亚的候选者提供教育"，培养了不少亚洲本地的神职人员，"1721 年有 17 名中国神父在这里接受任命。"[170]前后在此毕业者，"一八一一年计廿人；一八四八年从贵州代牧区来就学者五人"，"单四川一省，从一七○二年至一八五八年，来该院攻读者计十三人（盘谷亚余底时期）。在印度蓬的血连时，来就学者计十人，在槟榔屿时七十八人"。[171]

168 Robert Entenman：《18 世纪四川的中国籍天主教神职人员》，第 41 页；陈介夫、谢凡：《中华圣职培育简史》，第 337 页中，称此修院为"圣若瑟修院"，1664 年在主教会议中决定在暹罗京城亚余底（Ayuthia）创立第一座修院名圣若瑟修院，专收东方各国之修生，如中国、印度、日本、安南、暹罗等地。因时局不靖，该院曾在 1680 年一度南迁，于 1767 年再迁印度之蓬的血连（Pondichèry），不久因修道者太少，遂告关门，于 1808 年迁至槟榔屿。但在[法]P. Octave Ferreux C. M.，《遣使会在华传教史》，第 160 页中，则说"槟榔屿的修院，嘉庆十七年（一八一二），由巴黎外方传教士 Letondal 所创立"。

169 天主教台湾地区主教团宣圣委员会主编：《中华殉道圣人传》，第 93 页。

170 Nicolas Standaert (ed.), *Handbook of Christianity in China*, Volume one: 635-1800, p. 464.

171 陈介夫、谢凡：《中华圣职培育简史》，第 338 页。

在暹罗受训的华籍神职人员中，比较出名的有李安德和朱里官（即朱行义）[172]。李安德于康熙四十九年或五十年（1710 或 1711 年）被"送至暹罗犹地亚修道院完成了他的学业"[173]。从这时起，至雍正以后，川、滇、黔等省的外方传教会的华籍修士，皆至该院求读。李安德在总修院留居 15 年，雍正三年（1725）晋升司铎[174]。1726 年，他回到中国，在福建传教 6 年，在湖广呆过一段时间，最后在四川工作至 1774 年逝世。李安德以他的拉丁文日记而闻名，从 1742 年开始持续到 1763 年，包括每年他送往澳门的信件，虽然最早的 1745 年左右的信件已经不存在了。这些日记描述了他在四川基督徒中的工作，集中于成都附近的村庄。在四川的传教生涯中，"李为当地官府所知，是一名神父，而且他的教堂也被承认"[175]。另一位外方传教会的华籍司铎党怀仁，于康熙四十六年（1707）与李安德随师梁宏仁至澳门，同往暹罗总修院学习，且与李安德同时晋升为司铎[176]。乾隆五十年（1785）被捕之朱行义，"自幼曾到暹罗国天主堂居住"[177]。而郭天庞神父更是在 1725 年被逐后，徙居暹罗[178]。

嘉庆二十年（1815），四川逮捕了福建上杭县人童鳌，自称神父，他于"乾隆年间曾往广东贸易，在澳门搭舡到小西洋地方，拜西洋人铎德明额见为师，给有经卷、图像并教衣一副，教帽一顶，在彼逗留十有余年之久"。[179]童鳌于乾隆四十九年（1784）到达四川，此时，1770 年迁往印度本地治里附近的圣·约瑟公学正于 3 年前关闭，与其归国时间接近，也与他在那里逗留 10 年之久一事相符，那么，童鳌也应是由此修道院培养的。

当然，除上述几处主要培养神职人员的地点外，还有其他地方，例如在

172 Nicolas Standaert ed., *Handbook of Christianity in China,* Volume one: 635-1800, p. 465.

173 [法]穆启蒙编著：《天主教史》（卷三），第 269 页。

174 章文钦：《澳门与明清时代的中国天主教士》，该氏《澳门历史文化》，中华书局，1999 年，第 87 页。

175 Nicolas Standaert ed., *Handbook of Christianity in China,* Volume one: 635-1800, p. 465

176 章文钦：《澳门与明清时代的中国天主教士》，该氏《澳门历史文化》，第 87 页。

177 乾隆五十年二月十三日《山东巡抚明兴奏将西洋人吧哋哩哑㗆解京折》，《文献丛编》（第十五辑），第 15 页。

178 [法]费赖之：《在华耶稣会士列传及书目》，第 459 页。

179 嘉庆二十年二月二十九日《四川总督常明奏为拿获传习天主教人犯审明定拟折》《档案史料》（第三册），第 1032-1033 页。

《在华耶稣会士列传及书目》与《在华耶稣会士列传及书目补编》两书中，此段时期内，华籍耶稣会士在国外有确切进修地的情况见表3-6。

表3-6　华籍耶稣会士赴国外其他地区进修的情况[180]

| 进修地点 | 进修人员姓名 |
| --- | --- |
| 意大利（都灵、罗马） | 樊守义神甫 |
| 法国巴黎（路易大王学校） | 康斐理修士、高仁（高类思）神甫、蓝方济神甫、刘保禄神甫、刘道路神甫、曹貌禄神甫、杨执德（杨德望）神甫、陶神甫 |
| 交州沥门 | 许方济神甫 |
| 暹罗住院 | 罗如望助理修士 |
| 交趾支那的巴利亚（Bã-ria） | 龙安国神甫 |
| 马尼拉 | 费若瑟、苏若翰神学院修士 |
| 可能在葡萄牙（通过澳门曾前往过葡萄牙） | 新张神甫 |

【合计：罗马1人，巴黎8人，交州1人，暹罗1人，交趾支那1人，马尼拉2人，可能在葡萄牙的1人，共15人。】

由表3-3、3-4、3-5可知，远赴国外进修的中国人，其籍贯几乎涉及到汉民族主要居住的整个中原地区，尤以广东为多，这自然与当时广东在对外交往中的重要地位密切相关。而由于康熙时期"曾严厉禁止他的臣民离开中国"，中国青年到国外去研读修道当然不是件容易的事，除了马国贤神父利用办理马匹出口特许证明的机会，在报告中写明想带走的马匹、人和武器的数量，借机把他的学生公开地带到欧洲去[181]，其余赴国外进修的人员莫不是费尽千辛万苦才到达目的地，又想方设法的回到中国[182]。当他们回国后，大都把自己的所有精力都投身于天主教在华的传播事业之中。

---

180 [法]费赖之：《在华耶稣会士列传及书目》，第680-683、906-907、907-908、924-925、925-926、927-928、970-975、975-978页，及[法]荣振华：《在华耶稣会士列传及书目补编》，第58、166、208-209、211、327-330、351-352、371-373、392、554、618-619、642-643、684、749-750页。

181 [意]马国贤著：《清廷十三年——马国贤在华回忆录》，第116页。

182 Robert Entenman：《18世纪四川的中国籍天主教神职人员》，第41页："从暹罗或印度到四川的旅途是困难和危险的"。

### （三）国外留学的影响

这些在国外培养的华籍天主教神职人员构成了中国早期赴外国留学人员的主体，他们学习的内容主要有拉丁文、神学、哲学等，甚至还包括理化、博物、铜版雕刻等。杨德望、高类思参观了法国里昂的金织、银织、丝织、圣艾蒂安城之火器制造厂等，并精心编写了考察报告，对中、法两国 18 世纪的技术工艺水平作了详尽的对比，并就两国产品如何在对方适销提出了具体意见。回国时，他俩携带了王室赠品，如手提印刷机等，以及国务大臣伯尔坦之训令，训令中希望他二人向伯尔坦提供有关中国的各种信息，包括历史、政治、宗教、法律、技术、工艺等[183]。当然，留学生们不仅学习了欧洲文化，也把中国文化进一步带到了欧洲，对欧洲 18 世纪的"中国热"产生了一定的影响。杨德望、高类思在巴黎逗留期间，前来拜访的法国人络绎不绝，大多数都与他们探讨中国问题，当时里摩日省督杜尔阁（Turgot, Jaques）向他俩提出 52 个有关中国的问题，希望他们回国后搜集资料，设法给予回答，这些问题涉及财富、土地和耕作、制造工艺、自然资源及历史等方面。这些都使得当时的中国人对同时期的外国文化有了初步的了解及比较，并进一步促进了中西文化的交流，以及有关中国的学术讨论。杨德望、高类思回国后，曾联名撰写《论古代中国》，高类思还与法国传教士韩国英（Cilot, Pierre-Martial）合作撰写了《埃及人和中国人研究》，分别发表于巴黎出版的《北京耶稣会士中国论集》（*Mémoires concernant l'histoire, les sciencse, les arts, les moeurs et les usages des Chinois par les Missionnaires de Pékin*）第 1 卷和第 2 卷上。[184]可以说，在外籍传教士东来、儒家经典西译、华人远赴国外进修西方文化的十七、十八世纪之时，中西文化已经联系起来，这段时期的欧洲与中国已经联为一体，明末清初的欧洲不但已经"到中国"，而且还"在中国"。

然而，远赴欧洲的这些中国人，中西两种文化体系不可避免的在其身上发生冲突，给身处其中的他们本身所自然形成的传统的文化体系、思维方式、价值理念等方面带来巨大冲击，进而可能导致心理失衡。即便是已入教的华籍教徒，与大部分欧洲人有着相同的信仰，语言体系不同，思考途径不一，难以沟通，甚至成为教廷的心头之患，如上文所提到的吴露爵，他应为马国

---

183 [法]费赖之：《在华耶稣会士列传及书目》，第 971 页，及许明龙：《欧洲 18 世纪"中国热"》，山西教育出版社，1999 年，第 34-36 页。

184 许明龙：《欧洲 18 世纪"中国热"》，第 37 页。

贤回忆录中所指的尤露西奥，赴欧途中饱受水手们的侮辱和歧视，祝圣为神父后，由于偷窃、撒谎、逃学、制造伪证、在意大利四处流浪，被罗马教廷传信部在全欧洲通缉，终身监禁于意大利，卒于罗马[185]。1722年作为傅圣泽神父的助手而随其返回欧洲的广州籍教徒胡若望[186]，在法国曾停留3年。不过，至法国后，胡若望开始拒绝在弥撒仪式中自始至终地做傅圣泽的助手，"报怨说教会里有太多的妇女，她们令他难堪"。[187]他对任何事情都感到新鲜，拒绝完成傅圣泽神父交待的工作，不想去罗马，随意瞎逛，给神父等人带来不少麻烦，被关进沙椰东收容院近2年，之后才得以返回中国。

禁教时期，外籍教士不遗余力地利用各种机会在国内外培养华籍天主教徒，设法排除晋升本地教徒为神父的种种困难，及时向在中国传教提供不易被官府发现的工作者。从某种程度上来说，中国教会的领导权已开始慢慢转移至中国人手中，天主教在中国的本地化进程亦开始有所发展，尽管这一进程是在政府的高压下被迫开始的。在神职人员严重缺乏的非常时期，这些华籍神职人员被派往外籍教士不易抛头露面的各地传教，为稳定当地教徒信仰、发展教徒作出了一定努力。

## 第三节　华籍神职人员的传教活动

### 一、华籍神职人员的传教地区

禁教时期，华籍神职人员广泛分布于北京、河北、广东、湖广、四川、福建、山东等地区。早在雍正禁教之初，被驱逐的传教士中就有"山西省中国耶稣会士1人"[188]。1728年，一个在京的传教士在一封信中写道：那些年间，有教徒4000多人；3个中国神父，6个欧洲神父以及一个主教为分布在山西、陕西、湖广和四川的教徒传教；信中还提到，在南京隐藏着一个主教和8个神父；在广东的传教士有24-26人之众。而在其他的一些信中，生动地描述了

---

185 [意]马国贤著：《清廷十三年——马国贤在华回忆录》，第120-121、134-137页。
186 对此事的记述，可参见[美]史景迁：《胡若望的困惑之旅——18世纪中国天主教徒法国蒙难记》，吕玉新译，上海远东出版社，2006年。
187 [美]史景迁：《胡若望的困惑之旅——18世纪中国天主教徒法国蒙难记》，第75页。
188 《严嘉乐从北京寄给布拉格尤利乌斯·兹维克尔的信（1725年11月20日）》，[捷克]严嘉乐：《中国来信（1716-1735）》，丛林、李梅译，郑州，大象出版社，2002年，第43页。

教士们如何秘密地拜访他们的教徒并传教的情景。这种传教活动一般在山中进行，比如说，在湖南的群山中就有较大的传教活动[189]。由此可见，雍正禁教初年，就已有华籍神职人员在各地活动。

### （一）北京地区

北京附近，巴多明神父在 1734 年给杜赫德神父的信件中提到，他们只到他们不用担心被袭击的地方去，而"其他欧洲人不宜露面的地方由罗玛窦（Mattieu Lo）神父或者秦于连（Julien Tchin）神父去，他们俩是中国耶稣会士"。[190]宋君荣神父说，除北京三大教堂外，"在皇宫所在的省份还有大批基督教教团。他们是由五名中国的耶稣会士司铎精心耕耘的。因为在目前所处的困境下，不允许我们离开京师。……这些中国司铎们一般每年都为多达一千二百多名成年人举行洗礼"。[191]乾隆五十年（1785）教案之时，北京下狱之天主教徒中，有"中国神父七人"[192]。此外，在北京的欧洲人每年都派中国教士去鞑靼地区讲授教理，至少有 6 人曾去过那里。[193]

嘉庆十年（1805），北京有"李珩系在直隶丰润县传教"，"包罗柯向在登州一带传教，每年得西洋俸洋钱八十五圆，包罗是西洋传教实名，若望亦系传教名号，包罗柯去年还到过天主堂"。[194]

在荆州满营驻防附近，省城外民人戴姓家中，嘉庆二十四年（1819），有郑姓司铎至此传教，道光八年（1828）十二月间，又有严姓、穆姓司铎来此传教，皆住宿戴家，陆续给有经卷、图像等物。道光十九年（1839）时，严姓已故，二月间，四川民人张洪川自荆门带来杨姓民人，能诵洋字经卷，称伊为

---

189 Kenneth Scott Latourette. *A History of Christian Missions in China*, New York: The Macmillan Company, 1929. p. 160.

190 《耶稣会传教士巴多明神父致本会杜赫德神父的信（1734 年 10 月 15 日于北京）》，[法]杜赫德编：《耶稣会士中国书简集》（三），第 150-151 页。

191 《宋君荣神父致凯伦（Cairon）神父的信（1741 年 10 月 29 日于北京）》，[法]杜赫德编：《耶稣会士中国书简集》（四），第 252 页。

192 萧若瑟：《天主教传行中国考》，第 396 页："将中国神父七人，与教友十一名，俱刺字于额，充发伊犁，使终身为奴，另有教友三四十名，则枷号示众，板责以后，分别开释。"

193 《传教士汪达洪神父的信（1775 年 10 月 15 日于北京）》，[法]杜赫德编：《耶稣会士中国书简集》（六），第 79 页。

194 嘉庆十年正月十八日《刑部奏为审拟西洋人德天赐私自托人寄送书信一案折》，《档案史料》（第二册），第 836 页。

铎德，并有跟随先生一名，亦姓杨，谷城人。十四日同在戴家念经，杨姓人各给印刷主保单一张。[195]

自嘉庆二十五年（1820）始，华籍神父薛玛窦由南弥德（Lamiot）神父任为西湾子地方的代理会长，直至 1835 年孟振生神父到来。1829 年，北堂关闭，薛神父将北堂教务迁至西湾子，这里遂成为北堂教务中心。当时西湾子地区有五位神父，都是华籍遣使会士。[196] "修道院六处，迁于塞外西湾子村，而薛公慨任院长之职，潜理北京一带教务，约十五年之久，不稍厌倦，可谓贤矣。"[197]道光二十八年（1848）七月二十五日，北京教区举行祝圣典礼，许多教徒由各处来参加典礼，薛、郭二位神父尽赞助之职。[198]

### （二）湖广地区

湖广地区，襄阳教区的领袖们为了避开官员们的严密搜查，逃到湖广省的北部，买了个小山谷分给贫苦的天主教家庭。之后，巴多明神父派一位华籍天主教徒秀才至此买了两个山谷，即磨盘山（Mou-Pan-Chan），外人很难接近却很肥沃，且与以前襄阳教徒们买的土地接壤。1732 年，这里已分成了 8 个不同的区域，而每个区域都有自己的讲授教理者。1734 年后，这 8 个社区发展到 14 个，教徒数量由 600 增至 6000[199]。

### （三）四川地区

四川地区，华籍神父刘达陡，"是四川龙安府人，生在乾隆三十四年，……嘉庆九年，黄主教在重庆府升他神父，那时候已经三十五岁了，升神父后，在川东相帮别的神父传教。嘉庆十一年，黄主教去世，把主教管的地界分开

---

195 道光十九年九月二十六日《荆州将军德楞额等奏报访获审拟驻防旗员官禄等潜习天主教各犯等事折》，《档案史料》（第三册），第 1245-1246 页。

196 [法]P. Octave Ferreux C. M.，《遣使会在华传教史》，第 163-164 页。

197 成和德：《湖北襄郧属教史记略 刘董二位致命真福合传》，第 17 页。另，[法]樊国梁：《燕京开教略》（下篇），第 406 页："北堂藉没，薛公悲苦无告，不得已，往投主教毕学源，寓居南堂。主教素重其人，意欲留之左右，生死相依，不意仇者探知其事，控之于官，几被拿获，遂逃往塞外一村，名西湾子。其村教友颇多，薛公即居其处，潜理北京教务。至道光十四年，降生后一千八百三十四年而止。"

198 [法]P. Octave Ferreux C. M.，《遣使会在华传教史》，第 194-195 页。

199 《耶稣会传教士巴多明神父致本会杜赫德神父的信（1734 年 10 月 15 日于北京）》，[法]杜赫德编：《耶稣会士中国书简集》（三），第 151-153 页，以及[法]穆启蒙：《中国教友与使徒工作》，第 147-149 页。

了，派刘神父到川东，北段儿传教，直到致命的时候。"[200]

### （四）江南地区

江南地区的南京教区，毕学源神父任主教时期，此处有四位华籍遣使会士。[201]道光二十四年（1844）时有六位华籍神父。[202]而在苏州，自黄安多、谈方济各两位神父判以死刑后，18世纪至天主教弛禁之初，在此传教的神父基本上全是中国人：徽州籍耶稣会士姚若翰（1752年）；张若翰（1758年）；山西籍李若翰（1784年）；松江籍严某（金铎作陕西籍）（1808年）；杨嘉禄（1811年）；南汇汤家巷人汤方济各（1812年）；奉贤南桥人鞠文度辣（1815年）；直隶籍雷貌禄（玛尔谷）（1821年）；鞠公度辣（1825年）；直隶籍传教会士杨安德肋（1843年）；甘肃籍张玛则禄（自1850年至1853年，辅助沈公西满）。[203]

### （五）广东地区

广东地区，嘉庆年间，肇庆高要籍教士谢玉供称，其贩货至苏州时便已借机传教，因"见传教无人，十四年回家，往来各处。十七年三月到澳，因病留住小三巴，西洋教士昂沙卢歪传唐人教，给小的吧地哩占也名号，凡有广东人入教，都是小的管理，□□讲□□经，曾传过现在种园做厨，肇庆、新会、开平共八人。至外省人系苏州姓沈的接代，那人也是进教，系与番人管理书信及教官话，现在三巴寺内又有直隶三人，山陕三人，俱入教穿番衣，俱经三十□[馀]岁，又上年七月内，有福建黄姓人引一后生来寺，以后就不见了。如今小三巴寺里并无江西、福建人，小的只在三巴寺里讲经传教，实未□[曾]在外省及到处行教。"[204]

另外，19世纪初，在方济各会的传教区（此时只限于陕西、山西、甘肃、湖北和湖南省），"天主教徒数量大约有25000"，除2名欧洲神父外，另有10名中国神父在此工作。嘉庆十六年（1811）的教案后，"几名新祝圣的中

---

200 《真福刘达陡神父传》，北京1905年，第1页。

201 丁宗杰：《上海天主教教务发展史》，《传教鳞爪》，天主教教务协进委员会，1949年，第11期，第1235页。

202 [法]P. Octave Ferreux C. M. 《遣使会在华传教史》，第181-182页。

203 徐允希：《苏州致命纪略》，第92-93页。

204 约嘉庆十九年《中国教士谢玉关于本人习教传教经历供词残件》，《东波塔档案》（下册），第530页。

国神父"来此帮助开展工作。[205]可见，华籍神职人员在此时的工作地点分布较为广泛。仅以华籍耶稣会神职人员的活动为例，耶稣会解散前，在内地有传教活动的华籍耶稣会神职人员姓名及其活动地点可参见表 3-7。

### 表 3-7 耶稣会解散前华籍耶稣会神职人员活动地点表[206]

| 活动地点 | | 姓 名 |
|---|---|---|
| 北京地区 | 北京 | 孙觉人神父、许立正初学修士、高若望神父、蓝方济神父、刘保禄神父、刘道路（刘多默）神父、陈圣修神父、何天章神父、沈东行神父、沈方济神父、新张神父、艾若望（艾若翰）神父、崔保禄神父、陈达德神父、杨方济神父、杨执德（杨德望）神父、姚若翰神父、尚玛诺神父（若瑟堂）仇伯都修士、周若瑟修士（北堂）、周若瑟神父（II）（南堂）、康斐理修士 |
| | 京师（近畿、直隶、邻近诸省） | 何天章神父、樊守义神父、程儒良神父、高若望神父（永平府）、霍神父（佚其名） |
| | 殁于北京 | 贾方济神父、侯钰神学院初学修士、贾克兴修士、周若瑟神父（I）、杨达助理修士（服务于法国神父所）罗秉中神父、陈圣修神父、彭德望（□德望）神父、沈东行神父、李玛窦（□玛窦）神父、贾迪我（□雅谷）神父、刘道路（刘多默）神父、刘保禄神父 |
| 河北 | | 樊守义神父 |

---

205 Rer. Dr. Otto Maas O.F.M., *Franciscans in the Middle Kingdom, A Survey of Franciscan Missions in China from the Middle Ages to the Present Time,* in *Collectanea Commissionis Synodalis*, Volumen II, Digest of the Synodal Commission, Majus, 1938. p.461.

206 [法]费赖之:《在华耶稣会士列传及书目》，第 390-391、402-403、412414、459、680-683、753-757、762、762-766、773-774、810、827、837-838、841、843-844、846、870-873、906-908、915-916、924-928、933、958-961、970-978、1041-1042、1052 页。[法]荣振华:《在华耶稣会士列传及书目补编》，第 7、22、52-53、58、99、107、148、165-167、194、196、204-205、208-209、211、223、278、280-281、306、312、327-333、351-352、371-373、375-376、392、394-396、445、447、489、496、532、541、554、574-575、598、610-611、618-619、622、631-632、640-643、659-663、684、729-730、745-751 页。表中（ ）内为《在华耶稣会士列传与书目》所记人名，与（ ）外《在华耶稣会士列传与书目补编》所记为同一人。

| 河南 | 河南 | 何天章神父、姚若翰神父 |
| | 安阳 | 蓝方济神父 |
| 山西 | 绛州、太原、右卫 | 何天章神父 |
| | 西宁 | 樊守义神父 |
| 陕西 | | 何天章神父 |
| 东北地区 | 乌兰哈达（今满洲赤峰） | 刘保禄神父 |
| | 鞑靼地区 | 龚尚实神父、樊守义神父、何天章神父、程儒良神父、杨执德（杨德望）神父 |
| | 辽东 | 樊守义神父、何天章神父、程儒良神父、□纱微神父 |
| | 宁古塔 | □纱微神父 |
| 塞外 | | □纱微神父、康斐理修士 |
| 山东 | | 樊守义神父 |
| 江南地区 | 江南 | 彭德望（□德望）神父、邹若瑟（□若瑟）神父、仇伯都修士、毛类斯（□玛诺）神父、新张神父、蓬仁伍神父、姚若翰神父、龚尚实神父、程儒良神父、管玛尔神父 |
| | 海门传教区 | 姚若翰神父 |
| | 南京 | 鲍天秋神父、彭若翰神父、何天章神父、周若瑟神父（II） |
| | 上海 | 龚尚实神父、程儒良神父、刘蕴德神父 |
| | 崇明 | 管玛尔神父、程儒良神父、姚若翰神父 |
| | 江苏 | 管玛尔神父、姚若翰神父 |
| | 南京 | 刘蕴德神父、何天章神父、龚尚实神父、许方济修士 |
| | 苏州 | 沈东行神父、陈多录（陈多禄）神父、程儒良神父、管玛尔神父 |
| | 无锡 | 陈多录（陈多禄）神父 |
| | 松江 | 龚尚实神父、程儒良神父、张儒良助理修士 |
| | 浙江 | 鲍天秋神父 |
| | 宁波 | 陈多录（陈多禄）神父 |
| 福建 | 福建 | 彭德望（□德望）神父、龚尚实神父 |
| | 福州 | 龚尚实神父 |

| | | |
|---|---|---|
| 江西 | 江西 | 彭德望（□德望）神父、刘道路（刘多默）神父、艾若望（艾若翰）神父、陈多录（陈多禄）神父、杨执德（杨德望）神父 |
| | 临江 | 陈多录（陈多禄）神父、杨执德（杨德望）神父 |
| | 卒于江西传教区 | 周（或谈）若翰 |
| 湖广地区 | 湖广 | 高仁（高类思）神父、蓝方济神父、刘保禄神父、刘保禄神父（字开铁）、刘道路（刘多默）神父、毛类斯（□玛诺）神父、管玛尔神父、陈多录（陈多禄）神父、曹貌禄神父、刘蕴德神父、蓝方济神父、陶神父 |
| | 湖北 | 新张神父 |
| | 武昌 | 刘蕴德神父 |
| | 谷城 | 曹貌禄神父 |
| | 荆州、木盘山 | 高若望神父 |
| | 湖南湘潭 | 彭德望（□德望）神父、张儒良助理修士 |
| 广东地区 | 广东 | 陈圣修神父、杨方济神父、李玛窦（□玛窦）神父 |
| | 广州 | 高若望神父、鲍天秋神父、何天章神父、艾若望（艾若翰）神父、杨方济神父、杨执德（杨德望）神父、刘蕴德神父、郭天庞神父、樊守义神父 |
| | 澳门 | 许方济神学院修士、杜兴福（□兴福）助理修士、高若望神父、罗如望神父、艾若望（艾若翰）神父、陈多录（陈多禄）神父 |
| | 卒于澳门圣若瑟教堂 | 游玛诺助理修士 |
| | 海南岛 | 鲍天秋神父、鲍纳爵神父、李玛窦（□玛窦）神父 |
| 其他 | 法国传教区 | 罗明尧神父 |
| | 殁于属于中国副省的交州 | 许方济神父 |
| 意大利 | 意大利 | 杜兴福（□兴福）修士 |
| | 圣·儒莲堡 | 马保禄（□保禄）助理修士 |
| 南亚 | 印度韦勒姆住院 | 吕若瑟助理修士 |
| | 暹罗 | 郭天庞神父 |
| | 交趾支那 | 龙安国神父 |

| 绿岛被捕 | 谭若望助理修士[207] |
|---|---|
| 无记载 | 尚西满（□西满）初学修士、高若翰（中国司铎职务）、费若瑟、费若瑟修士、孔裴理助理修士、康斐理、蒙斯唐（□斯唐）神父、宋玛窦神父、苏若翰神学院修士、张玛诺神父（Ⅰ）、张玛诺神父（Ⅱ）、陈若瑟神父、周、鲍济各初学修士、南达德（□达德）神父、□多玛神父 |

　　此段时期在各地活动的华籍耶稣会神职人员共计78人，具体工作地点及人数如下：北京地区34人，河北1人，河南3人，山西2人，陕西1人，东北地区7人，塞外1人，山东1人，江南19人，福建2人，江西6人，湖广地区16人，广东地区19人，其他地区2人，意大利2人，南亚地区3人，于绿岛被捕1人，无记载的16人（其中，康斐理逝世于回国途中）。

　　另据统计，乾隆十九年（1754）在华的耶稣会士中，有华籍司铎10名，读书修士2名。乾隆三十八年（1773）左右，有华籍司铎15名，乾隆四十年（1775）则有华籍耶稣会士11名。自万历九年至乾隆四十五年（1581-1780）的200年间，在华耶稣会士（包括司铎和助理修士）共456名，其中81名为华籍耶稣会士，内有48名为司铎[208]。

　　从表3-7及这些数据可以看出，当时华籍耶稣会上人数不少，很少固定在一个地方工作，且活动地点几乎遍及除西北、西南地区的大半个中国。一方面说明禁教时期各地教徒对神职人员的需要，令他们辗转大江南北，四处奔波；另一方面也反映了当时耶稣会所负责的传教区域。而在西部的四川地区，这里此时主要由遣使会、巴黎外方传教会、多明我会的传教士负责传教，在18世纪，尤其在1780年以后，有33名中国籍神父在工作着，到1804年，四川有18名华籍神父，但欧洲传教士只有4名[209]。由此可见，清廷禁教时期，华籍神职人员活动地点分布甚为广阔。

---

207 见[法]荣振华：《在华耶稣会士列传及书目补编》（上）第22页，此人为谭若望助理修士，"费赖之书第699页认为他于1762年7月25日于绿岛被捕"。查[法]费赖之《在华耶稣会士列传及书目》第725-726页，即上文所指第699页，1762年7月5日在澳门被捕之耶稣会士名单中，仅有许某修士、杜某修士两名中国人，并未提及25日和绿岛。另外，[法]费赖之著，《明清间在华耶稣会士列传（1552-1773）》，第851页，此两位中国修士名为许方济、杜兴福。两书均未见谭若望，故此事仍待考。
208 徐宗泽：《中国天主教传教史概论》，上海土山湾印书馆，1938年，第268、294-295页。
209 Robert Entenman：《18世纪四川的中国籍天主教神职人员》，第40页。

## 二、华籍神职人员的传教工作

据《致命真福刘司铎方济各克来小传》所载，刘神父于乾隆五十八年（1793）至湖北传教，助理其传教的有如下几位华籍司铎：

> "一为李司铎若瑟（原籍未详），幼从回教，经商至北京，反正皈依公教，并得圣召殊恩，得升铎品，旋遂来鄂，襄助真福传教"；
> "一为张司铎（名未详），北京人，父母皆外教。公自奉教后，即被纳匝禄会士收为门下，迨发愿晋铎，始来鄂襄理教务，旋被真福遣往江南"；"一即宋司铎，洗名保禄，河南开封府人。幼时避难入京，一日叩公教堂门，教士怜而留之，养教兼施，才德并进，后升铎品来鄂，即由真福派驻上津堡会口，助理一切教务"；"此外又有二壮年教士，曰何依纳、沈方济各，均于一八零八年抵茶园沟"[210]。

清代中文档案中，对上文所提到的两位壮年教士有下述记载。嘉庆年间，直隶人何依纳爵来至谷城县，"称系京城喇弥哟指引找寻刘方济各入会，刘方济各见何依纳爵亦能讲经，随与一处坐瞻"。安徽石埭县人沈谷瑞（沈方济各），"向随伊父习天主教，后到京行医并裁缝生理"，嘉庆三年（1798），同教之浙江人杨老大引荐他在天主堂跟随吉德明神父学习西洋字，并西洋说话。吉德明病故后，听闻外籍教士刘方济各（刘克来）在湖北谷城传教，于是，假托北堂南弥德神父之名义，用西洋字捏造书信一封寄与刘方济各，请委托照应。嘉庆二十一年（1816），沈方济各到谷城，与刘方济各一同住在教徒孙瑞章家，听讲人逐渐增多，孙家"房屋窄小难以容下，因沈方济各与何依纳爵均能识西洋字，并晓西洋言语，随将西洋经内道理向何依纳爵等指教明白，令何依纳爵搬至空庙，沈方济各搬至徐光美家，分为三处宣讲，凡听

---

210 成和德：《湖北襄郧属教史记略 刘董二位致命真福合传》，第3-5页。另见《真福克来传》，北京1905年版，第11页，刘克来神父屡次写信，求北京的长上派神父来传教，"嘉庆四年，有几位中国神父，来到湖广传教。"[法]P. Octave Ferreux C. M.，《遣使会在华传教史》，第126页，北京的罗会长给刘神父"派遣三位中国遣使会士，都是吉神父的学生；是李若瑟，他不久当去江南无锡城，道光七年（一八二七）逝世于无锡；张若瑟亦将于道光十三年（一八三三）死于无锡，及张若望，于嘉庆八年（一八〇三）去世于湖北。"天主教台湾地区主教团宣圣委员会主编：《中华殉道圣人传》第109页，"二位遣使会中国神父来与他作伴……一年后，一位中国神父死在狱中，另一位因工作过累而死，留下刘神父单独工作五年后，才有三位国籍遣使会神父前来协助传教。"

经之人或赴刘方济各处，或赴何沈二人处，各从其便"。[211]此处的何依纳爵与沈方济各均于北京受训，后至湖北传教。两人的供词虽然表示，何依纳爵是受指派而至，沈方济各是自己伪称受托而来，但是，不管动机如何，结果都是两人均在湖北帮助外籍神父刘克来传教。

1819年，刘克来神父被捕后，与华籍沈司铎"及教友十人，同居一监狱"，"早晚公诵经文，并亦庆祝瞻礼，无人阻扰，其乐融融。"此时，张司铎即在武昌，"暗与教友开四规，并在附近教友家，举行祭礼，或为吾等（指刘克来神父等）送领圣体，外教人莫或之知也"。[212]期间，这位张司铎"不时来监探视，因率监中教友，屡向告解，或领圣体，预备专为耶稣，牺牲性命，并竭力安慰教友，坚具信德，依恃主宰，忍耐受苦，至死勿变，又设法潜邀八位会长进监，谆谆劝告，以广布福音为志"。[213]此后，"支持谷山等处教务者"，即为"襄助真福之三华铎，宋张艾三公是也"。[214]外籍神父刘克来被捕及处死后，湖北谷山的教务由华籍神职人员支撑了下来，并未因此而至群龙无首状态。

此教案发生近 20 年后，1838 年 2 月，一名叫傅方济各的会长陪同李若瑟神父至湖北，他著有白话七言《李主教前后遭险记》，说当时湖北有华籍神父汪保禄，"华名振亭，广东广州人，圣家会士也，传教为证信德，曾坐监受刑。"[215]

这些事例说明，禁教时期，华籍天主教神职人员的主要工作主要可分为两大类，或是协助外籍传教士，或是受派遣独自赴各地传教。

## （一）协助外籍传教士

### 1. 陪同外籍教士

部分华籍神职人员在进修过程中学习了拉丁文，与外籍传教士交流方便，

---

211 嘉庆二十四年十一月初七日《河南巡抚琦善奏为续获天主教人犯周观等审明定拟折》，《档案史料》（第三册），第 1162、1163-1164 页。

212 成和德：《湖北襄郧属教史记略 刘董二位致命真福合传》，第 12 页。另外，"开四规为我国天主教的专门术语，系指神父在复活瞻礼前后或其他时间，至教友处，考问教友道理，背诵经言，然后听他们的神工，给他们送圣体"，见[法]P. Octave Ferreux C. M.，《遣使会在华传教史》，第 153 页（注一）。

213 成和德：《湖北襄郧属教史记略 刘董二位致命真福合传》，第 13 页。

214 成和德：《湖北襄郧属教史记略 刘董二位致命真福合传》，第 17 页。

215 成和德：《湖北襄郧属教史记略 刘董二位致命真福合传》，第 44 页。

同时也熟悉中国情况，是协助外籍传教士四处传教的好伴侣。一方面，他们可以陪同外籍传教士深入内地，为其做好一些传教的准备工作。康熙年间，中国神父樊守义曾陪同使节嘉乐从广州到北京，于康熙五十年九月十一日在热河波罗胡同广北三十里叩见皇上，"赐见赐问良久"。[216]

乾隆年间，"方德望（Fèvre）神父在一名中国耶稣会士的陪同下，于江西省创建了其传教区"。[217]"一名热诚的随从，曾受教育于那不勒斯圣家书院的中国人蔡伯多禄（Peter Zay），屡次成功地把帐房神甫托付给他照看的传教士，安全送达各个目的地。另一位来自同一书院的中国人，名叫李格腓力（Philip Licu），愿以极少的费用将 4 名欧洲人带到陕西省会西安府。"[218]

1767 年左右，晁俊秀神父等人在等待皇帝是否同意他们入京之时，"已命一位远在 300 法里外的中国耶稣会士赶来与我们会合，以便在途中为我们充当翻译"。[219]可见此名中国耶稣会士学习过外国语言。道光十五年（1835），华籍遣使会士邱若望受孟振生神父派遣，陪同巴黎外方传教会 Bruguiere 主教，从蒙古西湾子往高丽就职。[220]道光二十七年（1847），鉴于清政府禁止一切外国人入京，华籍遣使会士郑自贵神父伴同孟振生主教入驻离北京一百公里的安家庄，以便管理北京教务。[221]

### 2. 执行委派任务

另一方面，华籍神职人员还可以方便地执行外籍传教士们所委以的重任。雍正禁教之初，在中国公开的传教士尚有八九十人（或说五十多人），其中有 5 位主教。逐客令既下，雍正只留下在京的教士 20 多人，在钦天监为朝廷服务，其余 50 多人尽行驱逐至广州。在京的外籍传教士无法出京，只得派华籍传教士去探视遭流放的奉教家族——苏努一家，并携带他们"所募得的救济

---

216 方豪：《中国天主教史人物传》（中），第 357 页，及张泽编注：《中国天主教历代文选》，第 121 页。

217 《耶稣会传教士君丑尼（Loppin）神父致波兰王后——洛林女公爵告解神父拉多明斯基（Radominski）的信》，[法]杜赫德编：《耶稣会士中国书简集》（四），第 267 页。

218 [瑞典]龙思泰：《早期澳门史》，第 207 页。

219 《晁俊秀（Francois Bourgeois）神父给昂塞英（Ancemot）神父的信（1767 年 9 月 1 日于广州）》，[法]杜赫德编：《耶稣会士中国书简集》（五），第 130 页。

220 [法]P. Octave Ferreux C. M.，《遣使会在华传教史》，第 167 页。

221 [法]P. Octave Ferreux C. M.，《遣使会在华传教史》，第 191 页。

款项"[222]。当时，"在京的 22 个传教士，只有 7 个被要求为宫廷服务，其他的则在 5 个中国耶稣会士的帮助下，在京城里面或者近郊自由传教"。[223]这其中，典型的有"中国人樊守义，他从事教会管理，不在宫廷服务"[224]。

当外籍传教士听说广州有个基督徒家庭因受崇拜偶像的主子们的压迫，迁往长城外的鞑靼地区后，嘱托中国籍传教士留心打听这户人家，因为欧洲人是不能越过长城的。1772 年，华籍神父刘保禄（Paul Lieou）高兴的从一名叫 Tsien-Siman 的基督徒那得知，这户人家姓赵（Tchao），已深入到鞑靼腹地约 100 法里处的乌拉阿达（Ou-la-ha-ta）定居下来，立刻与他定下会面时间和地点，由他去通知赵姓家庭。十一月初一在热河，刘保禄神父与赵家长兄会晤，前往他家。路上，他们受 Ho-se-te-ouang 家的代表西蒙（Simon）邀约，到其家上课。在太平庄（Tai-ping-tchoang）的赵家，刘神父使 25 个人具备了受洗条件，训练了约 30 人。[225]

道光十八年（1838），法籍教士 J. L. Perochean 被任命为四川教区主教后，即委派华人黄神父管理云南教务，黄入云南，因"其人能医，往往乔装药商，漫游全省"。[226]

### 3. 联系国外教会

此外，华籍神职人员要帮助外籍传教士与国外保持联系，经常与为之服务的教会——如耶稣会、遣使会等——传递信件，并安排外籍传教士进入中国传教等。四川的李安德神父除了自己"接引西洋人格罗第晓，改名郭明益，来川"，并住其家传教外，还于乾隆三十八年八月"乘张万钟赴广之便，嘱令顺带西洋人来川传教"。[227]乾隆四十九年（1784）在陕西缉获的外籍传教

---

222 方豪：《中国天主教史人物传》（下），第 34 页。另，[法]费赖之：《在华耶稣会士列传》（下）第 681 页："守义为华人，不启人疑，是以不难携带北京诸神甫之巨金往赠此被谪之宗室。"

223 Kenneth Scott Latourette. *A History of Christian Missions in China*. p. 162.

224 《严嘉乐从北京寄给布拉格尤利乌斯·兹维克尔的信（1725 年 11 月 20 日）》，[捷克]严嘉乐：《中国来信（1716-1735）》，第 46 页。

225 《北京传教士晁俊秀（Bourgeois）神父的信（1773 年 9 月 18 日于北京）》，[法]杜赫德编：《耶稣会士中国书简集》（六），第 11-14 页。另见[法]费赖之：《明清间在华耶稣会士列传（1552-1773）》，第 1069 页。

226 刘鼎寅、韩学军：《云南天主教史》，云南大学出版社，2005 年，第 353 页。

227 乾隆五十年二月初七日《兼署四川总督印务成都将军保宁奏拿获西洋人讯明解京

士呢吗方济各，在陕传教 23 年，他由"内地人苏神甫勾引，由洋至广，复由广至山西、陕西传教"[228]。

### 4. 帮助主持圣事

举行圣事时，华籍神职人员经常充当外籍神父的助手。1839 年湖北谷城县官发兵捉拿董文学神父时，他们正在举行大瞻礼圣事，一起主持的有"中国神父王安德，他是直隶北京人，本堂神父董若翰，帮祭先生姓徐人"。[229]1840 年 1 月，董文学神父等人被判刑，定为秋后处斩，这段时间，由于"禁卒大不如前苛刻，狱吏既受运动，尤被德风"，所以，"教友中多有得入内慰顾者，会长凤君安德肋，奉本营神牧之请，几无日不进监侍候"，另外，"有杨司铎安德肋，直隶顺天府人，亦遣使会士也，闻真福拘禁惨苦情形，早拟亲来访慰，相见后，放声大哭，不能出言者久之，继而叙谈种切，为听告解"，董文学神父"乘此良机，具禀双亲，又上毕主教及他司铎公函一通，记杨公递寄"。[230]

### 5. 管理传教事宜

人手缺乏时，有些华籍神职人员也会被委以教会专职，以中国人的身份帮助外籍神父管理教会，尤其是需要保证一定的经济来源，支持教会工作运行。1770 年和其后的几年里，华籍耶稣会神父艾若翰在广州担任北京葡萄牙神父的财务员，澳门主教对他很器重。[231]1777 年后，为平息解散耶稣会时所造成的分歧，南怀仁主教任命华籍耶稣会神父杨德望担任法籍神父传教区驻

折》，国立北平故宫博物院文献馆编：《文献丛编》第十六辑，国立北平故宫博物院出版物发行所，1937 年再版，第 17 页。

228 乾隆四十九年十一月十一日《寄谕山东陕西等督抚著一体严密查拿天主教》，《档案史料》（第二册），第 546 页。

229 《董圣人致命歌诀》，第 8 页。另见[法]P. Octave Ferreux C. M.，《遣使会在华传教史》，第 153 页。

230 成和德：《湖北襄郧属教史记略 刘董二位致命真福合传》，第 53-54 页。另见[法]P. Octave Ferreux C. M.，《遣使会在华传教史》，第 157 页，判刑后，董神父"有时可以接见人，其中最早之一，为遣使会士杨安德神父，他见董公卧在地上，满身伤痕，脸面浮肿，乃放声大哭；董公有意办告解，但为二个身旁的皂役所阻，他们怕人毒害他。一位陪伴杨神父的教友，请他们走开一点，他们就走开了，董公乃得告解；从此不时有教友去拜望董公，特别冯传教先生，帮助他不少。"

231 [法]费赖之：《明清间在华耶稣会士列传（1552-1773）》，第 1001 页。

广州的财务员，有责任必须每年提出 12000 法郎维持教区开支，并将此款交到他上一级的神长手里。[232]

嘉庆年间，北京"天主堂共有南北东西四堂，德天赐在西堂办事，四堂共有先生八人，内姜姓已故，顾姓、何姓、赵姓现在分赴外省传教，卢姓、尤姓、刘姓并厢黄旗汉军马甲周炳德现在各堂讲经讲道，管理一切传教事宜"。[233]

### （二）独立传教

华籍神职人员的主要任务当然是四处传教，对神父赵奥斯定（朱荣）具体工作的描述，有助于认识他们的此项职责。赵神父"每逢到教友那里开会，必先预备他们的心，教他们善领开会的恩典。就是，头三天先讲道理，讲的是十诫、七罪宗、办神工、领圣体、得大赦、合耶稣会苦难这些道理，格外是讲耶稣的时候，句句动人的心。教友听了，没有不恸哭流泪的。过三天以后，才听神工，每天只听七八个神工，为的是，细细的教训办神工的人，教他们多得办神工的益处"。[234]可见，华籍神职人员的具体工作内容大致有以下两类：

### 1. 讲授教义

传教士们认为："许多教友背教，主要不是畏惧教难，而是对宗教茫然无知。神父人数奇缺，好的传教员常如凤毛麟角。"四川范益盛主教说："结果，孩子们全由父母照顾，因为父母往往冷淡，疏于照顾，致使信仰传到第三代，便开始式微了；到了第四代，教友家庭近乎一半，其信仰业已死灭了。"在这种情形下，孩子便不再受洗，并与外教人通婚，最后竟完全沦为外教人。[235]由此看来，使日趋没落的教会重生，似乎比使教外人士入教要难得多。所以，华籍神职人员的一项重要任务即是讲说经典、传播教理，扫清教徒认识上的盲区。神父来探访教徒时，和他们相处的时间会比较长，以便从初步原理开始，重新讲解，让他们做好准备，妥领圣事。

---

232 [法]费赖之：《明清间在华耶稣会士列传（1552-1773）》，第 1142、1158 页。

233 嘉庆十年正月十八日《刑部奏为审拟西洋人德天赐私自托人寄送书信一案折》，《档案史料》（第二册），第 834-835 页。

234 《赵奥斯定神父传》，第 14-15 页。

235 燕鼐思：《中国教理讲授史》，第 125-126 页。

乾隆四十九年十二月（1785 年 1 月）被捕之刘西满，曾给"汉中左近南郑、城固、洋县各处""同教二十余家""讲过经典"[236]。嘉庆年间，被冯若望授予铎德的袁在德在四川合州卢全友家，同住习教，随有陈庭柯、何于辉、罗王氏等八人拜其为师，"又有连界之定远县民罗盛佑、龙信爵、吴应皮三人亦信从习教，袁在德往来其间"。[237]由徐鉴牧教导的刘汉作于嘉庆二十年（1815）间，至绵州，为教徒尤二讲说经传，后"至德阳县城外访知焦林俸系属同教前往，自称神甫，焦林俸留其在家传教，同伊妻焦石氏拜从学习"，随后有王绍宗、车应泷等五人先后拜从学习，于是，"刘汉作遂令焦林俸为会长，传说经义"。[238]

### 2. 举行圣事

讲授教义之后，华籍神职人员的另一项职责便是举行圣事，为新教徒付洗，为当地的天主教徒们做告解、领圣体等，以此安慰、鼓励教徒。尤其是教案期间，尽可能去探望被捕的天主教徒，为他们做圣事，坚定他们的信仰。比如前文提到的樊守义神父，看望苏努一家时，"为之施行圣事。雍正三年（一七二五）底，并为苏努第十三子及最幼公子授洗，取名达尼老（Stanislas），其他受洗者尚有四十余人，皆苏努为之讲解教理。乾隆元年（一七三六）又为苏氏最幼女公子及一妇人施洗"，而"苏氏家族一一逝世或召回后，樊氏孑然一身，走遍直隶及辽东各地，抚慰教友，勉以忠勇"。[239]乾隆五十三年（1770 年），官员马若瑟去流放地之前，"一位中国神父来听他作勒忏悔，为他主持勒领圣体仪式"。[240]1840 年湖北教案时，一位华籍神父至监狱中探访

236 乾隆四十九年十二月初十日《陕西巡抚毕沅奏报拿获传习西洋教之刘西满等审供解京折》（1785 年 1 月 20 日），《档案史料》（第二册），第 616 页。

237 嘉庆二十二年三月二十五日《四川总督常明奏为拿获天主教人犯审明定拟折》，《档案史料》（第三册），第 1090 页。

238 嘉庆二十二年十一月二十三日《署理四川总督成都将军德宁阿奏报拿获传习天主教人犯审明定拟折》，《档案史料》（第三册），第 1105 页。

239 方豪：《中国天主教史人物传》（下），第 34 页。另，[法]费赖之：《在华耶稣会士列传》（下）第 681 页："苏努全家或殁于谪所，或蒙赐还，以后守义则往来于直隶、辽东一带鼓励教民。"

240《蒋友仁神父给加德神父的信（1770 年 8 月 26 日于北京）》，朱静编译：《洋教士看中国朝廷》，第 237 页。另见《传教士蒋友仁神父致嘉类思神父的信（1770 年 8 月 26 日于北京）》，[法]杜赫德编：《耶稣会士中国书简集》（五），第 242 页。

被捕的贞女，为她们做告解。[241]

即使是在被捕判刑之后，华籍神职人员也不放过任何机会，在流放之地积极传教，主持圣事。1752 年 8 月，朱里官神父被捕，遂被流放至山东西北部，另一名与其一起的传道员则被流放至北京附近。在流放期间，他们俩逐渐与生活在附近村庄里的天主教徒们建立了联系。而当时，约瑟夫·苏正于 1757 年成为山东所有军队的将军，于是，北京的耶稣会士们请他照顾朱。将军叫朱到法院来修理钟表，但事实上，朱是为天主教徒们举行圣事[242]。

### 3. 虔诚奉教

华籍神父在完成工作之余，务必尽可能的在自己身上坚持宗教生活，保证自己对天主教的忠诚，以此感化外教人，鼓励天主教徒。譬如北京的刘保禄（Paul Lieou，刘汉良）神父，他是一名医生，宋君荣神父称其在道德和虔诚方面均堪称楷模。"除了他的表率作用以及鼓动，他还利用了于其职业中积累的声望，完成了大批归化。所有人家都向他开放，他也利用了这种出入自由，而使八千多名濒临死亡的儿童，在接受了他的洗礼之后，才进入了天堂。他的一生颇具楷模性，每天都定时地作半个小时默祷，每个星期五都戒斋并实施多种苦修。他每八天作一次告解（办神工，忏悔）并领圣体，定时读虔诚经文，且从不耽误。他具有以一种颇具说服力地和引人入胜地讲述上帝及宗教真谛的天才。在逝世的三天之前，他向我作了一次全面的忏悔，然后在充分清醒的情况下，接受最后一次圣餐，以及临终敷圣油礼。其家庭及一大批基督徒都参加了这些仪式，所有人都被他面对他们所作的忏悔、顺从与爱心行为无限感动。这个很守法的家庭从利玛窦神父时代起，便选择了基督教信仰。"[243]

在独立传教的过程中，华籍神父们充分起到了核心及榜样作用：举行弥撒、倾听告解、施终傅礼和主持婚配仪式等。此外，他们承担了处理教会中世俗事物的职责，这些事情不便由外籍传教士公开去做。比如，1741 年，李安德和党怀仁在成都签订合同买了一所房子；1743 年，苏宏孝也买了一块价

---

241 [法]穆启蒙：《中国教友与使徒工作》，第 175 页。

242 Nicolas Standaert ed., *Handbook of Christianity in China,* Volume one: 635-1800, p. 465.

243 《宋君荣神父致凯伦（Cairon）神父的信（1741 年 10 月 29 日于北京）》，[法]杜赫德编：《耶稣会士中国书简集》（四），第 251 页。

值 130 银子的邻近下四乡会口教堂的地皮，为传教寻找合适的固定地点。苏宏孝还雇了一个讼师与一个有功名的人打官司，那人企图霸占成都附近的双檬子的教会土地。[244]

当时由于传教人手缺乏，外籍传教士行动能力受限，华籍神职人员只得承担多数地区的传教工作，以至极度劳累。1759 年，于湖广工作的河弥德神父，在其信中这样描述了华籍耶稣会神父曹貌禄的工作情形："我的同事比我早来两年。他已经几乎完全被工作搞得筋疲力尽，在今年还曾咯了两天血。目前他正在一点一点地康复，并自以为已经恢复到了能够继续工作的状态。他负责的是更为严重困难的工作，换言之，是距我们平时的住处有好几天路程的边远地区。之所以如此，是因为他在途中能够毫无危险地寄宿在不信仰基督教的人家里。"[245]

### （三）高丽传教

清廷禁教之时，正逢天主教开始传入高丽。但是，高丽的一举一动颇受清廷的影响。清政府禁教后，高丽对此也有所警觉，边关检查较为严格，外籍教士难以入境。华籍神职人员在积极发展本国传教事业的同时，利用其中国人的身份，开始往高丽传教。

天主教由中国传入高丽，每年到北京进贡的使节与北京的耶稣会士们认识，并接触到天主教教义。但直至 1783 年才有一名使节李承薰在京受洗，圣名伯多禄。李承薰回国时，将苦像、念珠及许多书籍带回了高丽，随后，高丽的天主教徒日益增多。此时，由于没有神父，高丽的天主教有一点非常独特，那就是在普通天主教徒中建立起了圣统制度，推选出神父、主教。他们讲道、付洗、听告解、做弥撒……所穿的祭衣像高丽人在祭神时所穿的服装，以中国丝绸制成，神父们头戴绣金的"祭巾"，正如当时在中国作弥撒时所用的。但不久，他们开始怀疑这样做是否有效，于是，派遣一名叫尹有一的贵族望教者来北京请示，并要求派遣神父。

1791 年，北京的主教由澳门派遣了一位神父，但因教案，他未能找到引他入境的教徒，只好返回北京。乾隆六十年（1795），华籍神父周文谟（雅各）

---

244 Robert Entenman：《18 世纪四川的中国籍天主教神职人员》，第 42-43 页。

245 《耶稣会传教士河弥德神父致布拉索神父的信（1759 年 8 月 20 日）》，[法]杜赫德编：《耶稣会士中国书简集》（五），第 63 页，参见[法]费赖之：《明清间在华耶稣会士列传（1552-1773）》，第 1092-1093 页。

终于进入高丽，到达汉城，开始了为期 5 年的传教事业，使其教徒从 4000 人发展到 10000 人。1801 年 6 月，周神父为避免因他而起的教案带来更多损伤，主动自首，次年 5 月被处以死刑。同年，有 300 名教徒死亡。[246]

### （四）四川会议

嘉庆八年（1803），在四川离崇庆州 25 里的黄家坎，召开了天主教会议[247]。由于地处偏隅，当时的四川可以说是全国教务比较兴隆的地区[248]，圣部给中国传教区的训令，几乎都送交到此。趁着 1784-1785 年大教案后的平静时期，徐德新主教召集了此次会议，目的是把久已存在的风俗和规定作一番讨论，制定一套比较稳妥的指南。值得注意的是，此次会议只有两位外籍传教士参加，即徐德新主教和弗罗伦斯神父，其他参加会议的 13 人，都是中国神父。这次会议所通过的决议于 1822 年获得罗马批准，并为其他各传教区所接受，成为 19 世纪天主教在华传教工作的基本原则。[249]这些决定包括：

> "为促进信仰的传播，必须训练好传教员；在教会学校里不应讲授国定的经典书籍，除非在儿童学会关于教会的必要书籍以后，而且只能有限度地讲授；易经、诗经和其他任何书籍，只要其内容涉及迷信、诱谣及猥亵事项，传教士均应严加禁止，不准讲授；除非在听讲教义方面有了充足的准备，不准给成年人付洗；领洗前，应尽力偿还所得的一切不义之财，应给传教者讲明，必要时怎样给他人付洗；为给有死亡危险的人付洗，只要他们晓得并相信为得救所绝不可缺少的真理，就可以了；神父、传教员或其他可能的人应该详细调查归化者的道德习惯、生活情形与言行举止，经长期和翔

---

246 [法]穆启蒙：《中国教友与使徒工作》，第 155-160 页；另见[法]穆启蒙编著：《天主教史》（卷三），第 274-275 页。不过，据[法]樊国梁：《燕京开教略》（下篇），第 406 页载，此中国司铎为邱雅各伯，死时年方 33 岁。

247 张泽：《清代禁教期的天主教》，第 152 页。

248 Robert Entenman, *The Problem of Chinese Rites in Eighteenth-Century Sichuan*, p128. "接下来的几十年，四川省是中国所有天主教传教领地里硕果累累的地区之一"。

249 燕鼐思：《中国教理讲授史》，第 137-138 页；[法]P. Octave Ferreux C. M.，《遣使会在华传教史》，第 122 页；萧若瑟：《天主教传行中国考》，第 403 页："召集所属司铎十四位，内西士一位，华士十三位，会议中国传教事宜，凡三日议毕，缮录清楚，呈请罗玛圣座核定，教皇以徐主教议定各节，尽善尽美，不惟命四川遵行，且嘱中国各省及附近中国之越南东京高丽等区，一体遵守，以昭划一。"

实的考验后，便能领洗；务必使教友避免所有迷信；因为教友几乎
难得每年一次听神父讲道，因此，该设法使教友能买到所需要的宗
教书册等等。"[250]

上述决议除了要求保证入教者符合一定标准外，集中体现了以巴黎外方
传教会士为主的在四川工作的传教士对"礼仪之争"的态度，对于向儿童教
授中国经典非常谨慎。1821 年，传信部许可教徒老师把外教书籍，即"四
书"和宗教小书一起讲授，但只限于阅读和写作练习之用。[251]

如此，利玛窦等人为争取上层社会支持而采取的传教方法越来越被人束
之高阁。清廷禁教后，传教士既不能和士大夫们有进一步的接触，也大多抵
制这种传教方式，转而致力于在普通百姓间传教。

## 三、华籍神职人员的传教特点

由于条件所限，华籍神职人员在此段时期内无法在教堂等固定场所公开
传教，开展传教活动只能以个人秘密活动为主，并由外国教会提供经济支持，
同时，撰写有关书籍传播教义。

### （一）个人秘密活动

华籍神职人员不能以教堂为中心宣讲福音，只能以个体的秘密活动为主，
潜匿县及县以下的社会基层，分别串联、鼓动，传播教义。禁教时期，公开的
天主教堂基本已不存在，传教活动自然无法公开进行，只可能转为地下活动，
华籍神职人员在此段时期内的传教只能秘密进行。在大多数时间里，不管是
外籍还是华籍神职人员，大多"是在私人住宅行圣事作弥撒。"[252]此时，"北
京教友唯一可以行礼之圣堂"，是德里格在北京为传信部教士所购之屋，因
"耶稣会士初不愿教友进传信部教堂，乃不称此屋为'堂'"，遂得以保存
下来，在禁止教徒进堂之时，大受欢迎[253]。

在全国禁教的情况下四处传教，不但路途遥远，舟车劳顿，而且，还要
时刻保持一定的警惕性，经受恐吓。如樊守义神父去探视苏努一家，"须随
商人步行而往，途中极为艰苦，满洲人与监视苏努一族之士卒，又时加恐

---

250 详见燕鼐思：《中国教理讲授史》，第 139-145 页。
251 燕鼐思：《中国教理讲授史》，第 121 页。
252 [法]穆启蒙编著：《天主教史》（卷三），第 268 页。
253 方豪：《中国天主教史人物传》（中），第 359 页。

吓"。[254]随着禁教日益严厉，教案逐渐增多，华籍神职人员所冒的风险也越来越大，稍有风吹草动，必须及时藏匿，躲避追捕。

## （二）接受外国经费

禁教时期内，华籍神职人员多从外国教会那里得到经济上的支持。"在华的基督徒们事实上都被怀疑与澳门的葡人有勾结，因为他们从那里获得全部津贴。"[255]湖广省一个由葡萄牙神父负责的县，"获得了欧洲大量赞助以供养数名教经先生"。[256]在乾隆四十九年至五十年（1784-1785）蔓延全国的教案中，被捕之华籍神职人员大多从外国教会获得传教经费。乾隆四十九年十二月（1785 年 1 月），陕西被捕之刘西满供认："十多年来，西洋原曾寄给我番钱六七次，每次四五十圆，俱从广东澳门寄至西安，交刘必约转寄。"[257]乾隆五十年（1785），在山东被捕的朱行义，"自三十五岁回到福建即吃西洋人银。每年得番银八十圆。到德州后，年年从江西赣州帮粮船上舵工马西满寄来"[258]。而在甘省被捕之华籍传教士刘多明我，于"每年得受西洋人番钱八十五圆"[259]。同年，山西也拏获有"号称神甫，得受番银之徐盖达诺。"[260]另据两广被捕之顾士傚称："西洋人规例，由该国大主教给以神甫名目者，每年给花银八十五圆，其由澳门洋人给以神甫名目者，每年给花银四十圆。

---

254 方豪：《中国天主教史人物传》（下），第 34 页。另，[法]费赖之：《在华耶稣会士列传及书目》，第 681-682 页。

255 [法]谢和耐：《入华耶稣会士与中国明末的政治与文化形势》，载《明清间入华耶稣会士与中西文化交流》，巴蜀书社，1993 年，第 95 页。

256 《耶稣会传教士赵圣修（Louis des Rolests）神父致布里松神父的信（1741 年于湖广省柏泉山）》，[法]杜赫德编：《耶稣会士中国书简集》（四），第 283 页。另外，在《入华耶稣会士关于论述基督教的中文书籍之用处以及在中国尽可能传播这些书籍之重要性的信件摘要》，[法]杜赫德编：《耶稣会上中国书简集》（五），第 2 页中，也提到了花钱供养讲授教理者之事。

257 乾隆四十九年十二月初十日《陕西巡抚毕沅奏报拿获传习西洋教之刘西满等审供解京折》（1785 年 1 月 20 日），《档案史料》（第二册），第 616 页。

258 乾隆五十年二月十三日《山东巡抚明兴奏将西洋人吧𠮾哩哑噢解京折》，《文献丛编》第十五辑，第 15 页。

259 乾隆五十年正月十二日《福康安奏审讯教案人犯分别解京折》，《文献丛编》第十五辑，第 6 页。

260 乾隆五十年二月二十一日《山西巡抚农起奏将天主教案内余犯审拟咨部折》，《文献丛编》第十六辑，第 20 页。

该犯自三十年起，每年得受啰满花银四十圆"，直至乾隆三十六年（1771）啰满回国。而亦是神甫的艾球三，则"系西洋大主教给以神甫名目，每岁所得番银比该犯加倍"。[261]

由巴黎外方传教会训练的华籍神职人员，由该会提供津贴支持其传教工作。18世纪40年代，支付给李安德和党怀仁每年80两，中国传道员张凤30两，而欧洲传教士能拿到120两。然而，在此之后，外国教会逐渐开始建议其薪俸由本地天主教徒们支持，尽管遭到了反对。到1781年，华籍神父已完全靠中国天主教徒资助，不再从外方传教会接受薪俸了[262]。

不过，其他传教区的华籍神职人员仍在接受外国教会经费。毕竟此段时期内的教徒大部分都是平民，经济富裕者不多，维持自己的生存都有困难，不可能有多余的钱来接济神父。相反，李安德神父鉴于教徒的贫困，尤其是在教案中变得一贫如洗者，自己违反了不许神父给天主教徒金钱的传教原则，给教徒一定的经济支援。[263]嘉庆十年（1805）北京被捕的华籍神父包罗柯"向在登州一带传教，每年得西洋俸洋钱八十五圆"。[264]

### （三）撰写传教书籍

华籍神职人员或在国内，或在国外接受教育，有一定的文化水平，在空余时间撰写书籍，或者撰写论文向欧洲论述中国情况，或者著书传播教义，或者坚持写日记向教会报告传教情景。例如前文提到的杨德望、高类思神父，回国后联名撰写论文，发表于欧洲的期刊上，促进了中外文化的交流。

耶稣会神父沈东行，著有《易简祷艺》三卷，于禁教期间的1758、1768年间，在北京两次刊行，指导天主教徒的生活，主要内容包括：

> "卷一，论述祈祷的重要和宝贵，祈祷的各种方式，和祈祷的进程，准备工作，激发热情，天人交谈，和心慰神怡。卷二：指出默想的专题，如：耶稣基督的降生，受苦受难，复活升天，圣体圣

---

261 乾隆五十年三月十五日《两广总督舒常广东巡抚孙士毅奏报审明习天主教各犯分别定拟折》，《档案史料》（第二册），第706-707页。

262 Robert Entenman：《18世纪四川的中国籍天主教神职人员》，第43页。

263 [法]沙百里：*The Chinese priest Andrew Li (1692-1775) apostle of Sichuan and the Support he received from French missionaries in Macao*，第193、195页。

264 嘉庆十年正月十八日《刑部奏为审拟西洋人德天赐私自托人寄送书信一案折》，《档案史料》（第二册），第836页。

事，童贞圣母等奥迹；此外，论自我省察，热心领圣体，谢圣体，神领圣体和虔望弥撒。卷三：指出在祈祷时可能遇到的各种障碍，和端正生活的若干指导：勤领圣事，热心望弥撒，做哀矜，翕合天主圣意，爱天主于万有之上，爱人和爱仇，结束时劝人特敬圣母、大圣若瑟、护守天神。"[265]

此外，1740 年左右，李安德神父将 Trent 会议的问答集和由白日升为初学者准备的口授经文教理译成中文。[266]1747 年，四川省仅剩李安德一名神父，他开始按马青山神父要求撰写拉丁文日记，如实记录他的所有活动和所关注的事情；他授予的圣餐，教民的信念，他所解决的婚姻问题，压迫，天主教徒的失误，经济问题，需要的材料，健康困难，需要帮助者，寄往澳门财房的银钱财日，四川教徒统计，等等。每一年，他会在 9 月或 10 月把自己的信息传送到澳门。[267]这项工作坚持了 18 年，这些宝贵的日记成为研究 18 世纪四川教务的重要资料。

## 四、华籍神职人员举例

在禁教的日子里，华籍神职人员对天主教的传播贡献较为实书。例如四川的李安德神父，虽然 18 世纪 30 年代除了他之外，还有"其他几名中国籍神父在这个省工作：苏宏孝（Paulus Sou）、谷耀文（Joannes Baptista Kou）、徐（Stephanus Siu）、李世音（Lucas Ly），以及李安德的神学院同学，党怀仁（Antonius Tang）"[268]，但在"一七四六年的教难迫使外籍教士到澳门避

---

265 [法]费赖之：《明清间在华耶稣会士列传（1552-1773）》，第 900-901 页。另徐宗泽：《明清间耶稣会士译著提要》，上海书店，2006 年，第 347 页。

266 [法]沙百里：*The Chinese priest Andrew Li (1692-1775) apostle of Sichuan and the Support he received from French missionaries in Macao*，第 189 页；[加拿大]赵玉明：《国籍司铎之模范——四川宗徒李安德》，李盎博译，《圣年大庆》，天主教教务协进委员会，1950 年，第 26 页。

267 [法]沙百里：*The Chinese priest Andrew Li (1692-1775) apostle of Sichuan and the Support he received from French missionaries in Macao*，第 191 页；[加拿大]赵玉明：《国籍司铎之模范——四川宗徒李安德》，第 26 页。

268 Robert Entenman, *The Problem of Chinese Rites in Eighteenth-Century Sichuan*, p.131. 另见 Kenneth Scott Latourette. *A History of Christian Missions in China*, p. 165: "1746 年所有的欧洲传教士都被驱逐，只有一位中国神父李安德坚持对忠实的信徒们传教。1750 年，另一位中国神父李世音（Luke Li.）开始帮助李安德工作"。

难"的情况下，李安德神父一人"支撑着四川的教务垂三十年；不只在那危机四伏的年限中维持现状，还能尽力使它发展"。[269]再如在湖北磨盘山地区担任讲解经言教理工作的华人许立正修士，工作也长达 23 年之久。[270]而徽州籍耶稣会士姚若望，于禁教时期"创立了海门茅家镇会口"。[271]

## （一）李安德神父

李安德神父[272]出生于陕西一个老教徒家庭，随父母入四川。1703 年，白日升（John Basset）从巡视西安回来的途中招到李安德，年仅 10 岁。离开家乡不久，李安德得了一场大病，虽然几年后康复，但他后来不得不面对频繁的健康问题。1705 年 11 月，教皇派出的多罗使节出访北京后，康熙于 1707 年下旨在外籍传教士中实行领票制。当时在四川的巴黎外方传教会士遵守罗马规定，不能领票，必须离开四川。于是，他们带着神学院的学生李安德、苏宏孝等转移到广州。不巧的是，白日升患了重病，在广州逝世。毕天祥神父与其他不愿领票的欧洲神父一起，带领学生们撤退至澳门。

1708 年，李安德 15 岁时到达澳门，遇到了正被康熙囚禁于此的多罗使节，并得益于他的指导。17、18 岁时（1709 或 1710 年），不顾大多数欧洲传教士的反对，多罗为他举行了剪发礼。对此，李安德后来写道："值得尊敬的使节，不管与他共事者的反对，大方地承认我们神父状态，向中华民族打

---

269 [法]穆启蒙编著：《天主教史》（卷三），第 269-270 页。

270 [法]费赖之：《明清间在华耶稣会士列传（1552-1773）》，第 1098 页。

271 即华籍耶稣会神父姚若翰，见[法]费赖之：《明清间在华耶稣会士列传（1552-1773）》，第 910 页，及丁宗杰：《上海天主教教务发展史》，《传教鳞爪》，天主教教务协进委员会，1949 年，第 11 期，第 1234 页。

272 李安德神父的生活及日记可参考以下书籍及文章：LY (André). *Journal, 1746-1763*, publié par A. Launay. In-80, Paris, 1906; Adrien Launay, *Journal d'André Ly*, *prêtre chinois，missionnaire et notaire apostolique, 1747-1763*; Olichon, *Aux origins du clergé chinois: Le Prêtre André Ly, missionnaire au Sei-chouan*）; Borer, *"Das Tagebuch André Ly's als Quelle der Missionspastoral,"* 1：194-203（1945）; Serruys, *Andrew Li, Chinese Priest, 1692（1693?）-1774*, 32.2：39-55 &130-44(1976); 方豪：《中国天主教史人物传》（下册），第 123-133 页。[加拿大]赵玉明：《国籍司铎之模范——四川宗徒李安德》，第 24-33 页；[法]沙百里：*The Chinese priest Andrew Li (1692-1775) apostle of Sichuan and the Support he received from French missionaries in Macao*，耿昇、吴志良主编：《16-18 世纪中西关系与澳门》，商务印书馆，2005 年，第 184-207 页，等等。

开了天主教神父的大门！"李安德痛苦地记住了"与他共事者的反对"，这些意大利、西班牙、葡萄牙传教士在多罗枢机主教出席的集会上讲出如下刺耳言语："中国人傲慢、不坚定、不领情；因此，他们不应该成为神父。"[273]随后，毕天祥和他的学生们设法回到了四川。

1715 年，毕天祥神父去世，云南名誉主教的雪布郎开始照顾这些神学院学生。1717 年，他派包括李安德在内的 7 名中国人到暹罗大城府的 General 学院。1718 年，这个神学院有 6 个班共 50 名学生。他们被教以哲学、神学、文学、拉丁文和远东语言。其间发生的一件事，充分证明李安德已很好地掌握了拉丁文。当时，这座神学院的管理者 M. Roost 被指控为詹森主义者，因而被召回巴黎。李安德用拉丁文写了封信，寄至欧洲替他辩护。1725 年间，他由 Mgr De Cice 任命为神父。这时他 33 岁。

在学院做了一年助手后，第二年，也就是 1726 年 9 月，李安德来到广州，被派往福建省的兴化地区传教。1732 年，他被派往四川，但却受到遣使会的反对，只得在湖北传教。两年后，始抵成都。在此，李安德"唯一的任务就是巡视城市西南地的天主教徒，包含 200 公里内的区域，从南边的邛崃到彭山，以及直到西藏路途中的 Ya 扎。"[274]

1737 年，遣使会士穆天尺神父将李安德已经巡视的地区和远在南部的乐山委托给他，希望他能试图进入云南省。李安德在嘉定以及更南一点的宜宾建立了新的团体，花 120 两在四川首府成都买了一所房子，用以维护传教基地。

1746-1747 年间的教难迫使马青山等外籍神父退到澳门，两位本国神父相继去世，留下来的李安德成为整个四川省唯一的神父。1747 年 6 月开始，李

---

273 [法]沙百里：*The Chinese priest Andrew Li (1692-1775) apostle of Sichuan and the Support he received from French missionaries in Macao*，第 186 页；另见方豪：《中国天主教史人物传》（下册），第 127 页："在澳门时，一日多罗当义、西、葡诸国教士集会时，发表一段措词严厉的谈话，说：'中国人傲慢、反复无常、忘恩负义，因此不能领受司铎品职。'在广州时，外方传教会办事处郭纳神父（Conain）亦大声说：'李安德所要写的一切，我毫不置信。中国神父与欧洲神父绝不相同，他们若没有一严格规定，即不知何所适从。''只有西洋人谦虚、有恒、感恩、服从、正直、人格完美。'"

274 [法]沙百里：*The Chinese priest Andrew Li (1692-1775) apostle of Sichuan and the Support he received from French missionaries in Macao*，第 188 页。

安德按马青山神父的要求，开始撰写拉丁文日记，如实记录他的生活和工作，两次被捕情形，让主教和其会长，明了传教区的实况。这项工作一直持续到1764年底。

李安德神父传教几十年，积累了相当丰富的经验，他在信中对其他神职人员提出了如下工作建议：

"一、神职人员首先该有荣主事主的热爱和救人灵魂的心火

假使神职人员感到这不可或缺之热火的焚烧，一切艰难困苦都能处之泰然。进而奉献自己的性命血汗，作证圣经的真理。

二、神职人员应有的爱德与谦逊

基督人世的代表该当在人群之中广布基督的德馨，谦逊，忍耐，服从。我们该处处放射基督圣德的芬芳。

我恳求大家，不要存着傲慢，怨尤，厌恶的精神，不要有轻视，冷酷的心情，这些不惟不合乎神职人员的身分，更坏的是它们使人远离天主……传教的人，我以为对人接物，该当良善，和悦，让人喜欢亲近，特地待好冷淡人，不忘吾主耶稣的原则：'我来不是为义人，而是为罪人。'我希望，任何人，一经和神父接近，即变成优良，燃着爱主之神火的好人。

三、训导教友

神职人员，对于作家长的，要表现出神父的热情，尽力说服他们，使他们明白教导自己儿女仆从的重要，深信有过失的疏忽，在天主台前便算背教的外教人。

如同主教们常说的，每天在晚课以后，该集合全家，一齐背诵一节要理问答，让不识字的妇人女子也得学会要理。我到各处常劝人这样作。

四、栽培传教先生

新的传教士，很快地就会发现，悲痛教区的教友里面，不但有背教的罪人，还有无神派同唯物派的实际分子，他们的行动腐败，使教外人连带天主的圣名也厌恶起来。

原因在那里？我以为这是时候未到，迅速授与圣洗的过失。

所以我奉劝传教的神父们明哲慎审，善尽职务，不可迎合权贵的请求，不可听从父母或代父代母的心意，他们多是热情有余，明

辨不足的人，要紧自己本身，或者选定亲信之人，细审望教者的处境，知识，和他的宗教情绪……不如此，势将证实圣书上说的：'你增添了人数而未增添福乐……'

五、传教士的私人生活

我们晓得基督的口令，是给贫穷人传福音；带来和平；拿什么来就吃什么；宣传钉死在十字架上之耶稣的福音。

好了，川省大部分的人民，非农即商，精通文字的很少；没有一个人会作高深的推论，略事考究的讲说，或者稍为冗长一点的讲演，他们便难以领略。

愿意作一切人之一切的宗徒，该当学会他们的贫穷，朴实，和单纯。语言正好适合他们的需要。要克苦，仁爱，不讲口味。必要时，仿佛慕肋诺主教指示过的，还要大斋小斋一同守起，免得穷苦教友无力担负，不能一连烧两顿饭食……。

六、管教友的指示

在此非常时期，上峰既然不在，又当尊重他们的判断，势必寡言少语，能而为不采取假善人作风，常常故作缄默的状态，我再指示几个理应遵循的规矩：

我希望传教士，除非到了紧急关头，不在夜间或者僻静的房间里面听人的告解，特地不可听青年男女的告解。

告解只可以在日间，在公共的处所，守好慕肋诺主教的法典上的指示。在神父与告罪人中间要隔开一条簾帐。

利用夜晚，尤其冬日冗长的夜晚，要用来集合全家的人众，在公共地方，给他们讲解道理。夜晚也是接见外教和外教谈论道理的好时刻。

更劝堂口附近的教友，在大瞻礼前两三天，来办告解，留着望日给远来的教友，这样不过于劳碌神父，又不烦杂来宾。

妇女该当在特定的时间，和特定的地方接见，避免一切可能有的批评。这是最当注意的一点……。" 275

---

275 [加拿大]赵玉明：《国籍司铎之模范——四川宗徒李安德》，第31-33页。

这些建议不仅要求神职人员具备良好的品德与忍耐，还要求他们坚定自己的立场，不能放松入教的标准，单以增加教徒人数为荣。同时，提出了在内地工作的神职人员应留意的一些细节，比如训练传道员；实非迫不得已，不能在夜间或者僻静的房间里面听人的告解，尤其是青年男女的告解；注意与妇女的交往等。这些都说明当时李安德神父对传教工作认真细致的态度，为适应本地习俗，避免官府、群众猜疑以至误解而采取的一些变通方式，尽量为当地的天主教营造一个相对缓和的环境，减少冲突。18 世纪中叶，李安德的经验被大量的中国神父们所分享，他们活跃于中国中部和西南部。[276]1756 年 10 月 20 日，法国神父范益盛在一封寄给巴黎神学院主管的信中，详细记述了李安德所用的传教方式，如何对教徒进行教育，举行圣事等等，对上述李安德自己提出的建议作出了一番事实注解：

"安德先生维持以下原则：1）哪里参加晚祷，之后马上有一名学生或另外一个天主教徒对在整个集会现场的问答教学提出问题；每次提 6 至 7 个问题，作出同样数量的回答。2）当他必须给一个家庭里的患病的父亲或母亲施以涂油礼时，他首先召集所有的孩子们，年长的和年幼的、女婿、媳妇，以及其他因冒犯自己的父亲或母亲而请求宽恕的下层阶级。一次，我目睹了那样的仪式：孩子们在哭，他们接受圣礼的父亲在接到讲道词时，同样哭了；这种仪式真正让人感动。3）离开一个可以为传教提供供给的地方前，如果方便的话，他会祝福这个家庭和这个地区；如果获邀这样做，他也会祝福其他家庭。6）给任何一个人行忏悔礼之前，他会指导他们十诫和教会法律，解释忏悔礼的意义。忏悔后，他不会容许他们加入宗教团体，直到他们听了关于忏悔、弥撒和赦免等等教育后。7）绝大多数无知和天真的天主教徒都不知道如何感恩，加入教会的弥撒后，他立即做祈祷，所有人跟着他重复；等等。"[277]

276 [法]沙百里：*The Chinese priest Andrew Li (1692-1775) apostle of Sichuan and the Support he received from French missionaries in Macao*，第 206 页。

277 Larnay, ibid. 第 297、298 页。转引自[法]沙百里：*The Chinese priest Andrew Li (1692-1775) apostle of Sichuan and the Support he received from French missionaries in Macao*，第 201-202 页；另，[加拿大]赵玉明：《国籍司铎之模范——四川宗徒李安德》，第 27 页："为鼓舞教友，他自愿同教友一齐念晚课，是言行相顾，以行动作证道理。晚课之后，大家背诵要理，他又亲自为他们讲解有关信德的道理。

"礼仪之争"对中国天主教的影响，也体现在这段时期华籍神父的日常工作之中。李安德神父在开展传教工作时，非常注意"礼仪"问题，虽然他"不是一名巴黎外方传教会的正式成员，但他是被那个社团训练出来的。他继承了对耶稣会士规则以及先前适应中国仪式的深切怀疑。李相信中国本土的宗教习惯与基督教是不相容的，毫无保留地接受了罗马禁止这种习惯的裁决。担任神父期间，他尽力指导受他照顾者，并阻止他们加入到他所认为的偶像崇拜之中"。[278]所以，李安德在传教时，尽量让教徒避免偶像崇拜，例如不许他们举行非天主教的葬礼等。1752 年，他给一位在福建省的名叫 Adrien 的神父以下这些详细的建议：

> "1、我们天主教徒崇拜的好心的至高无上的主决不能被称为"天"或"上帝"，仅仅是通常所说的"天主"。2、已入教的天主教徒不应该遵循敬孔或祭祖的风俗，不被允许去孔庙或祖宗的祠堂，也不能在那里或自己的私人住宅献祭和供奉，除非事先由天主教学者保证，他们在那种仪式上的参与完全是物质的，内心并不赞同。3、在棺材或牌位前用异教徒的方式处理食物是不允许的，这由宗座代牧纠正过。4、无论如何不允许在棺材和坟墓前跪拜或鞠躬。"[279]

这些建议直接反映了"礼仪之争"主要集中的几个问题：对至高无上的主的汉译名称，中国教徒能否敬孔祭祖等。李安德指出在生活中天主教徒需要注意的礼仪事项，必须审慎地对待日常习俗，不能在小问题上犯错，尤其是葬礼。虽然不在坟前跪拜会被外教人认为是对死者的不敬，容易引发不愉快，甚至引起冲突，但李安德仍坚持不能这样做，认为那些礼节与天主教教义相违悖。从他身上可以看出，"礼仪之争"不仅仅只是引起清政府的禁教，限制了传教士在中国士大夫之间传播教义，也对禁教时期传教士的工作方式产生了影响，加大了他们在平民老百姓中传教的困难，毕竟，除了士大夫的

---

终傅怎样？除了官兵追迫太近，常是将全家人众集到一齐，给领终傅圣事的人详细讲解这件圣事的动人礼典，预备去见天主。他解释的动人，所以有益。教友多愚，不会谢圣体，弥撒完了，李神父又自己领导谢圣体，教他们祈祷。他设法使教会的礼典生动，有圣善人灵的能力。特别是在他举行大主日的礼仪，如洗脚礼，拜苦像，教友咸受感动，以为从来没有见过如此动人礼节。"

278 Robert Entenman, *The Problem of Chinese Rites in Eighteenth-Century Sichuan*, p135.
279 [法]沙百里：*The Chinese priest Andrew Li (1692-1775) apostle of Sichuan and the Support he received from French missionaries in Macao*，第 204、213 页。

敬孔，对祖宗的敬畏深入中国人的骨髓，成为天主教徒意味着可能会脱离整个家庭以及当地社会，为当地人所不容，给生活带来不少不必要的麻烦，相信很多人因此而不会轻易入教。

李安德年老多病时，开始创办"圣诞修院"，栽培青年人。鉴于李安德在四川服务的兢兢业业，曾有外国神父推荐李安德作四川代牧，但可惜为时已晚，当时他已七十高龄，无力再推动教政。[280]1775年，李安德83岁高龄时去世。

### （二）朱荣神父

朱荣[281]，贵州婺川县人，据说生于乾隆十一年（1746），晋升为神父后改姓赵，圣名奥斯定，"奉教以前，约在二十岁左右，在婺川县衙门当差"。[282]乾隆三十七年（1772）间，贵州发生教案，逮捕了几名天主教徒，两年后，至婺川县看顾教民的梅神父被捕，关押在衙门里十几天，于是，朱荣听到梅神父讲道，接触到天主教义，并得到了有关书籍，乾隆四十年（1775），朱荣辞去差使，由梅神父付洗入教。[283]随后，跟随梅神父学习拉丁文。乾隆四十四年（1779），云南贵州搭界处遭到荒年，朱荣乘此机会，为将死的孩子付洗，乾隆四十六年（1781）五月初十，与蒋若翰一起，由成都主教祝圣为神父。之后，他被派往苗子地方、云南地方传教。[284]每到一处看顾教徒时，朱荣"必讲三天道理，尤其讲解十诫、七罪宗、大赦、补赎、告解、圣体，对耶稣受难事迹，讲得特别使人动心，听者人人流泪。三天道理完毕后，开始听告解，一天只听七、八人，他常用非常恳挚的劝谕，指导忏悔者"。[285]

---

280 [加拿大]赵玉明：《国籍司铎之模范——四川宗徒李安德》，第27-28页。

281 朱荣神父的事迹可参见《赵奥斯定神父传》，北京，1905年出版；以及嘉庆二十年二月二十九日《四川总督常明奏为拿获传习天主教人犯审明定拟折》，《档案史料》（第三册），第1032-1033页；天主教台湾地区主教团宣圣委员会主编：《中华殉道圣人传》，第77-79页；http://home.tianzhujiao.org/archiver/xhtml/topic/488/index.html。等等。

282 《赵奥斯定神父传》，第1页；天主教台湾地区主教团宣圣委员会主编：《中华殉道圣人传》，第77页。

283 《赵奥斯定神父传》，第3-4页；天主教台湾地区主教团宣圣委员会主编：《中华殉道圣人传》，第77页。

284 《赵奥斯定神父传》，第7-10页。

285 天主教台湾地区主教团宣圣委员会主编：《中华殉道圣人传》，第78页。

但据清朝档案记载，朱荣却是自幼来川行医度日，乾隆四十八年（1783），在天全州拜西洋神父冯若望为师，给予经卷，教衣一副，教帽一顶。嘉庆十九年（1814），在落壤沟贸易时遇到教徒唐正玒，"彼此谈及学习天主教可以生前受福，死后升天，即商同检出旧岁经卷，在唐正玒家□新诵习。朱荣遂以奥斯定为己名号，先后劝诱唐光勋等入教"。[286]

《赵奥斯定神父传》对他的传教工作有如下描述："赵奥斯定神父，在云南、合川南交界，传教有十几年工夫。……赵神父每年，把传教的事务，停止几天，到龙溪堂里，或是洛阳沟学堂里住几天，一来为避静，修理自己的灵魂，二来为查看书籍。大约在乾隆五十六年间，上司又把他调到川西，派他管理灌县、金堂县、温江县，这些地方的教务。嘉庆六年，伽拉特冷西主教谢世，赵神父同别的二位神父，在那里给主教送终。嘉庆九年，四川主教，同众位神父，作大会议，赵神父也在里头。"[287]在嘉庆二十年（1815）的教案中，朱荣神父被官府逮捕，处以死刑。

禁教时期，土生土长的华籍神职人员了解当地风土人情，甚至拥有一定的人脉资源，不会如面貌迥异的外籍教士那样容易被官府发现，即使被捕后也容易被当成普通教徒而被释放。这样，他们得以相对便利地四处活动，或辅助外籍教士进入内地传教，或主动奔赴各地巡视天主教徒、传播天主教义，为坚定教徒信念，发展教徒作出了一定贡献。

## 五、传道员的传教工作

禁教期间人手的严重不足，令传道员的工作变得非常重要，传教士们为此全力以赴，对其工作职责制定了详细的规则。1744年，云南宗座代牧马青山拟定了一份传教员（即传道员）"规章"，主要内容如下：

"（1）传教员应该是众人的模范，他们该每日默想宗教真理，并且每月领圣体。（2）传教员的主要美行是：谦逊、忍耐、爱人。他们设法使不信者归化，使信者遵守规诫。所以他们该彻底研究教义，每日读灵修书籍。（3）他们该鼓励那些愿意奉教的人，但他们也该办事谨慎，检核归化者的意向、道德及个性。（4）神父不在时，

---

286 嘉庆二十年二月二十九日《四川总督常明奏为拿获传习天主教人犯审明定拟折》《档案史料》（第三册），第1032页。

287《赵奥斯定神父传》，第13页。

他们该给临危的教友家庭儿童及外教外童付洗；但对成年人，只有当他们认识并相信基督教会的主要真理，并具备所需条件，而正处在垂死关头时，传教员才该给他们付洗。（5）他们该给教友讲解教会对于婚姻所立的法律，并努力使他们遵守。（6）他们该把教友的献仪具书呈报，并该保存宗教书籍和圣像。（7）他们该看望病人，报告神父，并于神父在不时，照顾垂死者。（8）他们该安排丧礼，并把死讯传报教友。（9）他们该照顾穷苦寡妇及孤儿。（10）教友之间如有纠纷，应该予以调解。（11）他们该对狂饮、赌博、争吵或游手好闲的教友，加以申斥。（12）如有教友不进堂达一个月之久者，他们该查明不进堂的原因。（13）神父不在时他们该在主日及庆节日召集教友，照规定秩序念经。念经后，他们该公布下星期的庆节及小斋日期，以后该按主教的指定，读一段圣书。他们该给望教者讲道，但不讲圣体圣事。（14）传教员该给教友团体中的儿童和青年讲要理问答，并促使父母注意子女教育。（15）住在二十里以内的传教员，该在每月第一天主日拜见神父，其他传教员该在复活节、圣母升天节、圣诞节见神父，向神父报告讲述教友团体的情形与问题。（16）每月第一主日，传教员该读他们的'规章'。"[288]

这些"规章"详细说明了传道员应负的职责，包括修身养性，研究教义，劝化教外人，讲解教理，管理教徒，主持念经，保持与神父联系等，使传道员成为神父不在时，管理当地教徒，并发展教外人士入教的得力助手。例如贵州传道员苗人卢廷美，他"有时伴同着神父，有时在神父之前先到新开的地域，教诲新归化者，或给外教人讲道。那一带地方的许多居民，尤其是妇女，都不懂汉语，所以廷美对传教帮了很大的忙"。[289]具体说来，传道员的工作有以下几类。

## （一）辅助神父

首先，传道员们要"为传教士们服务，作为向导或是翻译。一些还作为送信的人，带来补给和信件。"[290]1727年，顾铎泽神父进入湖广传教时，当

---

288 燕鼐思：《中国教理讲授史》，第133-135页。

289 [法]穆启蒙：《中国教友与使徒工作》，第178-179页。

290 Nicolas Standaert (ed.), *Handbook of Christianity in China,* Volume one: 635-1800, p. 471.

地的天主教骨干派人为其带路，准备住处，将船上的天主教徒和陆上的天主教徒分开参加聚会，并安排天主教徒们的船一批接一批地驶到神父所在的船边或附近，参加圣事[291]。

乾隆年间，湖北的赵圣修（des Robert）神父在每到达一个拥有基督徒的地方时，要派一名传道员先行通报那里的主要基督徒，此人再通报其他所有信徒，他们都集聚于此人府上，该传教士于傍晚时前往那里做圣事。[292]他所派出的一名教经先生发现了一个人数众多的大家庭在三十年前就受洗了，但几乎未从事过任何宗教修持。于是，该名教经先生教他们作功课，向他们提供对其施教所需的经书。[293]1757 年左右，一位从事大宗买卖的商人，于湖北教理讲授者保罗·黄（Paul Hoang）家中，得到后者给予的一本有祈祷文的小册子和一小本教理书，在这些的影响下，"不仅他本人，而且连他的父亲、母亲、妻子、儿女均已成为基督教徒。"由于保罗·黄已去世，神父于是另派了一名教理讲授者去此人家，给他的孩子付洗礼，并安排大人的受洗事宜。[294]晁俊秀神父在 1775 年的信中说，通过两名新的讲授教理者，成功地把比先前更多的教育带给了基督教家庭。[295]

此外，他们甚至为外籍传教士代管传教事宜。乾隆十九年（1754），江苏缉获的几名天主教徒曾为外籍传教士代管教务："张若瑟传教，系汪钦一代为管理；刘马诺传教，系沈泰阶代管；龚安多尼传教，系奚青观代管；费地窝尼小传教，系唐元戴、丁学初代管，从教之人共计八十余名。"[296]而这几人基本上都是当地的传道员。

---

291 《耶稣会传教士顾铎泽神父致本会某神父的信（1730 年 2 月）》，[法]杜赫德编：《耶稣会士中国书简集》（三），第 294-295 页。

292 《耶稣会传教士君丑尼（Loppin）神父致波兰王后——洛林女公爵告解神父拉多明斯基（Radominski）的信》，[法]杜赫德编：《耶稣会上中国书简集》（四），第 268 页。

293 《耶稣会传教士赵圣修（Louis des Rolests）神父致布里松神父的信（1741 年于湖广省柏泉山）》，[法]杜赫德编：《耶稣会士中国书简集》（四），第 284 页。

294 《耶稣会传教士嘉类思神父致法兰西世卿诺瓦荣伯爵兼主教的信（1759 年 9 月 12 日于中国）》，[法]杜赫德编：《耶稣会士中国书简集》（五），第 80 页。

295 《北京住院院长晁俊秀先生致蓬塔穆松教会证章会会长德夏尔韦修道院院长（l'abbé de Charvet）先生的信（1775 年 5 月 15 日于北京）》，[法]杜赫德编：《耶稣会士中国书简集》（六），第 179 页。

296 乾隆十九年五月二十四日《两江总督鄂容安江苏巡抚庄有恭奏报审拟传教西洋人张若瑟等折》，《档案史料》（第一册），第 222-223 页。

### （二）对外传教

传教自然需要向教外人员传，这就是说，传教者不可避免地要四处外出去接触教外人士。然而，在各地不时悬挂禁教令、教案纷起的情况下，这种接触当然非常危险。由于神父人数太少，为不令其工作过于繁忙，或是增加被捕风险，初步的接触一般不由神父亲自出面，而是由传道员或教徒来完成。传道员每到一个地方，教徒先聚集家人、邻居和没有敌意的朋友，"以后传教员初次给他们讲道，答覆他们的疑难，其结果是传教员往往很技巧地使得这种初次与基督教会的接触，变成善心的人归化的机会"。但是，"愿奉教者并不立即准予开始望教期，而是先属归化者的一级（归化者、崇拜者）。传教员给他们讲解信仰的基本真理，即：有一个真天主，他是万有的创造者，是赏善罚恶者，人有不死不灭的灵魂，同时他观察慕道者的个性与德性修养及其奉教的动机。""接着，如果可能，神父便亲自来接受归化者为望教者。神父先给他起一位旧约圣人的名字，如舍特、梅瑟、诺厄，至领洗时，再换为一新约圣人的名字。这样对于望教者、教徒以及连外教人，都常能易于甄别。讲完上述的基本真理以后，望教者便学习祈祷经文和有关创世、圣三和降生的教义。假使他态度良好，便可领受望教圣体，以后便可获准参加弥撒，至讲道时为止。以后继续其他礼仪、驱魔、望教傅油，并允许参加弥撒，'圣、圣、圣'为止。"[297]

乾隆朝时，由嘉类思神父洗礼的一位教经先生，争取到其家庭的九人入教。[298]嘉庆三年（1798），贵州传道员张大鹏未入教时，花180两银子买下省城广州城门外周姓宅院，邀集贵阳先奉教者，在胡世禄的指导下学习教理。两年后领洗入教，不顾亲友中为官者的反对，致力于传教，令其妻子和儿子都受了洗，在唐若望神父开办的学校里任校长兼要理老师，成为贵阳教务的主脑人物，"归化的人不少，且均系全家"。[299]嘉庆十九年（1814）时，传道员张大鹏已辗转习教15年之久，传徒何开枝、陈才、罗钟、罗老五、李杨氏、王赖氏、孙兴氏等55人。[300]

---

297 燕鼐思：《中国教理讲授史》，第123-124页。

298 《嘉类思神父致同会入华会士吴君（Pierre Faureau）神父的信（1745年8月22日于中国）》，[法]杜赫德编：《耶稣会士中国书简集》（四），第311页。

299 天主教台湾地区主教团宣圣委员会主编：《中华殉道圣人传》，第81-82页；[法]穆启蒙：《中国教友与使徒工作》，第171页。

300 嘉庆十九年十一月二十日《贵州巡抚庆保奏报审拟积年辗转传习西洋教惑众人犯张大鹏等事折》，《档案史料》（第三册），第1013-1014页。

### （三）举行圣事

神父不在时，传道员要领导本地区的教徒做圣事。首先，传道员可以为临危的教徒家庭儿童及外教外童付洗。乾隆初年，北京三大教堂的耶稣会士们，在"每座教堂中都有自己供养的教经先生，这些人可以去为弃儿举行洗礼。他们没有一年不为两千多左右的这类儿童举行洗礼"。1737 年的教案即因抓获正在为婴儿付洗的传道员刘二（Lieu-eul）而引发[301]。

其次，在特定的节假日聚集教徒祈祷。湖北磨盘山地区被传教士分成 14 个居民点，每个居民点都有一名教经先生，或者是一名资深基督徒，在节日和星期日时将基督徒们聚集在一起，作一般性的祈祷或施教。[302]

不过，传道员们在举行圣事时非常谨慎。1836 年，湖北有一位天主教徒逝世，传教士即派"老教友二青年，前来观礼，盖虑新教友于圣教礼规，未甚明晰，殡殓时，或偶误依异端仪式耳"。[303]

与华籍神职人员一样，传道员们对于传教及稳定教徒的信仰来说，发挥了很大作用。"尤其是在 18 世纪，作为当地社区的鼓舞者，他们的角色变得更加重要"。固定居住的传道员要"负责日复一日的社区领导工作"，"帮助神父教导新入教者和儿童"，"当神父不在时，指导祈祷，给予说教"。巡回的传道员则要"从一个村庄旅行到另一个村庄，在福音传道地和非天主教的地区扮演重要的角色"[304]。长城某个关口外的一个传教区，在其首领传教的热情下，他的兄弟、姻亲，他村庄里所有的村民，除了有两个人他没有说服以外，共有 100 多人都进了基督教[305]。

在传教过程中也有一些比较突出的传道员，例如林常、汪钦一等。"礼仪之争"后，两位巴黎外方传教会的神父被迫离开四川，教务工作委托给了两位传道员，其中一位名叫林常，独自照顾这个地区的天主教团体长达 8 年。

---

301 《中华帝国 1738 年的宗教形势》，[法]杜赫德编：《耶稣会士中国书简集》（四），第 174 页。

302 《耶稣会传教士纽若翰（Neuviale）神父致同会布里松（Brisson）神父的信》，[法]杜赫德编：《耶稣会士中国书简集》（四），第 277 页。

303 成和德：《湖北襄郧属教史记略　刘董二位致命真福合传》，第 37 页。

304 Nicolas Standaert (ed.), *Handbook of Christianity in China,* Volume one: 635-1800, p. 471.

305 《耶稣会传教士殷弘绪神父致本会杜赫德神父的信（1726 年 7 月 26 日于北京）》，[法]杜赫德编：《耶稣会士中国书简集》（三），第 203 页。

他不停地四处奔波，而且常是步行，据说全省没有一处不知道他。[306]毕天祥神父和他的学生们设法回到四川后，终于在1715年2月与传道者林常于成都会合。几个月后，毕天祥神父在看视一名重病人的途中穿过急流，患肺炎去世。李安德记下了他的最后愿望："安德，请顺从我给你的师傅传道员林常。记住你对上帝许下的诺言。把自己全心交托给科学的学习以及行为的虔诚。我西赛罗的工作给安东尼和安德"。[307]可见林常在当时四川教会中的重要性。1722年教案时，林常被捕受刑，但在监牢里，他还归化了一位犯人。1737年，仍有记录说李安德与林常、马青山神父在一起。[308]

传道员汪钦一，曾追随乾隆十二年（1747）被捕的外籍神父黄安多，"因他经验丰富，便请他转做刚到中国三年的谈方济神父的传道员，以便做他传教初年的向导"。[309]《苏州致命纪略》对他的记述是："汪斐理们，名钦一，安徽歙县人。汪氏原是徽州巨族，明末清初已有奉教的。钦一随从黄神父巡行各处，帮助传教，一连数年。黄神父见他忠诚，便委他帮助谈神父。谈神父新到中国，不知言语，及中国风俗人情，钦一一一指导，故刑案中，称他'跟随便同行。'及谈神父被捕时，钦一不在场，原可逃避，但愿与神父同生死，欣然就捕。其后替神父力剖冤枉，不肯诬供，不肯践踏圣像，受刑极多极重。神父致命后，钦一奄奄一息，因遂放出，旋即逝世。衙门佯作不知，仍朦奏拟杖一百。"[310]

嘉庆年间的贵州传道员张大鹏，因出身世家，亲友中有人作官，遂逐渐成为贵阳教务的领袖。但是，在禁教严厉的嘉庆朝，为官的亲戚，例如他的两位胞弟，深恐其危害自己的仕途，不惜将其告官，虽然曾被其侥幸逃脱。张大鹏被捕后，官府鉴于其家世，想方设法劝其背教，终未成功[311]。这种身世有助于其成为当地信教者的领袖，也便于引导他人入教。

禁教时期，百名左右的神父不可能照顾到全国上万的天主教徒，这样，

---

306 [法]穆启蒙：《中国教友与使徒工作》，第128页。

307 ibid. p.130.转引自[法]沙百里：*The Chinese priest Andrew Li (1692-1775) apostle of Sichuan and the Support he received from French missionaries in Macao*，第187页。

308 [法]沙百里：*The Chinese priest Andrew Li (1692-1775) apostle of Sichuan and the Support he received from French missionaries in Macao*，第189页。

309 [法]穆启蒙：《中国教友与使徒工作》，第164页。

310 徐允希：《苏州致命纪略》，第57-58页。

311 天主教台湾地区主教团宣圣委员会主编：《中华殉道圣人传》，第81、84-86页。

各地的传道员做了大量日常工作来组织教徒们过宗教生活，调解纠纷，向初学者讲解初步教义，成为神父们在当地开展传教工作的得力助手。他们往往是当地教徒中言行较为出众者，或在当地拥有较高的政治、经济地位，被神父、教徒们选出，领导本地教徒在非常时期坚持信仰天主教，是维持传教事业不可或缺的力量。

# 小　结

清廷禁教后，外籍传教士无法自由公开地进行传教活动，中国天主教会的发展越来越依靠华籍神职人员，加快培养本地神职人员成为中外神父的重要任务。这种培养对中国人来说相当于是接受"西化"的过程，尤其是那些赴国外进修者，在他乡生活数年，向外国人介绍了中国，也把西方文化带到了中国。虽然在某些修生身上集中体现了中外两种异质文化的冲突，反映了当时东西方互不宽容的文化特征，但仍促进了中外文化的进一步沟通，使双方在误解、矛盾中进一步向前发展。

这些培养出来的神职人员依然不能满足教会需求，传道员日常维护教会的工作愈发重要起来。"中国传教士靠他们自己创办小中国的天主教社区，而且对中国教会的生存变得非常重要。他们由中国传道员们支持，在传教士们不在的时候主持天主教集会。"[312]这对在禁教时期稳定与保持天主教徒的信念及人数的增长尤为重要。乾嘉年间的几次涉及全国的大规模教案，各地逮捕了不少教士、教徒，严重打击了天主教在中国的传播，但是，秘密传教是政府无法完全肃清的，弛禁前夕，全国仍有不少华籍神职人员在活动。

此时的华籍神职人员，大部分出生平民，虽然接受了数年的教育，但受阶层限制，不可能与士大夫阶层接触，加上"礼仪之争"的影响，入教意味着很可能会放弃仕途，他们的传教对象逐渐转为以下层民众为主。而且，华籍神职人员当然比外籍教士更为熟悉本地情况，了解传统习俗，因而容易知道当地教徒所需，从而进一步改进传教方法，适应本地民情需求。他们的此番努力对天主教在中国的传播具有重要意义。对天主教在中国的事业而言，此时更重要的是中国籍神职人员，比如传道员和善会的领导者，他们发挥着越来越重要的作用，逐渐推进了天主教在中国的本地化进程。

---

312 Nicolas Standaert (ed.), *Handbook of Christianity in China,* Volume one: 635-1800, pp. 565-566.